题西林壁

[宋] 苏轼

横看成岭侧成峰，

远近高低各不同。

不识庐山真面目，

只缘身在此山中。

萬卷樓 EXLIBRIS 李國文 2016.4

万卷楼

李国文说宋

李国文 著

北方联合出版传媒（集团）股份有限公司
万卷出版公司

目录

宋朝的泼皮

——唯泼皮，其兴也勃，其败也速

一

泼皮，比流氓要狠，比无赖要凶，所有的中国人，了解人类社会中这种渣滓群体，都是从《水浒传》开始的。

以宋朝为背景的《水浒传》，堪称一部"泼皮教科书"。从这部小说中，我们知道泼皮是项顶古老的职业，而且，我们还知道泼皮在宋代最发达，最泛滥。

《水浒传》的第六回，鲁智深大闹五台山后，再难在寺院里待下去，智真长老就把他介绍到开封府的大相国寺去。开封乃大宋王朝的首善之区，大相国寺乃皇家常去礼佛的庙宇。不像五台山，峰高岭陡，地广人稀，连派出所也未设得一个。鲁智深，酒劲上来，是个和尚打伞——无法无天，敢把庙门都拆了的主，谁也奈何不得。若是打发到都城相国寺，这厮胆敢寻是惹非的话，天子脚下，不怕没人管他。这想法当然不错，可大相国寺的住持智清禅师，却不这么看，当着众人埋怨这位师兄好没分晓，你送来这块烫手山芋，我能留他在市中心的大庙里惹祸吗？恰巧，大相国寺在酸枣门外有块菜园子，属于寺院的三产之列，原来管事的和尚不想在那个城乡接合部待了，正好鲁智深没处安排，就派到那儿掌管。

宋朝的开封很发达，即使隶属郊区的酸枣门外，也是人烟稠密之地，只要有人口，有买卖，有饮食酒店，有三教九流，就有泼皮。于是，那"一个叫过街老鼠张三，一个叫青草蛇李四"的泼皮出现了。这是两位档次较差，没什么气候的泼皮，其绰号，一个鼠，一个蛇，就注定了猥琐卑劣，出息不了的实质。真正称得上泼皮的泼皮，那气势要比他们地道得多。何谓气势，一曰本事不大，装出来特有本事；二曰勇气有限，装出来特有勇气；三曰横鼻子竖眼，装出来特别不好惹的样子。此辈通常游手好闲，横行街区，欺行霸市，逞雄一方。不是为非作歹，寻衅滋事，就是打砸抢拿，坐地分赃。不过，若是碰到一个比他胆量大，比他敢下手，比他不怕死，比他更歹毒的对手，估计不交手还罢，一交手不死即伤，遂光棍不吃眼前亏，可以变得比孙子还孙子，比孬种还孬种。

宋代泼皮之发达，与当时商业之繁荣，经济之成熟，城市之拓展，市井之发达，有着莫大的关系。大宋王朝，在中国历史上，是一个相当畸形的朝代，它非常富有，但又非常孱弱，它应该很有钱，但穷得入不敷出。它曾经不可一世，但总是不经一战，战则败到不可收拾。它拥有高度优秀的文明和文化，无与伦比的文学和艺术，但也是程朱理学的罪恶渊薮，吃人礼教的滥觞所在。但是，由于市场经济发达，资本运营顺利，商品周转频密，利润空间加大，整个社会财富的规模，要比春种夏播、秋收冬藏的农业经济，不知扩大多少倍。于是，一、这个社会养得起吃闲饭的；二、这个社会需要管闲事的；三、这个社会既然有养尊处优的不劳而获者，也就应该有游手好闲的不务正业者。

由汉至唐，中国人基本不再以游牧为生，而生活在日出而作，日落而息，一切仰给于土地耕作，如鸡刨食，捯一口、吃一口的农业经济之中。如无天灾，差可温饱，如遇灾荒，就得饿饭。因此，在这个农耕为主的社会环境里，一无生存空间，二无勒索对象的泼皮，也就无立足之地。故而在唐代文学作品中，几乎看不到"泼皮"这个名词。例如唐人白行简的《李娃传》，那位荥阳公子落魄以后，沦落到成为职业哭丧者，下三烂至极，也不敢到平康里姐姐们所居之地，当一名吃白食者，或者，当一名打秋风者。按他包养上厅行首的资深嫖客本钱，完全可以以这等社会渣滓面目出现，光棍一下，有何不可？可是他"泼皮"不起来，只能可怜巴巴地乞食讨饭为生。所以说，泼皮是城市商品经济的副产品，只是由于城市商业运作的能量，远超过政府行政能力，遂留下这些无法无天者的活动空间。

《水浒传》里那些梁山英雄，大多起家泼皮，习惯白吃白拿，也就不以为奇；即使原来的正经人，如八十万禁军教头林冲，如玉麒麟卢俊义大官人，也觉得要在江湖上混下去，不他妈的扯下脸皮而泼皮，还真无法生存。于是在士农工商阶层以外，不轨之徒，宵小之辈，匹夫之流，无赖之类，像寄生虫游走于三不管地界，以骚扰、胁迫、敲诈勒索等等手段，成为街区一霸，属正常现象。而打州劫县，对抗官府，占山为王，扰乱一方者，则是团体型的成帮成伙的泼皮，那就更不可一世了。

宋朝的泼皮分两种，一种是强梁型的，一种是无赖型的，"过街老鼠张三"和"青草蛇李四"，属于后者。"且说菜园左近有二三十个赌博不成材破落户泼皮，泛常在园内偷盗菜蔬，靠着养身。"他们害怕新来的和尚，不知深浅，砸了他们借以谋生的饭辙，要先给他一个下马威，决定趁着给他祝贺上任，恭贺履新的机会，将他扳倒在菜园的粪池里，教训他一顿。这种无赖手段，下作营生，绝对是这些没什么出息，没什么本事，甚至也没有什么膂力，很类似当下文坛上那些上不得台面的末流评论家，发帖到网络上，满嘴喷粪，靠骂名人出名一样，因为几乎不花什么成本，一个个干得十分起劲。

本来，这伙流氓、无赖，缠着扭着鲁智深，本想就势给他点颜色看看，没料到那和尚如铁桩一样，休想扳动。鲁智深是谁？早看透他们的把戏，说白了，这位大爷可不是凡夫俗子，乃是披着和尚直裰的头一等泼皮。还未让他们得手，就飞起一脚，只听得扑通两声，说时迟，那时快，先将为首者踢进去粪窖。一脚踢出去，两人掉粪窖，可见功夫了得。这两个三等泼皮，没想到落得这样满身是粪、满头是蛆的下场，傻了。何况那粪窖没底似的深，只是挣扎，也爬不出来。

鲁智深喝道："你那众泼皮，快扶那鸟上来，我便饶你众人。"众人打一救，挽到葫芦架边，臭秽不可近前。智深呵呵大笑道："兀那蠢物！你且去菜园池子里洗了来，和你众人说话。"两个泼皮洗了一回，众人脱件衣服与他两个穿了。

接下来，"智深叫道，'都来廨宇里坐地说话。'智深先居中坐了，指着众人道：'你那伙鸟人，休要瞒洒家，你等都是什么鸟人，来这里戏弄洒家？'"从这番拷问中，我们也就随着长了一点对于泼皮的认识。

所谓无赖型的泼皮，一、等于鸟人。二、多为不成材的破落户。三、基本上没有什么真本事、真功夫，但心眼儿比较肮脏。四、你要治得了他，他就俯伏在地，如果你制服不了他，他就要消遣你、收拾你，使你日夜不宁。

而强梁型泼皮，又不同些，无论站直还是躺倒，有个汉子形象。从某种意义上说，具有亚里士多德《悲剧论》中所说的"英雄宁自毁也不醒醒而死"的壮烈情怀，他敢为他的"光荣"牺牲，绝不惜命。因为，他只能赢，不能输，连打个平手也不行。赢得输不得，是泼皮奉行不渝的宗旨。赢，他是爷，输，他是孙。问题在于他不能成孙，一旦成孙，他也就完蛋了。

后来，世界变了，资产阶级出现，资本主义登场，小市民成为城市的主角，市侩主义、侏儒哲学，以及台湾柏杨先生所说"酱缸文化"，达到极致境地，无论怎样神圣高尚的原则，无论怎样高贵优秀的精神，都一律在铜臭中庸俗化、低俗化、恶俗化，那种古典色彩的泼皮，遂不多见，而如"过街老鼠张三"和"青草蛇李四"这类落水狗，输就输，败就败，一抹脸也就过去了的无赖型泼皮，成为主流。因此，鲁迅先生笔下的那个阿Q和小D，还有王胡，可能会扭打在一起，但绝演出不了鲁智深拳打镇关西那火并的血腥场面。

花和尚所以在五台山落发为僧，所以被打发到酸枣门外看菜园子，缘由却是因为这场火并。话说渭州城里，状元桥下，那个肉铺掌柜郑屠，显然也是一个强梁型泼皮。既然敢自称镇关西，自是霸男占女、为非作歹的地头蛇。尽管他螃蟹走路，横行街巷，脚一跺，城门楼都乱颤不已。可他却是一个有眼力见儿的坐山虎，一看鲁提辖登门，亮出的那两条肌肉发达的胳膊，伸出的那一双醋钵大小的拳头，就明白，这是一个不好惹的汉子。来者不善、善者不来这八个字，他掂得出斤两，马上立正敬礼，小心翼翼侍候。

两个强梁型泼皮相遇，后发制人，很重要，郑屠赶着赔笑脸，连忙上肉案，按鲁达的吩咐，亲自操刀。

泼皮挑事的经典手段，无非三者，一曰挑衅，二曰激怒，三曰动手。他先"要十斤精肉，切做臊子，不要见半点肥的在上头"。弄好了，又"要十斤都是肥肉，不要见些精的在上面，也要切做臊子"。接着，"再要十斤寸金软骨，也要细细地剁做臊子，不要见些肉在上面"。郑屠不傻，知道这主是找碴儿来了，笑着说道："却不是特地来消遣我？"而鲁智深看挑衅不成，只好激怒。"洒家特地要消遣你！"然后，抄起两包臊子，"劈面打将去，却似下了一阵肉雨。"

一再退让的郑屠，忍无可忍，"两条忿气从脚底下直冲到顶门，心头那一把无明业火焰，腾腾的按纳不住，从肉案上抢了一把剔骨尖刀，托地跳将下来。"这正是鲁智深所要达到的目的，他被激怒了，他要动手了，而且，出手在先，好！这求之不得的机会，岂能错过？"早拔步在当街上"，因为店堂岂是大动拳脚的所在？郑屠其实不想惹这个入侵者，可他也是一个泼皮，泼皮的金科玉律，只能赢不能输，再也退不起了；再退，就是输到家了，输到家的结果就是，再也不能在渭州立足，那怎么行，只有应战。

"郑屠右手拿刀，左手便来要揪鲁达。被这鲁提辖就势按住左手，赶将入去，望小腹上只一脚，腾地踢倒了在当街上。鲁达再入一步，踏住胸脯，提起那醋钵儿大小拳头，看着这郑屠道：'洒家始投老种经略相公，做到关西五路廉访使，也不枉了叫做镇关西。你是个卖肉的操刀屠户，狗一般的人，也叫做镇关西。'"由此，我们听得出来话外之音，他之所以要收拾郑屠，并非完全是为了金翠莲，起因虽是这位外乡女子，受了欺侮，遂路见不平，扶难济厄。但更深层次，却是这两个泼皮之间，一为坐地的屠户，一为外来的提辖，在同一势力范围内，确立高低地位的冲突。在鲁智深看来，称得上镇关西者，只能是他，而不是郑屠。我估计，花和尚早就看他不顺眼了。

地盘，很重要。在这个世界上，虽然中国拥有文字记载的历史长达三千多年，值得骄傲，但中国人的文明进化程度，却并不占有领先位置，甚至有些方面相当落后愚昧。就譬如这个地盘意识，说得不好听一些，恐怕与哺乳类雄性动物用尿液圈出领地的行为，相差无几，至今还在某些人的灵魂深处盘桓着。我认识的几位故去的文坛老爷子，德高望重，是毫无疑问的了。可当他们健在，指点江山时，也是霸着那两亩三分地，生怕别人会去偷他庄稼似的。

这就是杨志卖刀为什么惹了麻烦的原因了，同样的理由，也是因为地盘，千不该，万不该，不打招呼，在泼皮牛二的天汉州桥上，卖他那把祖传的刀。

本来，杨志是在僻静一带的马行街兜售那把刀的，他有点不好意思，人要落到变卖祖产这地步，总是脸上无光的事。"立了两个时辰，并无一个人问。将立到晌午时分，转来到天汉州桥热闹处去卖"，就出了事。因为，他进入了泼皮牛二的地盘。

我们都深有体会的，就以所谓的文坛为例，那也决不是个免费开放，谁都可以进去玩耍的大众乐园。实际上，任何一个试图涉足文学者，如果你有雄心壮志，如果你想大展宏图，看来，第一件事，就是要拜码头。第二件事，尤其是要拜对码头。想当年，文坛那几尊菩萨，拜谁不拜谁，学问大着咧！人在江湖，身不由己，地盘意识，你是万万不可疏失的。

杨志丢失了花石纲，丢掉差使，心中好不郁闷，也是他相信体制，相信主流的结果，殊不知体制只是保护权力，主流从来听从强者，你一个没落分子，才不在体制和主流关心范围之中。傻乎乎的杨志认为，天子脚下，首善之区，卖一把自家的刀，还要跟谁打招呼，备个案吗？错了，先生，就在你吆喝时，麻烦来了。只见"黑凛凛一大汉，吃得半醉，一步一颠撞将来"，于是，我们终于一睹大宋王朝最典型的泼皮牛二先生。

《水浒传》给他的出场诗，为"眉目依稀似鬼，身材仿佛如人"。接着介绍："原来这人，是京师有名的破落户泼皮，叫做没毛大虫牛二，专在街上撒泼行凶撞闹。连为几头官司，开封府也治他不下，以此满城人见那厮来都躲了。"如今，像这位找"青面兽杨志"碴儿的"没毛大虫牛二"式的古典泼皮，可谓凤毛麟角。无论在口头上、文字上，已较少见到。这个没毛大虫牛二，你不能不钦佩他，他上无后台，下无徒众，旁无帮衬，单枪匹马，似乎是一个天马行空的人物。凭其凶狠，官府办不得他，任其撒泼，街坊惹不起他，至少在天汉州桥这一块，他背后既无官方和黑道的势力支撑，左右也无朋友和团伙的实力帮衬，单打独挑，霸占一块地盘，无人敢惹。

这就是宋朝的泼皮了，现如今，在资本主义的竞争机制下，不要说流氓、混混、青皮、光棍，必须成帮成伙，方能横行霸道，就连西西里岛的黑帮教父，也得操控一个严密的黑社会家族组织，以铁和血的暗杀手段，才能左右政局，掌控财富。泼皮的集团化、联盟化，在这个世界上已是趋势。当年的日、德、意轴心国，发动世界大战，眼下的美利坚合众国，要当国际宪兵，说到底，因为有实力，因为有野心，而且总想当老大，才拉几个喽啰，耀武扬威，不可一世。其实，他们的手段，看谁不听话，就敲打敲打他，看谁不顺眼，就侵略侵略他，与牛二在天汉州桥一站的德行，没有什么差别。要是论资排辈的话，泼皮美国应该向这位没毛大虫牛二磕头认祖。

倒霉蛋杨志，先是失陷花石纲，丢了差使，后是遭遇梁山泊，不甘落草，这个一心想做好人的好汉，流落京师，却无好人相助，盘缠用尽，只好将家传宝刀拿到市场上换几贯钱钞。正好，逢着牛二，杨志不知底细，拿着插有草标的宝刀站在那里。插根草，就是可以出售的商品，这种集市交易标识，一直到清末民初仍在民间延用。

牛二要买这把刀，其实是起哄，杨志当真，开价三千，约合现在的人民币五百元，按说不贵。牛二说："什么鸟刀，要卖许多钱。"他只给三百文。杨志当然不卖，因为这是一把宝刀，"第一件，砍铜剁铁，刀口不卷。第二件吹毛得过。第三件杀人刀上没血。"牛二说那就试来看，结果铜钱剁了，毛发吹了，接下来，牛二要他做杀人刀上没血的试验，"我不信，你把刀来剁一个人我看。"杨志这才觉得碰到麻烦，"禁城之中，如何敢杀人？你不信时，取一只狗来，杀与你看。"

那泼皮要无赖了，"你说杀人，不曾说杀狗。"

杨志火了，"你不买便罢，只管缠人做什么！"

泼皮的特点，一是蛮不讲理，二是罔顾一切，他紧揪杨志："我偏要买你这口刀。"

杨志道："你要买，将钱来。"

牛二道："我没钱。"

杨志道；"你没钱，揪住洒家怎地？"

牛二道："我要你这口刀。"

换个别人，碰上牛二，只好认输，这刀恐怕就到泼皮手中了。

但杨志才不怕这个胡搅蛮缠的泼皮哩，简直岂有此理，明摆着要逼着老子乖乖就范，不由得大怒。见他没完没了地寻衅，又是撞头，又是动手。正好，刀擎在手中，一时性起，"望牛二颡根上搠个着，扑地倒了"，"赶入去，把牛二胸脯上又连搠了两刀，血流满地，死在地上"。

强梁型的泼皮，通常都是以赌命为其最后手段。一个比你弱的泼皮，他不认输他就得死；一个比你强的泼皮，你不认输你就得死，这就是泼皮的铁血法则。杨志敢当着街坊邻舍，要了牛二的命，其实，他也本着泼皮的这条金科玉律行事。

二

所以，说到大宋王朝，不能不说泼皮。为什么说宋必说泼皮呢？因为大宋王朝的开国皇帝赵氏兄弟，从它得到这个政权，到它失去这个政权，也是按泼皮的原则行事。说到赵家两兄弟的陈桥兵变，这话就长了。

在中国王朝更迭史上，如此毫无准备，如此漫不经心，竟能获得成功，史无前例。在他以前，隋文帝篡北周，用了差不多半辈子工夫；李渊灭隋一统天下，浴血奋战数十载；五代十国的政权，虽然短命，但其称帝为王，也是从戎马生涯中，逐步跃登高位。无论革命也好，篡位也好；无论夺权也好，政变也好，哪有不殚精竭虑，费日耗时的准备？哪有不潜行谲迹，徐图大计的等待？而公元 960 年 2 月 3 日，行军至陈桥驿扎营的赵氏兄弟，撺掇军士哗变，从当日晚八点到次日早七点，一个对时都不到，赵匡胤套上那件黄袍，就算改朝换代成功而当上皇帝。然后，一边敲锣打鼓，一边舞枪弄棍，喧嚷进城，叫嚣进宫，简直儿戏一般坐上了龙椅。

王夫之说得最透彻了："赵氏起家什伍，两世为裨将，与乱世相浮沉，姓字且不闻于人间，况能以惠泽下流系邱民之企慕乎！其事柴氏也，西征河东，北拒契丹，未尝有一矢之勋，滹关之捷，无当安危，酬以节镇而已逾其分。以德之无积也如彼，而功之仅成也如此……乃乘如狂之乱卒控扶以起，弋获大宝，终以保世滋大，而天下胥蒙其安。"（《宋论》）

一以黄袍加身，炒作造势；二以动刀动枪，兵变威胁；

三以虚张声势,舆论压力;四以伪善面貌,连蒙带唬,从而骗取了柴荣寡妻孤儿的天下。其强拿强夺,其逼人就范,其鸭霸行径,其无赖嘴脸,绝非王者之道,用起哄架秧子的手段,夺得江山,乃地道的泼皮行为也。

如果当晚,闻讯的后周政权,立马实行宵禁,调动军队勤王,不让这位叛乱的都检点回师京城,在外无援军、内无接应的情况下,被关在城外的赵匡胤,只有束手就擒。现在看起来,他之推三阻四,不肯穿那件黄袍,也是敢作敢为而不敢承担的泼皮手段,怕万一不成功而留一手的光棍行径。赵匡胤比赵光义以及赵普之流,要清醒一点,一无周密部署,二无足够准备,三无群众支持,四无有力后援,这种绝对是脑袋一热的行为。朝廷稍有压力,当局稍加警告,这群乌合之众,就会一哄而散。所以,他赖着不肯就位,其实也是在耗时间,看看距离四十里外的开封城,有些什么动静。一直到天快亮了,探子回来报告,城门大开,这哥儿俩合十称幸,真是命大,竟然侥幸成功,用了最小的资本——吆喝,取得了最大利润——政权。

这年,赵匡胤33岁,赵光义21岁。陈桥驿闹事三人组的另一个成员赵普38岁,此人能说会道,被那两个行伍弟兄,视作智囊。在中国,不豁出一身剐,是不敢把皇帝拉下马的。赵普敢于介入两兄弟阴谋,也想趁浑水摸鱼捞一把,估计也是一个相当泼皮的家伙。没有一点泼皮舍命的精神,不敢陪着赵氏两兄弟玩这种黄袍加身的游戏。王夫之在《宋论》中对赵普这个"口给"之徒,看法很坏。"夫口给者,岂其信为果然哉?怀不可言之隐,相诱以相劫,而有口给之才,以济其邪说，于是坐受其穷。"至少在下列两件事上，他给赵氏兄弟出了不妥的主意（也许那哥儿俩本来也是这样的想法，他投了赞成票）。结果："宋之君臣匿情自困，而贻六百年衣冠之祸，唯此而已矣！"

第一，"曹翰献取幽州之策，太祖谋之赵普。普曰：'翰取之，谁能守？'太祖曰：'即使翰守之。'普曰：'翰死，谁守之？'而帝之辩遂穷。"赵匡胤很害怕唐代地方诸侯，世袭节度使的祸乱，遂哑口结舌。为此，遂有第二，提出杯酒释兵权，实施重文抑武的基本国策，免得再来一次黄袍加身，从而对军队进行"强干弱枝""守内虚外"的改造，以致"将不谙兵""兵不知将"，大大削弱战斗力。

正是这个主意，由开封而北，悉为无险可据的一抹平川，大门敞开；加之军事力量弱化以后，难以阻挡长驱直入的北方骑兵。于是，大宋王朝三百年间，始终未能摆脱被动挨打的局面。如果，用曹翰之策，延续柴荣的北伐胜势，收回燕云十六州，按照王夫之的意见，未必就是败局。而且，"孰是曹翰之奋独力以前，而可保坚城之遽下邪？"那么，以后"太宗之大举北伐"，也不至于"惊溃披离而死伤过半"了。"以普忮害之小慧，而宋奉之为家法，上下师师，壹于猜忌"，"则赵普相，而曹翰之策不足以成功，必也。"

王夫之感慨系之，"险诐之人，居腹心之地，一言而裂百代之纲维。呜呼！是可为天下万世痛哭无已者也！"

赵普有赵普的道理，他是泼皮，崇尚实力，他当然会认识到，在中国内战史上，北伐鲜有成功者，而汉之匈奴，晋之鲜卑，唐之突厥，所以给中原腹地造成骚扰不已，战乱无穷的灾难，就是由北而南，居高临下，倾巢出动，势如席卷。北方多骑兵，铁蹄如风，行进神速，倏忽而来，急窜而去；南方多步兵，挖壕筑墙，常处守势，骚扰频仍，防范不迭。因此，中原主力即使赢了一时，未必守得长远。这位师爷所以彻底改变原来北周皇帝柴荣的战略决策，实施先南后北，发动对南方诸国的战事，也是揣摩透了赵氏两兄弟，这对"弋获大宝"的幸运儿，未必不作如此想。

石敬瑭把燕云十六州，割让给契丹，自是奇耻大辱，收复失地，在赵匡胤心目中，也是责无旁贷的正事。因为不仅仅为了雪耻，而是为了中原的安全着想。失去屏障，焉有长治久安？但公元959年柴荣一举夺下宁、莫、瀛三州，收复瓦桥、益津、淤口三关，这样的幸运未必会降临到他头上。若循曹翰之策，倾全国之力投入北伐战争，与契丹决一雌雄。第一，他驾驭得了这场幅员广大，牵涉到整个北部中国的大战役吗？第二，他指挥得动那些曾经与他平起平坐的各路军头，以及他从未率领过的千军万马吗？第三，他能控制得住后方不给他制造混乱，而且对战事进行保障供给吗？第四，从泼皮的角度考虑，旗开得胜，马到成功，自然就是万事大吉了；万一双方胶着，战事不见进展，万一暂时失利，攻势受到挫败，万一敌强我弱，伤亡损失惨重，如此这般下来，他这个皇帝当得成当不成，就得两说着了。于是，他不得不认同那位半部《论语》治天下的滑头赵普的"口给"之词，掉头向南，攻灭荆南、湖南、后蜀、南唐等国。

赵老大持重，求稳第一，绝对是做正事的主，但不一定做得大事。他未敢北伐，给大宋王朝种下无穷灾难；赵老二胆大，敢于行险，绝对敢于做大事，但不一定做得正事，他轻率北伐，同样给大宋王朝种下无穷灾难。

赵光义，能坐上大位，有点来路不正。公元976年（开宝九年），一个大雪之夜，赵匡胤突然病毙。当时在场者，只有这两弟兄。"烛影斧声"的这起宫廷谋杀案，连正史也无法回避赵光义因此而继位的谜团。紧接着，为了巩固他的帝位，想方设法，除掉对他造成威胁的可能继承人，如其弟赵廷美，如其侄赵德昭，由于其用心险恶，手段恐怖，连他的长子，都吓得神经错乱，成为废人。同时，他还将归降的南唐等国君主，相继鸩杀，无所不用其极。这个不做正事，却敢做大事的泼皮，为一新面目，为一壮声威，便轻率发动北伐战争。

公元978年（太平兴国三年）在强攻大同，灭了北汉，消耗国力元气之后，既未犒赏三军，也未养精蓄锐。马不停蹄，连续作战，于次年，也就是公元979年（太平兴国四年），发动全面的对辽战争。亲率大军，转戈北伐，于幽州（治今北京市）的高梁河（现在的西直门外展览路一带）遭到辽军的毁灭性打击，他也于此役中箭受伤，乘驴逃脱。公元980年（太平兴国五年），又亲征伐辽，进抵大名府（治今河北大名），于莫州（治今河北任丘），为辽军所败。公元986年（雍熙三年），再次大规模地进攻辽国。调遣30万大军，兵分五路，结果溃败于涿州（治今河北涿州市）的岐沟关。一而再，再而三，赵光义不得不按泼皮的定律办事，我输了，我就得从你眼前消失。从此，大宋王朝再也无力北伐。

说来也可怜，这个王朝就像一个成年汉子，面对强悍的北方，老大一把年纪，还穿着开裆裤，连国之根本的首都开封，都毫无遮拦地暴露在敌人的铁骑之下。试想，该是如何地让中国人扫兴了。

公元 1004 年（宋景德元年，辽统和二十二年）契丹倾全国之力来犯，萧绰（即萧太后）及其子耶律隆绪（即辽圣宗），率兵亲征，声势浩大。先围定州（治今河北定县），后抵澶州（治今河南濮阳）。因为濮阳距离开封只有百多公里，对骑兵来说，在濮阳吃过早饭，到开封吃午饭足来得及。京师大骇，朝野陷入极度恐慌之中。赵光义的儿子赵恒（即真宗），这个泼皮的第二代，既做不得正事，更做不得大事，唯一能做的，就是逃跑。在一片迁都声中，幸有寇准力主抵抗。他的理由很简单，只要陛下前脚离开开封，后脚人心就散，后方一乱，前线必败。你还没有逃到目的地，就会被乘胜而来、势不可当的契丹骑兵俘虏。

他问寇准："那怎么办？"

"只要陛下御驾亲征，辽军必退，国土自安。"

宋真宗是个脓包，"作战是你们将帅的事，我去何用？"

寇准开导这位皇帝，契丹萧太后已经 46 岁，尚能冒兵矢之险，任鞍马之劳，带兵打仗，咱堂堂大宋天子，竟不抵一位妇道人家，连上前线都不敢？先帝北伐时 39 岁，你现在 36 岁，年富力强，没有理由退缩。

赵恒还在犹豫之中，寇准就命令起驾，将这位大宋皇帝抬往正在交锋的澶州前线。

北宋时，黄河流向东北，夺海河直奔渤海。南宋时，黄河流向东南，由淮河直注黄海。此时的澶州，黄河穿城而过，一分为二，北城正是宋军和辽军鏖战之地，御驾到了南城，赵恒不想再冒险了，因为对岸传来的擂鼓声、号角声、厮杀声、浪涛声，吓得他魂飞魄散。寇准自然不能由他，戏曲里那个寇老西的倔强形象，史实上也有记载，他说，"陛下不过河到北城坐镇，算什么亲征？万千士兵就等着一睹天子风采，为国拼命。浮桥万无一失，即请陛下启程。"在寇准和众将领一再保证安全之下，宋真宗到了北城。

在宋人李焘《续资治通鉴长编》卷五十八中，有这样的记载："丙子，车驾发卫南，是日，次南城，以驿舍为行宫，将止焉。寇准固请幸北城，曰：'陛下不过河，则人心危惧，敌气未慑，非所以取威决胜也。四方征镇，赴援者日至，又何疑而不往？'高琼亦固以请，且曰：'陛下若不幸北城，百姓如丧考妣。'签书枢密院事冯拯在旁呵之，琼怒曰：'君以文章致位两府，今敌骑充斥如此，犹责琼无礼，君何不赋一诗，咏退敌骑耶？'即麾卫士进辇，上遂幸此城。至浮桥，犹驻车未进，琼乃执挝筑辇夫背曰：'何不亟行！今已至此，尚何疑焉？'上乃命进辇。既至，登北城门楼，张黄龙旗，诸军皆呼万岁，声闻数十里，气势百倍，敌相视益怖骇。"

辽太后和她的儿子，仗其骑兵优势，千里奔袭，直抵黄河。所以敢远离战略后方，孤军深入，就是因为看透了宋真宗的胆怯。如果说他的父亲赵光义，作为泼皮，还敢屡次三番地北伐，而这个泼皮的儿子，竟然连西夏的李继迁，也不敢动一指头。按王夫之在《宋论》中所说，一个"蕞尔小丑，陷朔方，胁朝廷，而羁縻弗绝；及其身死子弱，国如浮梗，而尚无能致讨，且不惜锦绮以饵之使安。"那么，对萧绰和耶律隆绪而言，这等便宜，不要白不要，这等好处，不拿白不拿。"宋之君臣，可以虚声恐喝而坐致其金缯，姑以是胁之，而无俟于战也。则挟一索赂之心以来，能如其愿而固将引去。故其攻也不力，其战也不怒，关南之土，亦可得而得，不得则己之本情。"于是，"兵甫一动，而议和之使先至，（曹）利用甫归，而议和之使复来，则其且前且却，倘佯无斗志者，概可知也。"

宋、辽两军，在澶州相峙多日。因为援军渐增，宋军形势见好，特别在澶州城下，宋军用床子弩，射杀辽营统军顺国王萧挞览，"敌大挫衄，退却不敢动"。但宋真宗不但不抓住战机，组织反攻，反而派出特使，力主和谈。这个窝囊废只是想立刻停战，其实胜负未分，你并非输家，干吗要允诺地盘不让，给钱可以，也就是不割地，只赔款呢？这就是宋朝的荒唐了。

据《长编》载："以殿直、阁门祗候曹利用为东上阁门使、忠州刺史。利用之再使契丹也，面请岁赂金帛之数，上曰：'必不得已，虽百万亦可。'利用辞去，寇准召至幄次，语之曰：'虽有敕旨，汝往，所许不得过三十万，过三十万勿来见准，准将斩汝。'利用果以三十万成约而还。入见行宫，上方进食，未即对，使内侍问所赂，利用曰：'此机事，当面奏。'上复使问之，曰：'姑言其略。'利用终不肯言，而以三指加颊，内侍入曰：'三指加颊，岂非三百万乎？'上失声曰：'太多！'既而曰：'姑了事，亦可耳。'宫帏浅迫，利用具闻其语。及对，上亟问之，利用再三称罪，曰：'臣许之银绢过多。'上曰：'几何？'曰：'三十万。'上不觉喜甚。"

澶渊之盟，是一份丧权辱国的和约，是宋真宗赵恒在有利的军事形势下屈辱求和的结果。看起来，一代不如一代，这个泼皮的儿子，一到动真刀真枪的时刻，立马就把会脑袋塞到裤裆里去。由此可知，泼皮的没落版，为流氓，流氓的没落版，为瘪三，瘪三的没落版，大概就是鲁迅先生笔下的阿Q了。当他得知行赂契丹的额度为三十万，而不是三百万，那副大喜过望的样子，便大致了解宋朝的没落泼皮，是个什么德行了。

所以，你知道泼皮多少，也就懂得大宋王朝多少。

宋朝的疑案

——"斧声烛影"之谜

汉字中的"弑"，专用于卑者对于尊者的杀害。

臣下把皇帝杀掉了，子女把父母弄死了，要用准确的汉语来表达，就得用"弑"。由于我国有数千年封建史，登上龙位的帝王达三百多位，被"弑"掉的数量不少。因此，这个"弑"字，在汉语系统里，便和"朕""陛下""寡人""万寿无疆""万岁万岁万万岁"一样，成了最高统治者的专属词汇。

当然，所有当皇帝的，都对这个"弑"字不感兴趣。相反，所有想当皇帝的人，对这个"弑"字，总是情有独钟。阿Q在未庄的大街上嚷嚷造反造反，要革这伙妈妈的命，心中也有这一个"弑"字在的。你别瞧不起他，他未必不敢当皇帝，他要坐在金銮殿上，照样人五人六。你不能不相信"旧社会把人变成鬼，新社会把鬼变成人"这句话，实在是有其道理的。

英语中相当于这个意思的词汇，与汉语不尽相同，他们还加以弑君（regicide）和弑父（patricide）的区分。我一直不解，方块字难道会比英语粗疏吗？后来我悟出来了，原来西方历史中的封建统治时期，比我们短，帝王少，被弑者也少，出名的有英国的查里一世（CharlesI），法国的路易十六

（LouisXVI）；不过，他们那里，逆伦者大概要比讲孝道的中国多得多，所以，弑皇帝和杀父母要分用两个词汇。

希腊神话中有位俄狄浦斯王，此人就是最出名的弑父者。杀了爹以后，还娶了自己的娘，居然生出来四个儿子，真是生猛得厉害，对比较古板的中国人来说，是不可思议的。弗洛伊德的一本书《梦的解析》，将"恋母情结"称为"俄浦斯情结"，即由此而来。这个词汇，老外堂而皇之挂在嘴边，说出来不觉得不好意思。中国这块土壤，臣弑君，家常便饭，小事一桩，儿弑父，比较个别，甚为罕见。因为，不孝或忤逆，是要被社会诅咒的，人神共弃的乱伦行为，更为天理所难容。所以，汉字就无必要如英语那般精确，专门造一个类似 patricide（弑父）的方块字，一个"弑"字，也就够用了。

所以，一提"弑"，在中国，专指皇帝脑袋搬家。被"弑"，很不快活，外国有断头台，咔嚓一刀，头颅跌落下来，即使痛苦，也是瞬间之事。而中国皇帝被弑，推翻者绝对不会让万岁爷死痛快的。勒死、淹死、毒死、闷死、吊死、烧死，不一而足。南唐后主李煜，就是被宋太宗赵炅，用其毒无比的鸩酒弑掉的。酒中下的鸩，史称"牵机药"，不知何种化学成分，如此厉害，不让你马上死，而是要你慢慢地死，不让你消消停停地死，而是要你手足相绞，前后颠扑，抽搐不止，在无穷痛苦的折磨中，耗到死透为止，真是残酷至极。鬼知道赵炅用的是一种什么药，估计已经失传了。因此，对宋太宗不能一般泛泛地看，这是一个超阴险、超毒辣、超卑鄙、超无耻的杀手。宋太祖在位 16 年，嗣后，由他起，从北宋的真宗，一直到南宋的高宗，一百多年间，是他嫡传的这一支掌控政权，自然，哪能给祖宗抹黑呢，宋太宗的一切恶行，都给漂白了。

李煜，作为诗人，是超一流的，赵光义若不杀他，至少有更多的佳作留给后世，所以，遭遇这种君王，也是文学活该倒霉的一劫。李煜，作为皇帝，是下三流的。他派守武昌的林仁肇，为一员悍将，"太祖欲取上游，惮仁肇"，乃造谣言，说他很快要归降。政治白痴李煜竟信以为真，将林杀死。这是一个傻瓜都能分辨得出来的离间计，可只知道饮酒吟诗的他，想也不想就推下去斩了。等到赵匡胤派大将曹彬，打到这位昏君的家门口，才想起抵抗，可他手下能征惯战的将领，如林仁肇，如潘佑，如李平，早就被他听信谗言处置掉了。剩下的满朝文武，都是投降派，于是，我们这位诗人，白衣白裷，连同他那美丽的小周后，拱手纳土归顺。

宋太祖，要大度些，封他一个违命侯，羁押在开封府，至少还有写"最是仓皇辞庙日，挥泪对宫娥"的自由。

宋太宗，心胸狭窄，毛泽东对他评价不高，说他"总不省""不知兵""无能"，所有无能的人都嫉能，所有无才的人都嫉才，所以，即位后的第三年，就将其鸩死，够他妈狠。说句迷信的话，宋太宗最后不得好死。宋人王铚的《默记》中记神宗语，"太宗自燕京城下军溃，北人追之，仅得脱。行在服御宝器，尽为所夺，从人宫嫔尽陷没。股上被两箭，岁岁必发。其弃天下，竟以箭疮发云"，这大概也是他作恶多端的报应了。

据近人陈登原《国史旧闻》载："后主作小词，有'一江春水向东流'之句，太宗恶之"，或说："太宗使徐铉私见煜，煜太息称，当初悔杀潘佑（就是主张抵抗的将领）。及太宗问铉，铉不敢隐，因有牵机药之赐。"当初赵匡胤封李煜为违命侯，只是羞辱，未必要他的命。而赵炅，绝对的小人，在他看来，你曾经当过皇帝，现在虽然不当了，但未必不想再当皇帝。所以，可怜的诗人，只好喝下这盏死得难看的鸩酒了。

我至今弄不懂赵炅出于什么动机，杀就杀吧，干吗要如此狠毒地收拾他呢？想来想去，一个原因大概就是女人了，谁叫李煜有一个漂亮的小周后呢？偏偏被这位行伍出身的宋太宗相中了。也是时下一些新贵，粗粮吃腻了，换换胃口，想吃细粮，玩一玩具有文化品位的女人，来点情调什么的古代版。经常一顶小轿，将美艳的小周后抬进大内，一住好几天，玩个够，才放回来。但欲长期霸占的话，诗人就十分碍事了。那首《虞美人》，不过是个借口，其实，赵炅之鸩这位诗人，乃是因李煜之妻小周后而下的毒手。明人沈德符在《野获编》中，说他看到"宋人画《熙陵幸小周后图》，太宗戴幞头，面黔色而体肥，周后肢体纤弱，数宫人抱持之，周后作蹙额不胜之状。有元人冯海粟学士题曰：'江南胜有李花开，也被君王强折来，怪底金风吹地起，御园红叶满龙堆。'盖指靖康之辱，以寓无往不复之意。"这幅画一直到清代还见世，王士禛还在上面题过词，曰："观此，则青城之事不足怜矣！"又曰："牵机之药又何酷也。"

在中国非正常死亡的文人中，用其毒无比的"牵机药"杀掉整死，大概李煜要算头一份了。

皇帝其实不好当，觊觎他位置的人，也就是想"弑"他的人太多太多。但有史以来，想谋得这个有可能死得难看的可怕差使，甚至更多更多，尤其庄稼地里的农民兄弟。一部《二十四史》中，数百次揭竿而起者，无一不是铤而走险的农民，因为横竖活不下去，还不如将皇帝弑掉，自己来当。一有无数金钱可用，二有无数女人可睡，何乐而不为？宣泄性欲和攫取财富，是古时农民造反的原动力，大致不错。

农民穿上了龙袍，还是农民，这是无可奈何的事，小农经济思想，像血型一样，至少他这一生，万难改变。巴尔扎克说过，不经三代的熏陶，成就不了一个贵族；同样，不经三代的蜕变，即使当上了皇帝，也还是换汤不换药，穿新鞋走老路。试看近年来，因贪污而被枪毙的部级、副部级，以及大量司局级的案犯，一查，贫下中农甚多，而且，搞女人，搞票子，均为贪得无厌、永不满足的"双搞"好手，也证明了"成也萧何，败也萧何"的"痞子精神"，是靠不住的，若不改造小农思想支配下的人生观，是决不能成器的。

赵匡胤、赵匡义（即赵光义，赵炅）兄弟，行伍世家，大兵出身，武装起来的农民，趁周世宗死后，孤儿寡母可欺，发动兵变，一举成功，赵老大得以披上了黄袍。大概权力这东西，如海洛因，上了瘾，无法自拔，尝到甜头的他，舍不得把龙椅交给其弟也来坐坐。赵老二在兵变中最卖力，没当上皇帝，本来窝火，等了十几年，不见动静，更急得五脊六兽。凡权力，皆诱惑，极大的权力，极大的诱惑，使得赵家老二，敢冒极大的危险，逼宫夺权，弑兄接位。这就是发生在公元976年（太祖开宝九年）冬天里那出悲剧的根本原因。

在多子女的家庭中，老大要宽厚一些，因为他出生时，没有竞争者，得到的是百分之百；老二来到人间，最多也只能得到百分之五十，纵使父母偏心，多也多不到哪里去，逼得他必须要精明一些。因此，赵匡胤要憨厚些，赵匡义要刁蛮些，大概近乎事实。赵老大若及时发现其弟急不可待之心，主动礼让，也许不至于被赵老二"弑"掉。但赵匡胤最后说出"好做，好做"这句话，可以猜想做兄长的，终属厚道，还是作出让步，准备满足老二一心染指帝位的欲望。但赵光义却觉得这个许诺，未必作数，不如干掉老大，自己当家，于是在好啊好、哥俩好的碰杯中，老二的毒下在了酒里，于是出现了烛影摇红的一幕。

从不足凭信的稗史演义，也能看出赵匡胤有这种大度的可能，这当然有牵强附会之处，但愿有识者指教。记得旧时看过一部古装影片《千里送京娘》，赵匡胤为主人公，那汉子能够义不容辞，单枪匹马，千里迢迢，不避男女之嫌，护送一个毫无干系，只是被他搭救的异乡女子，回返家乡。我很钦佩，因为我做不到，尤其那样一个美丽的小姐。所以，我坚信，如此丈夫气概的赵匡胤，将帝位让出来，交给心急如焚的老弟，是做得出来的。

英雄救美，千里相送，本应是一则非常浪漫的故事，最后，由于赵老大的封建道德，江湖义气，导致一出香消玉殒的悲剧发生，真让人遗憾。这种假道学，肯定为今人所不取。但也看出赵匡胤的诚信、真朴、厚德载物的人格力量，与其急功近利的老弟，迥然相异之处。一路上，她骑马，他步行，晓行夜宿，朝夕相处，从太原到蒲州，一个极标致的女子，对这样一个极伟岸的男儿，又是如此倾心关注她的人，是无法不动情的。先是一再暗示，后是索性挑明，赵匡胤倒也诚实，承认自己绝非铁石心肠："贤妹，非是俺胶柱鼓瑟，今日若就私情，一片真心化作假意，惹天下豪杰笑话。"拒绝了赵京娘的一片情。

明末冯梦龙的《警世通言》，描写赵匡胤为红脸汉子，赋予他强烈的性格特征。因为在国人的印象中，凡红脸汉，无不赤胆忠心，无不义薄云天，关云长就是最典型的例子。可惜那时的黑白电影，拍不出他那"面如喷血"的精彩画面。但这部影片中，他那不为情动，坐怀不乱，一诺千金，不畏强恶的人品，在当时民族危亡关头，多少具有弘扬正气的作用，该是那个时代的主旋律作品了。

现在，我已想不起是谁主演的了，也记不得影片中的插曲怎么一个旋律了。

赵老二就差点劲了，无名氏的《赵匡义智取符金锭》（见《全元戏曲》），一出场就是一个纨绔子弟形象，逛花园时，与符家小姐一见钟情，一拍即合，两厢情愿，互订终身。而赵老大嘛，此公的感觉神经，实在迟钝。那赵京娘，为了使他明白自己说不出口的心意，"要公子扶她上马，又扶她下马，一上一下，将身偎贴公子，挽颈勾肩，万般旖旎。夜宿又嫌寒道热，央公子减被添衾，软香温玉，岂无动情之处？"尽管百般挑逗，赵老大兀自冥顽不化。"公子生性刚直，尽心服侍，全然不以为怪。"（见《警世通言》）

赵光义不会犯这样的傻，当一个无赖抢了赵光义的彩球，强娶符金锭时，赵光义岂能示弱，他是那种想得到什么，就必然要弄到手的强人，怎会甘心服输？召唤弟兄，附耳过来，口授妙计，三下五除二，一顶花轿坐着他的铁杆哥们儿，将这个求婚者打得屁滚尿流。另一顶便轿，用金蝉脱壳之计，抬着新娘子，洞房花烛，缔结良缘。所以，赵老二之不择手段，无所不用其极，"弑"兄以得帝位，也就不足为怪了。

于是，他决定夺权了。

赵炅堪称弑帝专家，特擅鸩毒之道，不但弑掉了已经臣服的李煜、刘铱、钱俶诸帝，还弑了自己的老哥大宋开国之君。《宋史·太宗本纪》的最后结论，也不能太为君讳，遂直白地道出这位杀人狂之种种劣迹："若夫太祖（赵匡胤）之崩不逾年而改元，涪陵县公（赵廷美）之贬死，武功王（赵德昭）之自杀，宋后（赵匡胤妻）之不成丧，则后世不能无议焉。"现在已经无法查证这位谋杀下毒的高手，在那个烛影摇红的大雪之夜，不晓得他给他哥哥赵匡胤，喝了一种下了什么毒药的酒。先是极度兴奋，后是言语失控，接着动作躁狂，最终气绝身亡。中国封建社会的宫禁之中，诸如鸩酒、巫蛊、厌胜、符谶等等黑暗文化，是西方那些希腊、罗马、拜占庭、奥斯曼等庞大帝国的君主望尘莫及的。他们的宫廷政变，无非行刺、暗杀、决斗、角力，在我们中国人看来，很小儿科的。

宋代文莹的野史笔记《续湘山野录》，描述了弑兄的整个过程："急传宫钥开端门，召开封王，即太宗也。延入大寝，酌酒对饮，宦官宫女悉屏之。但遥见烛影下，太宗时或避席，有不可胜之状。饮讫，禁漏三鼓，殿雪已数寸。帝引柱斧戳雪，顾太宗曰：'好做好做'。遂解带就寝，鼻息如雷霆。是夕太宗留宿禁内。将五鼓，周庐寂然，无所闻，帝已崩矣。"

大雪天，急召开封王，显然不仅仅是邀他来宫里喝酒的，屏除一切闲杂人等，分明是有重要的话题交涉，不可能单是叙叙兄弟情谊。烛影下的历历镜头，很可能是赵匡胤从坚决拒绝交权，到终于在不情愿的状态下，同意退位的过程剪辑。让不耐再等的老弟，过皇帝的瘾，对赵匡胤来讲，是痛苦的割舍。所以才有在院子戳雪的动作，这是一种宣泄，表明他丧失掉最高权力，绝不是很开心的。然而，作为一个红脸汉子，还是勉励赵老二"好做好做"，终究肉烂在锅里，皇帝还是姓赵的在做。

但是，凡心黑者，无不手毒；凡手毒者，无不往死里整。赵老二懂得，在最高权力的争夺战中，成者为王败者为寇，既然走出第一步，就没法止住脚。这世上哪有心甘情愿拱手让位的皇帝？要不将他"弑"掉，江山只怕坐不牢靠。万一他懊悔了呢？想到这里，一不做，二不休，只有让他彻底蒸发，方为上上之策。那夜，开封城，下着好大的雪，被弑者很快鼾声如雷地睡死过去，弑兄者悄没声儿地离开了禁宫，脚印马上被厚雪覆盖住，神不知鬼不觉地回到王府，这就是史书上的"烛影斧声"的千古疑案。

陈桥兵变，黄袍加身，拥立新主的"苦迭打"，导演是赵匡义，不过字幕上没有打出来罢了。"受禅之事，本起仓卒，其实乃太宗与赵普主谋"（王鸣盛《蛾术编》），"是故太祖之有天下，太宗之力为多"（恽敬《续辨微论》）。大戏开场时，赵匡胤一下子进不了角色，颇有点被动。赵匡义，加上赵普那个村学究，加上石守信、王审琦等几个行伍弟兄，擐甲执兵，敲开他的门："诸将无主，愿策太尉为天子！"逼着他当这个皇帝。

宿醒未消的他，吓得跳下行军床，显然很狼狈，众人哪管这些，"即被以黄袍，罗拜，呼万岁，掖乘马南行"。懵里懵懂的他，被人劫持着，一路呼啸，从前线回到开封。周世宗柴荣的孀妻弱子，哪见过这种刀枪林立的兵变阵仗，早乱了方寸。即使到了此时，赵匡胤还没有找到当皇帝的感觉，认为自己依旧是周世宗的殿前都检点，一位应该秉承太后懿旨的军头。所以，一见到当朝宰相范质，腿软心慌，"呜咽流涕曰：'吾受世宗厚恩，为六军所迫，一旦至此，惭负天地，将若之何？'"（《续资治通鉴》）

元人罗贯中有出杂剧，《宋太祖龙虎风云会》，就写陈桥兵变中赵匡胤初当皇帝时的情景。到底不愧为《三国演义》的大手笔，简直小菜一碟，把赵匡胤捧着烫手山芋，不知如何当皇帝的尴尬，写得活灵活现。

这时候，柴荣的孤儿寡妻，已经拱手禅让，只求留条命在，可赵匡胤还是一口一声地"太后""幼主"，这场面，有点别扭，更有点滑稽，不过，情有可原，干什么行业都要有见习期，当皇帝也得有个熟练过程。罗贯中为他设计了一大段唱词，类似西方歌剧的咏叹调："不争这老鸦占了凤凰巢，却不道君子不夺人之好？把柴家今日都属赵，惹万代史官笑。笑俺欺侮他寡妇孤儿老共小，强要了他周朝。"将这位天上掉馅儿饼，正巧砸在头上的幸运儿，心里面那一份不安和忐忑，侥幸和恐慌，快活和紧张，不知未来和手足无措的懵懂，都和盘托出来。

因此，赵光义理直气壮地朝他讨这个皇帝当，公元959年，赵匡胤黄袍加身，某种程度上坐享其成，是他老弟给他披上的。因此，我想，这哥儿俩，早期可能有一个轮流坐庄的君子协定。等到坐上龙椅，享受到权力的盛宴以后，老兄欲罢不能，不想履行诺言。"太祖既与太宗同得天下，则太祖传子，自无以服太宗之心"（恽敬《续辨微论》）。于是，老弟不得不采取断然措施，召他进宫时，那鸩药就揣在怀里了。

权力诱惑，常使人目迷五色，失态失常，罔顾一切体面尊严人格道德。在我熟悉的这个无足称道的文人圈子里，那狗屁大的一点权力，也让一班无聊之士，钻营竞逐，排挤角斗，厮杀争夺，咬啮得不可开交。幸亏赵光义的鸩药失传，不然，多少次的追悼会大概都开过了。

看来，赵老二在开封府肯定有一间秘密的鸩毒制造工厂，产品不止一种，他下在赵匡胤酒杯里的鸩药，更属尖端。不但死得没有痛苦，而且死出焕然一新之感，真是太神奇了。据《续湘山野录》："太宗受遗诏于柩前即位，逮晓，登明堂，宣遗诏罢，声恸，引近臣环玉衣以瞻圣体，玉色温莹如出汤沐。"

如此看来，这是一个酝酿已久的阴谋，一切显然都按照早就拟定的脚本进行。

> 癸丑，帝（赵匡胤）崩于万岁殿。时夜四鼓，皇后使王继恩出，召贵州防御使德芳（赵匡胤之子）。继恩不诣德芳，径趋开封府召晋王（赵光义），见左押衙程德元坐于府门与俱入见王，王大惊犹豫不行曰："吾当与家人议之。"久不出。继恩促之曰："事久，将为他人有矣。"时大雪，遂与王雪中步至宫。继恩止王于直庐，曰："王姑待此，继恩当先入言之。"德元曰："便应直前，

何待之有？"乃与王俱进至寝殿。（皇）后闻继恩至，问曰："德芳来邪？"继恩曰："晋王至矣。"后见王，愕然，遽呼官家，曰："吾母子之命，皆托于官家。"王泣曰："共保富贵，勿忧也！"

修正史者，多为名列庙堂的官员，对于人和事，褒和贬，一字着笔，往往思量再三，持极审慎的态度。他们对于家国的盛衰兴亡，人物的悲欢离合，也不是心如古井，无动于衷的，但提倡什么，反对什么的主流意识，总是要约束个人感情的弛张。野史作者，多为藏身山林的文人，情绪用事，过犹不及，容易沸腾，容易爆炸，容易在笔墨中透露出爱憎分明的态度，所以，这种不受官方钳制的民间话语，或许比正史更接近于历史的真实。

即使从毕沅《续资治通鉴》以上这段文字，也有许多耐人寻味之处。王继恩，怎么说也应该是赵匡胤的嫡系心腹，不然不会让他当大内总管，现在却左袒赵光义，显然早被收买，成了他埋伏在老哥身边的特工；程德元，似乎是赵光义的私人医生，半夜三更，大雪纷飞，坐在王府门口等候，更是匪夷所思的举动。皇后不得不走当年柴荣孀妻的老路，只求饶命。近人陈登原在《国史旧闻》中案："太祖病在壬子，次日癸丑即死，且不及医人一脉，又时当十月，亦无急性疫疠可能。李焘《长编》记太祖后，泣告太宗，母子之命，尽托官家。毕氏《续通鉴》，则记太祖后泣，见晋王至，愕然。何为而泣？何为愕然？事固不难言也。"

谁知是不是王继恩私开宫门？谁知程德元是不是制鸩专

家？还有那个"半部《论语》治天下"的赵普，在这次政变中扮演什么角色，都是大有疑问的。

宫廷里的权力斗争，从来是刀光剑影，血雨腥风，赵光义的政变，无论怎样掩人耳目，仍是疑窦丛生。尽管宋代史学家司马光，在《涑水记闻》这部记载宋代早期史料的著作中，对这个"兄终弟及"的过程，采取了讳莫如深的态度。但《湘山野录》《建隆遗事》《东都事略》等野史，不持官方立场，就没有这种导向上的顾忌了，给后人留下了线索。即是以元代大臣脱脱主修的《宋史》说法，"太祖崩，弟遂即皇帝位"；《辽史》说法："宋主匡胤殂，其弟炅自立"，一个"遂"，一个"自立"，字里行间，看得出正史也认为赵光义取得帝位，并不是正常的继承。明代张燧说过："艺祖舍子立弟，亘古未有，烛影斧声之疑，恐难置喙于后世也。"

他在"斧声烛影"以后，登上帝位，南唐、吴越、南汉等周边割据政权的降服者，相继暴卒，死得十分蹊跷。据姚叔祥《见只编》："李后主以七月七日生，七月七日毙，钱俶以八月二十四日生，八月二十四日毙。各以其生辰死者，盖猜忌未消，皆借生辰赐酒，而毒毙之也。"那个生怕喝鸩酒的刘铱，何其警惧，结果还是进宫吃了御赐的宴席后，得急症而亡。西蜀的孟昶，据《国史旧闻》："昶为惨死，但观其母不哭可知，与姚叔祥所记李煜、钱俶之死，当为相同。"孟昶五月乙酉抵开封，六月庚戌卒，死得也飞快了一点，那时，赵匡胤尚在，估计负责慰劳这位降主的赵光义，又请他喝了鸩酒。

赵炅对待已经降服的死老虎，尚不肯放过，必除之而后快；那么，对于活老虎，其弟廷美，其兄子德昭、德芳，这些有条件、有本钱，跟他也能玩一玩"苦迭打"游戏的血亲，从他弑掉老哥那一刻起，就不打算放过的。这一点，太祖的妻子宋后很清楚，她说母子之命，系于官家，赵炅还假惺惺地说共享富贵，其实，流出几滴鳄鱼泪的同时，也在生死簿上，给这三位画了钩。

这个消灭政敌的过程，真可怕。公元979年（太平兴国四年），德昭被迫自杀；公元981年（太平兴国六年），年仅二十三岁的德芳，突然夭亡；公元984年（雍熙元年），廷美在忧悸成疾中死去。还有一个廷俊，太宗根本不承认是兄弟，说是来历不明的带犊子，自然也就不知所终。由于他把所有可能危及他统治权力的亲属，分别用各种残忍手段，一一加以屠灭，赵氏皇族中间的白色恐怖，到了令人窒息的地步，以致他自己的亲生儿子元佐，也受不了频繁出现的惊吓，害了一场大病，最后成了一个精神分裂症患者。

最后，这位权力狂人，箭创复发，五内俱焚，死于非命，似乎也有一点罪有应得的意思。

强烈的权欲，驱使人堕落，驱使人无恶不作，这对赵炅来说，是绝对应验了的。

康德曾经说过："掌握权力就不可避免地会败坏理性的自由判断。"这是针对一般握权者的泛泛而言。而那些怀着私念、私心、私欲、私利的握权者，就更麻烦了。因为，即使是芝麻绿豆大小的权力，到了这些人的手中，也可能注入一分邪恶，而权力愈大，邪恶愈多，谁知道会制造出一个什么样的对人对己的灾难后果呢？

我想，历史所以成为一面镜子，就是能够给我们一点清醒。

　　若是权力加上清醒，足够大的权力，有足够多的清醒，赵氏兄弟的悲剧，大概是不会发生的。

宋朝的誓碑

——中国文官制度由宋肇始

皇帝发的誓，而且是开国皇帝发的誓，对其继承者应该是具有绝对的权威和约束力的。

一千多年前的赵匡胤，敢立这块不杀士人的石碑，固然出于他万世基业的考虑，其实很大程度上也是一种势所必然的，符应社会发展的行为。中国人好说"时事造英雄，英雄造时事"，大概就是这个意思。赵匡胤要结束中国军人对中国政治的干预，也许是中国历史上开天辟地的第一位。"枪杆子里面出政权"，此乃我们大家都知道的真理，但这句话只是半句，另外半句，早在一千多年前，赵匡胤就身体力行做到了，枪杆子可以出政权，但这个政权绝不能再被枪杆子左右。实行文官制度，由政治家治国，而不是军事家治国，便是赵匡胤执政的奋斗目标。誓碑虽小，意义重大，因为它极其明确地刻出了"不杀"二字，也就给了实行这种文官制度的最起码保障。

在此之前，中国的士人，也就是文人，读书人，知识分子，是被统治者视为呼之即来、挥之则去的"衙役"，是被权力拥有者视为用得着时用之，用不着时甩之的"抹布"，是被当官的，有钱的，拿刀动枪的视为可以骑在头上拉屎撒尿的发泄对象，当然更是以秦始皇为首的暴君们视为大逆不道的整肃对象。在此之后，至少在这块深藏于密室的誓碑上，有一行字，士人不可杀。大宋王朝，第一，并非没有杀过士人的纪录；第二，也确实有士人杀得较他朝为少的纪录，因此，这誓碑意义非凡。

中国之文化精神，其辉煌灿烂，其博大精深，其传统悠久，其生命力蓬勃，是有超越历史而万劫不灭的能量。视文化为民族生命，视文人为国家栋梁，乃有史记载的三千多年以来中国人的精神传承。中国立于世界民族之林，不是因为其国力强大，不是因为其人口众多，不是因为其地大物博，也不是因为其历史悠久，而是因为其拥有的这种文化渊源。中国，作为一个国家，败弱过，穷困过，破碎过，被人侵略得险几亡国过，但之所以得以衰而不败，败而不灭，灭而重生，生而不息，得以筚路蓝缕，走出困境，含苦茹辛，摆脱绝地，全在于支撑着我们精神的这颠扑不破、历久弥新的由方块字组成的文化传统。在中国，也许一段相当时间内，文明，会被抑制得喘不过气，文化，会被扼杀得了无生气，文人，会被钳制得万马俱喑，文学和文艺，会被整肃到寸草不长，颗粒无收。但是，这种誓碑上的精神传承，犹如横亘在中原腹地的长江大河一样，枯水期再长，也不会断流。

中国人经过千年以上的摸索，由昏沉蒙昧的黑夜，走向启迪觉醒的黎明，赵匡胤顺应了这样的潮流，故而王夫之在《宋论》中曾经说到这块誓碑，"太祖勒石，锁置殿中，使嗣君即位，入内跪读。其戒有三，一、保全柴氏子孙；二、不杀士大夫；三、不加农田之赋。呜呼！若此三者，不谓之盛德也不能。"一个受到压迫的人，方知不受压迫之可贵，同样，一个压迫惯了的人，要他收手不压迫人，也难，明末清初的王夫之，深知文人在压迫下，难以为文，难以为人，这位遗民甚至要躲到湘西石峒，才能摆脱大清王朝文网的压迫，所以，他对赵匡胤的这项措施，评价极高。道理很简单，人只有一个脑袋，可不是韭菜，割掉一茬，仍可再长一茬。因此，赵匡胤这块誓碑，基本能够约束后来的执政者，给文人一点安全保证。中国封建社会，一共有过三百多个皇帝，只有他发了不杀士人的誓，舍他，无人敢做这样的承诺，而且，大宋王朝三百年，勉勉强强也还是按照他的誓言去做，不杀，或者尽量不杀士大夫，所以，他真是很了不起。

这一点，赵匡胤对于中国文化的贡献，是无与伦比的，然而，历史上少有人注意宋太祖此举，即或有，也一笔带过，或者存疑，只有王夫之，以"盛德"二字表示他衷心的赞美。

赵匡胤的这块誓碑，有论者以为，不仅达到中国封建王朝全部历史上的"民主"高峰，更有论者谈及，还说明了昏君、庸君也许不把这种精神传承放在心上，不等于明主、英主不把这种精神传承不当回事。秦始皇焚书，医药的书，农林的书，他是不扔到火堆里去的。这说明，即使暴君在下手屠杀文人、灭绝文化时，他作为一个 中国人，这种血脉传承的精神渊源，也还在起着作用。除非他已经是畜生，是野兽，否则，总会存有一丝一缕的考虑。这也是五千年中国文化传统，得以绵延至今，还发扬光大的原因。

在中国历史上，有宋一代，对于文人比较优容，也比较信任，其人事政策的始源，是与这块在建隆三年（962）所立的誓碑分不开的。

德国汉学家库恩（Dieter Kuhn）在《宋代文化史》一书中指出，中国 11 世纪至 13 世纪发生了根本的社会变化，首先，文官政治取代了唐朝的以地方藩镇为代表的军人政治，受到儒家教育的文人担任政府高级行政官员；孟子以王道治国的思想第一次付诸实施。其次，宋朝在农业文明、城市文明和物质文明（如手工业）方面取得了很大成就。农业技术的新发展，新土地的开发，以及农作物产量的提高，奠定了宋朝经济繁荣的基础。城市商业和手工业得到了迅猛发展，出现了以商人为代表的新富人阶层，促进了饮食文化、茶文化、建筑和居住文化的发展。因此，库恩甚至认为，宋朝是中国中世纪的结束和近代的开始。

美国历史学家罗兹·墨菲（Rhoads Murphey）的《亚洲史》第七章中国的黄金时代，对于这个黄金时代有精彩的论述。

——这是一个前所未见的发展、创新和文化繁盛的时期。它拥有大约一亿人口，完全称得上是当时世界上最大、生产力最高和最发达的国家。

——在宋朝，作为中华帝国主要光荣之一的科举制度达到了它的顶峰。得到选拔的官员中，有三分之一或更多来自平民家庭，如此高的社会地位升迁比例，对于任何前近代甚至近代社会来讲，都是惊人的。（以上摘录自樊树志《国史十六讲》）

关心文学史，对于唐宋文人稍有所知的读者，一定会了解宋代对文人授官之高，胜于前朝。以唐宋八大家为例，唐授韩愈、柳宗元的官位，也就是刺史、侍郎等职，相当于省市一级，甚至不过地市一级。而欧阳修、苏轼的官位，大抵相当于省部级，而范仲淹、司马光、王安石等人，更是进入中枢决策层面的要员。这就是王夫之对赵匡胤所赞美的"不谓之盛德也不能"了。

虽然说到赵匡胤，都会加上"行伍出身"四字，他的御像，也是粗黑肥硕，与读书人之文雅清秀毫不搭界。其实从他的祖辈起，历后唐、后晋、后汉至后周数朝的军人世家，不仅拥有殷厚的根底，还渐渐拥有门阀的褒望。从他的高祖开始，为县令者，为藩镇从事者，为刺史者，为检校司徒者，不一而足，在涿州时即为名门望户，在太原时更为世家豪族，当赵匡胤出生在洛阳夹马营时，家道不幸中落，然而，大户人家的出身，贵族后裔的履历，诗书礼教的素养，传统精神的渊源，在气质上，在教养上，已非前辈那一派赳赳武夫的形象。

凡读过孔孟之书，受过学塾教育，稍知斯文修养，略懂温良恭俭让的中国人，对于文明的趋附，对于文化的亲和，对于文人的认同，对于方块字的敬重，有一种与生俱来的稔知熟悉的亲近感、亲切感。而那些识字不多，读书不多，思想狭隘，意识愚执的农民和小生产者，也就是那些以大老粗为荣的，而且还握有一定权力的人，才会抵制文明和文化，才会忌畏文人和士子。因此，与文化素质缺陷的领导人，或文明修养差池的掌权者，是根本找不到共同语言的，这就是庄子在《秋水》里所讲："夏虫不可以语于冰者，笃于时也。"

这就是与一个坐井观天的人，无法交谈万里无云的广阔天空一样，局限于视野，偏颇于眼界，拘束于心胸，窒碍于头脑，一个正常人不可能与一窍不通的榆木疙瘩，彼此沟通，相互呼应的。

巴尔扎克有言，不经过三代的陶冶，成不了贵族。《千里送京娘》中的那个善良护送弱女子的男主角，就是赵匡胤。其正直，其正派，其正经，其正大光明，成为话本演义、弹词杂曲的正面形象。赵家虽属武将，世代从军，但宋太祖却是个异数，酷爱读书，"虽在军中，手不释卷。闻人间有奇书，不吝千金购之。"公元958年，"从世宗平淮甸，或谮上于世宗曰：'赵某下寿州，私所载凡数车，皆重货也。'世宗遣使验之，尽发笼箧，唯书数千卷，无他物。"据《宋史》："既长，容貌宏伟，器度豁如，识者知其非常人。"甚至为周世宗柴荣视为隐敌，而心怀戒意。

崇文抑武，在赵匡胤前，焚书坑儒的秦始皇做不到，以儒冠为尿壶的汉高祖做不到，动不动拿文人祭刀的魏武帝做不到，甚至连从谏如流的唐太宗也做不到，因为，李世民征讨一生，武是第一位，文是第二位，这是他必然排序，也是历代最高统治者的必然选择。而赵匡胤能做出历朝历代都未有过的改变，应该是他总结了唐末至五代，从公元875年黄巢之乱起，或许从公元755年安史之乱起的二百年间频仍战乱的历史经验。陈桥兵变当上皇帝以后，如何改变唐末至五代以来，各地藩镇节度相互割据，军人统领行政，胡作非为的弊端，如何消除动辄刀枪相见，兵燹成灾，中央操控不了，天下大乱的败象，成了他念念不忘之事。他曾经对赵普感慨过，"五代方镇残虐，民受其祸。朕令选儒臣干事者百余，分治大藩，纵皆贪浊，亦未及武臣一人也。"在他眼中，一百个文臣的贪浊，其危害性也不如一个将领的作恶。所以他下决心要用文人治国理政，于是，就有这块誓碑，不得杀士大夫，虽然是最低程度的安全保证，但却给文人从政为官，发挥才干，敢于直言，恪尽厥职，创造出宽松的氛围，良好的环境。

唐二百多年，进士登科者三千多人，宋朝三百年间，进士登科者十万多人。这充分说明赵匡胤是下决心要实行文官制度的。为此，他在选拔人才上，储备人才上，采取兼收并蓄、多多益善的政策。而且直接取之于民间，实施最公平的择优录取的方针。

宋代采取重文抑武的国策，第一是赵匡胤对于历史的经验总结；第二是他自身文化素养、精神渊源的影响所致；第三恐怕更是他对于武将夺权篡位的巨大威胁，始终不敢掉以轻心，耿耿于怀的警惧。因为他自己搞过这样一次突然袭击，也就是"陈桥兵变"，侥幸成功，他不能不戒之惧之，不能不防患于未然，不能让别人再捡这个便宜。其实"黄袍加身"的发明权，并非他的首创，而是蹈袭他的上司郭威，他的老长官起事就更仓卒了，甚至连黄袍这样重要的道具也未准备好，只是扯下旗杆上的黄旗，裹在身上，就剑不出鞘，刀不血刃，把江山夺了，这种投入极低，产出极高，堪称价廉物美的兵变模式，对那些野心不小，胃口很大，头脑简单，手握虎符的将帅，肯定极具诱惑力。所以他当上皇帝以后，自然不能让别的将领，如法炮制来对付他。说白了，这种兵变模式，太容易被复制了。更何况他亲眼目睹唐代拥兵的藩镇，是如何不停制造内乱，五代跋扈的武将，是如何夺权篡国称帝的，而要让将领们死掉篡夺之心的最佳之计，莫如剥夺他们统兵之权，变成一个光杆司令。因此，这才有赎买政策的"杯酒释兵权"，这才有"兵不识将，将不知兵"的军事建制，这才有重用文官的系列措施，这才有大量招收士子的科举制度，这固然是后来败亡的"极贫""极弱"和"三冗"（"冗官""冗兵""冗事"）后遗症的由来，但也是因经济发达，市场繁荣，文化鼎盛，科技昌明，造成大宋王朝成为中国历史转折点的原因。

关于这块不杀士大夫的誓碑，首见于宋代叶梦得的《避暑漫抄》："艺祖受命之三年，密镌一碑，立于太庙寝殿之夹室，谓之誓碑，用销金黄幔蔽之，门钥封闭甚严。因敕有司，自后时享（四时八节的祭祀），及新太子即位，谒庙礼毕，奏请恭读誓词。独一小黄门不识字者从，余皆远立。上至碑前，再拜跪瞻默诵讫，复再拜出。群臣近侍，皆不知所誓何事。自后列圣相承，皆踵故事。靖康之变，门皆洞开，人得纵观。碑高七八尺，阔四尺余，誓词三行，一云：'柴氏子孙，有罪不得加刑，纵犯谋逆，止于狱内赐尽，不得市曹刑戮，亦不得连坐支属。'一云：'不得杀士大夫及上书言事人。'一云：'子孙有渝此誓者，天必殛之。'后建炎间，曹勋自金回，太上寄语，祖上誓碑在太庙，恐今天子不及知云。"

据《宋史·曹勋传》，已经被俘虏到金国为降人的宋徽宗，对即将南归的曹勋交代："（太上皇）又语臣曰，归可奏上，艺祖有约，誓不诛大臣、言官，违者不祥。故七祖相袭，未尝辄易。每念靖康年中，诛罚为甚。今日之祸虽不在此，然要当知而戒焉。"

两宋王朝对于文化人的优容，这块誓碑起到极大的作用。第一，因系太祖所立，具有国家法律的权威；第二，赵匡胤为赵氏家族的开国之君，他所立的誓碑，自然也就有钳束整个家族的契约力量；第三，围绕誓碑的神秘设施、神圣仪式，以及谶语诅咒，对后世继承人的阻吓作用，是毫无疑义的。在中国，在世界，如果不是唯一，也是少有这样器识的最高权力拥有者，敢于以碑刻这种不易磨灭的方式，做出誓言承诺，不得杀文人士大夫以及言事者。王夫之说："自太祖勒不杀士大夫之誓以诏子孙，终宋之世，文臣无欧刀之辟。张邦昌躬篡，而止于自裁；蔡京、贾似道陷国危亡，皆保首领于贬所。"

后来的研究者，对于赵匡胤誓碑的真实性表示存疑，理由有三，一是靖康之变发生时，《避暑漫抄》的作者叶梦得不在京城；二是未见宋人李焘所著《续资治通鉴长编》，与元人脱脱所著的《宋史·太祖本纪》中，有过类似记载；三是如此盛德之举，正应借以广树恩信，延揽人心，没有必要秘而不宣，讳莫如深。这就是读书人读多了书以后的"知多识少"了，唯奉本本主义，而昧于事理常识。其实，非作者亲眼目睹的事实，不能断言其不存在；未见于信史所载，也不能说明传闻便是杜撰；至于当时为什么不利用这项德政，大肆宣传，制造舆论，只不过以今人发红头文件，开群众大会，学报纸社论，谈学习心得的行事方式，加诸前人而已，这就是书呆子的好笑了。试想一下，赵匡胤不是傻瓜，这种皇室内部的密约，具有相当程度的底牌性质，怎能公之于众，成为束缚接班人手脚的羁绊呢？我们还可以想象一下，五代以来，武人嚣张成性，能够忍受如此二等公民的安排吗？而小媳妇做惯了的知识分子，得此尚方宝剑，那还了得，岂不要骑在皇帝的脖根子上拉屎吗？

宋代以文臣驾驭武将的基本国策，一以贯之地重用并优待文臣，轻易不杀臣下的大政方针，实际上是以祖宗家法，为历代皇帝所遵奉，并认真执行的。从《续资治通鉴长编·仁宗·庆历三年》的范、富争论，范多次提及"祖宗以来"，大家嘴上不说，心里明白这块誓碑，有一条可以约束皇帝的戒律。"初，群盗剽劫淮南，将过高邮，知军晁仲约知不能御，谕富民出金帛，具牛酒，使人迎劳，且厚遗之，盗悦，径去不为暴。事闻，朝廷大怒，枢密副使富弼议诛仲约以正法，参知政事范仲淹欲宥之，争于上前。"范仲淹认为："郡县兵械，足以战守，遇贼不御，而又赂之，此法所当诛也。今高邮无兵与械……事有可恕，戮之，恐非法意也。"仁宗"释然从之，仲约由此免死。既而，弼慢甚，谓仲淹曰：'方今患法不举，举法而多方沮之，何以整众？'仲淹密告之'祖宗以来，未尝轻杀臣下，此盛德之事，奈何欲轻坏之'"。从《退斋笔录》所载元丰年间，神宗欲处置一名办事不力的转运使，蔡确和章惇也是以"祖宗以来"四字逼皇帝让步。当时，对西夏用兵失利，神宗挺没面子，要杀这个失职的转运使，一以卸责，二以泄火，三以树威。没想到承旨办案的宰相蔡确，拒绝执行。他的理由是："祖宗以来，未尝杀士人，臣等不欲自陛下始。"接下来，神宗说，不杀可以，"使刺配远恶州郡"。时为门下侍郎，参知政事的章惇，坚称不可，"如此，即不若杀之"。他认为，"士可杀，不可辱"，黥面对士人来说，胜于刑戮。事后神宗对二人喟然长叹："快意事更做不得一件！"章惇居然像吃了枪药地回答道："快意事，不做得也好。"这种臣下顶撞主子的回答，宋以前的秦、汉、唐听不到，宋以后的元、明、清更听不到。

蔡确敢顶着不办，章惇敢力阻刺配，都是有这个"祖宗以来"在撑腰，神宗无可奈何地收回成命，只好作罢，也是不得不顾忌这个"祖宗以来"。其实大家嘴上不说，心里明白，首先，大宋王朝舍太祖外，无人配称祖宗。说"祖宗以来"，就是指赵匡胤的这块誓碑。其次，这块誓碑，除了皇帝外，再无他人亲眼目睹，所以无人敢公开直接地说出口，于是，约定俗成，用"祖宗以来"而讳说誓碑。第三，只要一说"祖宗以来"，誓碑上一、三两条，都非重点，要害就在"不杀士人和言事者"这一条。也许正是这一则自古以来对文人士大夫从未有过的保护条款，知识分子的积极性焕发，能动性大增，创造性蓬勃，从而推动了宋朝的发展和变化，成就中国历史上少有的辉煌。

宰相吕大防对宋哲宗说得再明白不过。"自三代以来唯本朝百二十年中外无事，盖由祖宗所立家法最善……前代多深于用刑，大者诛戮，小者远窜，惟本朝用法最轻，臣下有罪，止于罢黜，此宽仁之法也。"他所以如此宣讲，也是要宋哲宗记信誓碑的祖训。而这个得以接神宗大位的年轻人，在他真正掌握帝权后，马上就报复当年谏诤过他"好色"的刘安世和范祖禹，绝无"宽仁"可言。初初，他虽为帝，但垂帘问政者宣仁高太后，这"好色"二字，要是惹老太太不高兴，很可能废了他，所以他特别恨这两个人多嘴。于是，御笔一批，说这两位台谏，"辄造诬谤，靡有不至，迹其用心，宜加诛殛，聊以远窜，以示宽恩。范祖禹特责授昭州别驾，贺州安置。刘安世特责授新州别驾，英州安置。"从他所用"诛殛"一词来看，大有不杀不足以泄旧愤之意。其心胸歹毒褊狭，可想而知，如果没有太祖誓碑，如果没有"天必殛之"的诅咒，早砍下他俩的脑袋了。因为誓碑的约束，因为谶语的威吓，他住手不予"诛殛"，所以，他也就敢宣称自己，"朕遵祖宗遗志，未尝杀戮大臣"，这当然是表面文章了。可他不得不说这番话，说明他"跪瞻默诵"过这块誓碑，大概不敢太不当回事。

再从北宋时期著名的"乌台诗案"和"车盖亭诗案"看，对这两起文字狱事主，苏轼对神宗的大不敬，对时局的大不满，蔡确以唐代的武则天，影射当朝主政的皇太后，那矛头直指最高领袖，是明显不过的"恶攻"罪，要是放在明朝，或者清朝，肯定是活不成的了；可在宋朝，止于流放而已。虽然流放，得以保全性命，但缓慢的死亡，无穷的折磨，更是一种苦不堪言的惩罚。《宋稗类钞》说过："章惇恨安世，必欲杀之。人言春、循、梅、新，与死为邻，高、窦、雷、化，说着也怕。八州恶地，安世历遍七州，所以当时有'铁汉'之称。"像刘安世居然能够存活下来，像苏轼最后赦回至中原常州，是极少的幸运者。凡流放于荒州野县的两宋政治人物，最后无不瘐毙于蛮烟瘴雾的毒域。然而，比之明朝的"腰斩"，清朝的"凌迟"，相对而言，就算是"仁政"了。若无赵匡胤的誓碑，恐怕连这点"仁政"也不会有的。

两起文字狱事件，很大程度因党争而起：神宗支持变法，变法派便借苏轼一案，打击反变法派。同样，哲宗继位后，宣仁高太后主事，她反对变法，反变法派便拿蔡确一案，搞倒变法派。但是，当案件进入实质阶段，到底要怎样处置时，是杀是关，是释放还是流放，便出现与他朝迥然不同的众说纷纭现象，明朝也好，清朝也好，文字狱的第一目的，消灭意识形态上的异己分子，镇压持不同政见的文人；第二目的，亮出屠刀，人头落地，杀鸡给猴子看，诫示文人必须夹着尾巴做人，按照主流意志行事。元、明、清的知识分子，恨不能把头缩进裤裆里去，吓得连屁也不敢放一个，就是没有大宋王朝不杀士人和言事者的保证。所以，在宋朝，无论变法的，反变法的，对于蔡确的惩罚，齐感不妥。遂不分畛域，不计前嫌，联合起来，要求皇帝按祖宗之法，也就是按赵匡胤誓碑处理。

　　北宋这两起文字狱案件，雷声大，雨点小，都以流放了结。苏轼流得近一点，蔡确流得远一点，这就是赵匡胤那块誓碑的作用了。

　　"乌台诗案"来势汹汹，大有就地正法的态势。苏轼被押到开封，关进大牢，大家都替他捏把汗，他自己也吓得魂不附体。慢慢地有人为他缓颊，都拿誓碑的精神说事。据《长编》："轼既下狱，众危之，莫敢正言者。直舍人院王安礼（王安石之弟）乘间进曰：'自古大度之君，不以语言谪人。按轼文士，本以才自奋，谓爵位可立取。顾碌碌如此，其中不能无触望。今一旦致于法，恐后世谓不能容才，愿陛下无庸竟其狱。'"章惇也规谏过神宗："轼十九擢进士第，二十三应直言极谏科，擢为第一。仁宗皇帝得轼以为一代之宝，今反置于囹圄，臣恐后世以谓陛下听谀言而恶讦直也。"关了苏轼三个月后，不想、不愿、也不敢杀文人的神宗，终于将他释放了。处分还算手下留情，发配湖北黄州，不算太偏远的边陲县份，任团练副使，本州安置，不得签书公事，相当于推一推就过去，拉一拉就回来，不一棍子打死，给出路的政策。有饭可吃，无公可办，那时大概不用写检讨，作交待，这样，他倒有足够的时间吟诗作赋，著名的《赤壁赋》，就是在黄州写出来的。

"车盖亭诗案"的处理，比之复杂得多。元人脱脱编《宋史》，将蔡确列入奸党传，未必合适，但自宋而元而明，对王安石变法的看法，一直负面，也是客观存在。第一，神宗死了，哲宗继位，宣仁高太后主政，重用旧党，推翻新法，形势对蔡不利。第二，继王安石为相后，蔡又极其卖力气，贯彻新法，很得罪了那些反变法派。第三，蔡确生性歹毒，作风恶劣，害人甚多，结怨不少。此案一出，很令他的对立面欢欣鼓舞，想不到你小子终于有这一天。但谪令一出，贬英州别驾，新州安置，这绝对是要他性命的处置，令朝中支持他的一派，反对他的一派，以及既不支持也不反对的一派，都傻眼了。他是当朝宰相，即使有错，也应得到尊重，应该体面下台，更不能远放新州，到那"与死为邻"的州县。于是，大宋王朝的变法一派、反变法一派，竟一致认为处分过于严重，而且不符祖宗家法。

赵翼在《廿二史札记》中，有一则关于"车盖亭诗案"的感想，此公以十分讶异的笔调写道：这是怎么回事呀？"若论（蔡）确设心之奸险，措词之凶悖，虽诛戮尚不足蔽辜，仅从远窜，已属宽典。乃当时万口同声，以为太过，即号为正人君子者，亦出死力救之。谓圣朝务宜宽厚，力言于宣仁后帘前，并言于哲宗者，范纯仁及王存也。谓注释诗语，近于捃摭，不可以开告讦之风者，盛陶也。谓以诗罪确，非所以厚风俗者，李常也。谓恐启罗织之祸，上疏论列，及闻确谪命，又奉还除目者，彭汝砺也。谓薄确之罪，则皇帝孝治为不足，若深罪确，则于太皇太后仁政为小累，皇帝宜敕置狱逮治，太皇太后出手诏赦之，则仁孝两全者，苏轼也。甚而范祖禹先既劾确，及问新州之命，又自谓自乾兴以来，不窜逐大臣，已六十余年，一旦行之，恐人情不安。又甚而邵康节局外评论，亦谓确不足惜，然为宰相，当以宰相处之，而以范纯仁为知国体。可见是时朝野内外，无不以为谪确为过当。”

赵翼为清朝大学士，自然是以大清王朝对待文字狱的观点，来看待蔡确这几首牢骚满腹的诗。他认为统治者屠灭自由表达意志的文人，是天经地义的，而文人只能跪着活而不能站着生，也是应该应分的，而对大宋王朝的文人，不但敢于提出异议，而且对范纯仁等一干人，平素与蔡确形同水火，泾渭分明，观点对立，互不相能，都是对熙宁变法持反对观点，因而程度不同地受到王安石及其党羽的打击、排挤、压制、远谪。一到了有背祖宗之训，有违誓碑之旨，就都跳出来为一个罪犯求情。正因如此，他指摘这都是“宋待士太厚之故，纵有罪恶，止从黜谪，绝少岭海之行，久已习见，以为当然，一旦有此远谪，便群相惊怪，不论其得罪之深，反以为用刑之滥。政令纵弛，人无畏惧，实由于此，宋之所以不竞也"。

正常，视为不正常，不正常，反而被视为正常，这大概就是一千多年间不谈赵匡胤这块誓碑的原因。做帝王者，不谈，可以理解，他们绝不允许文人犯上作乱，他们最害怕的是文人以自己的头脑思考。做文人者，不谈，就不可理解了。但你读了赵翼的这段妙文以后，就会知道所谓的"斯德哥尔摩综合征"，是怎样将一个正常人变为不正常的，而这个不正常的人，竟会成为迫害他的人的同党、帮凶，并视其所作所为，无不正常，这就是我们从赵翼文章中所读到的弦外之音。中国知识分子之可怜可悲，就在于这种自觉和不自觉地甘为统治阶级的鹰犬，反噬同类，还认为自己在替天行道。这也是赵匡胤誓碑之所以成为鲁殿灵光的绝唱，你文人不自重，不自好，不自强，不自立，那别人还重你个屁？

不过，赵翼所说的"宋之不竞"，的确也是一个无法回避的事实，在后人眼里，宋乃中国历朝历代中最不振作，最不提气，最为窝囊，最为扫兴，仅有半壁江山的一个朝代。赵宋王朝为什么造成这样的败象，主要由于"冗官""冗兵""冗费"，而尤让中国人感到耻辱的，这是一个竟然向邻邦纳贡称臣，才得以苟安一隅的王朝；这是一个竟然有两个皇帝，被人家抓走当俘虏的王朝；这是一个竟然连立锥之地也没有，不得不被迫漂荡在海上当皇帝的王朝。然而，就这样一个先输于辽，后败于金，最后亡于元的"极贫""极弱"的王朝，由于赵匡胤的誓碑，文人得大自由，文化得大发展，文明得大进步，文学与文艺得大繁荣，让我们看到这个王朝辉煌灿烂的另一面。军人和军事活动为时代主体的战争年代，毁灭，死亡，破坏，灭绝，压倒一切；文人和文化活动为时代主旋律的和平年代，建设，发展，腾起，富裕，成为基调。于是，两宋王朝积三百年的努力，其高度发达的经济，突飞猛进的科技，高产丰收的农业，富庶活跃的市场；其规模宏大的城市，大量增加的人口，生活安定的社会，诗书礼乐的环境，成为繁荣和创造的黄金时代。所以，陈寅恪说"华夏民族文化历千年之演变，造极于赵宋之世"，造到极致境界，与这块誓碑所营造出来的大环境，有着莫大关系。

钱穆则说得更仔细些："论中国古今社会之变，最要在宋代。宋之前，大体可称为古代中国，宋以后，称为后代中国。秦前，乃封建贵族社会。东汉以下，士族门第兴起，魏晋南北朝定于隋唐，皆属门第社会，可称为古代变相的贵族社会。宋以下，始是纯粹的平民社会。除蒙古满洲异族入主，为特权阶级外，其升入政治上层者，皆由白衣秀才平地拔起，更无古代封建贵族及门第传统的遗存。故就宋代而言之，政治经济、社会人生，较之前代莫不有变。"（《理学与艺术》）

法国汉学家谢和耐的《中国社会史》，将宋代称作中国的文艺复兴时代，也是强调唐宋大转变中的文化含量。"11—13世纪期间，在政治社会或生活诸领域中，没有一处不表现出较先前时代的深刻变化。这里不单单是指一种社会现象的变化（人口的增长，生产的全面突飞猛进，内外交流的发展……），而更是指一种质的变化，政治风俗、社会、阶级关系、军队、城乡关系和经济形态均与唐朝贵族的仍是中世纪中期的帝国完全不同，一个新的社会诞生了，其基本特征可以说已是近代中国特征的端倪了。"

仅就中国人的四大发明来说，除造纸外，其余火药、活字印刷术、指南针三项，这些宋朝人智慧的结晶，一直到今天，仍为当代社会所需要。而我们时时刻刻须臾不离的书本、报纸、文件、宣传品，乃至于网络上所使用的印刷体方块字而言，它之所以被称为"宋体"，这个"宋"，就是宋朝的"宋"，所以，宋朝人的社会生活模式，为后世中国人所承袭。或者还可以说，我们当下的生活方式，与秦，与汉，与唐，都不搭界，从文化渊源上讲，与宋，却是最为接近的。严复有过这样一种论点："若论人心政俗之变，则赵宋一代历史最宜究心。中国所以成为今日现象者，为恶为善，故不具论，而为宋人所造就，十八九可断言也。"

赵匡胤的誓碑，也许真的是子虚乌有，然而，有一点不可抹煞，两宋王朝对于文人的优容，对于文化的扶掖，对于文明的提倡，对于文学和文艺的宽纵，也许是中国封建社会中最值得肯定的时期了。

宋朝的浪漫

——《秋江》的真实故事

凡文人，无不具有一点浪漫气质。

浪漫，成就文人，越浪漫，越有可能造就真正的文人。所以，不浪漫，当不成文人，至少当不成真文人，大概是可以肯定的。

一点也不浪漫的文人，最好去当锱铢必较、涓滴归公的会计员；或者，去当颗粒归仓一尘不染的管库员。中国文学史上常常发生的误会，就是将会计员和管库员，弄来当作家和诗人；而把作家和诗人，送去做会计员和管库员。凡各得其所的朝代，文人相对活跃，文学遂有可能繁荣；反之，各不得其所的朝代，文人活得很没趣，文学也就发达不起来，于是，只有凋敝。

如果当初给一个无论如何也浪漫不起来的人一把刨坑的铁镐，一副担水的铁桶，去植树造林。有六十年工夫，至少可以绿化好几座荒山秃岭。但是，非要塞给这个不会浪漫，不懂浪漫，也不敢浪漫的人，一支蘸水的钢笔，一沓厚厚的稿纸，去进行创作。写了一辈子书，可谓绞尽脑汁，码了一辈子字，堪称搜索枯肠。结果，在纪念他从事创作六十周年之际，除了他自己外，鬼也说不上来他的成名作是什么。他的代表作是什么。可是，六十年来，造纸厂却不得不砍伐森林，制造纸张，用来印刷他所写出来的，由于不浪漫因而也就不文学的小说和诗歌。

按时下流行的说法，其实这是一种很不低碳的浪费行为。

所以，文学史证明了这一点，浪漫，乃文人的天性。唯其浪漫，才有文学。浪漫和文学，本是一枚硬币的两面，这一面有多大面值，那一面也会有多大面值。这就是说，浪漫有多少，文学也该有多少。什么叫浪漫？浪漫就是感情的全部释放，就是个性的充分张扬，就是天资的完全展现，就是内分泌饱和到临界程度，就是身体的每一个细胞处于活跃兴奋的状态之中。那些循规蹈矩，只知道等因奉此的，那些按部就班，不敢越雷池一步的，那些点头哈腰，唯信奉本本主义的，那些头脑冬烘，连放屁也没味道的……基本上进入木乃伊境界的文人，既别指望他们浪漫，也就更别指望他们文学。

所以，中国的大文人，必先有大浪漫，才有大文学，如唐之顶尖文人之一李白，如宋之顶尖文人之一苏轼，这都是我们耳熟能详的典范。

中国的小文人，并不因为其小，便收缩规模，只能小浪小漫。事实并非如此，成就有高低，名声有大小，但在浪漫面前，人人有份，一律平等。大文人可以大大落落、大张声势地浪漫，小文人照样也可以大锣大鼓、大显身手地浪漫。

南宋诗人张孝祥（1132—1169），字安国，号于湖居士，历阳乌江（今安徽和县东北）人，为唐诗人张籍之后裔。据宋人陆世良《宣城张氏信谱传》，张于湖"幼敏悟，书再阅成诵，文章俊逸，顷刻千言，出人意表。绍兴甲戌，廷试擢第一，时年二十有三。"在脱脱主撰的《宋史》中，也称他"读书一过目不忘，下笔顷刻数千言。年十六，领乡书，再举冠里选，绍兴二十四年，廷试第一。高宗谕宰相曰：'张孝祥词翰俱美。'"

张孝祥参加的这年科举，没想到竟与秦桧之孙秦埙同科，秦桧为了能让他的孙子稳居榜首，做足功夫，所有考官都由他点名安排，悉由其党羽充任。据说考官董德元，从"誊录所取号得之，喜曰：'吾曹可以富贵矣！'遂定为第一，榜未揭，（另一考官沈）虚中遣吏逾墙而白秦（熺，桧之子）。"这班马屁分子内外勾结，共同作弊之下作，"喜曰"的嘴脸，"逾墙"的丑态，简直到了乌烟瘴气、令人发指的地步。

接下来便是廷试，也就是宋高宗的亲自面试。策问题为"师友渊源，志念所欣慕，行何修而无伪，心何冶而克诚"，秦埙显然早知试题，对曰："自三代以下，俗儒皆以人为胜天理，而专门为甚，言正心而心未尝正，言诚意而意未尝诚，言治国平天下，而于天下国家者曾不经意，顽顿忘节……顾欲士行之无伪，譬犹立曲木而求直影也。"张孝祥的策论，与秦埙正身守节、修德养性的观点，有着根本的不同。他着眼大局，以家国为怀，表达出一个中国文人在此国亡家破时期，应该有的挽危救艰、奋起图存的精神诉求。"往者数厄阳九，国步艰棘，陛下宵衣旰食，思欲底定，上天佑之，畁以一德元老，志同气合，不动声色，致兹升平，四方协和，百废俱举，虽尧舜三代无以过之矣……今朝廷之上，盖有大风动地，不移存赵之心，白刃在前，独奋安刘之略，臣辈委质事君，愿以是为标准，志念所欣慕者，此也。"虽然甲乙分明，高下立见，但大主考汤思退仍内定秦埙夺魁。宋高宗看罢秦埙的策对，通篇"皆桧、熺语"，有点烦。而史载，这个浪漫的张孝祥"廷对之顷，宿醒犹未解，濡笔答圣问，立就万言，未尝加点"。高宗将秦埙的答卷放在一边，看到御案旁尚有他卷，遂择而观之。"上讶一卷纸高轴大，试取阅之，读其卷首，大加称奖。""而又字画遒劲，卓然颜、鲁，上疑为谪仙，亲擢首选。""复自裁择，乃首擢公，亲洒宸翰：'议论坚正，词翰俱美。'"

"先是，岳飞卒于狱，时廷臣畏祸，莫敢有言者。公方第，即上疏言岳飞忠勇天下公闻，一朝被谤，不旬日而亡，则敌国庆幸而将士解体，非国家之福也。又云，今朝廷冤之，天下冤之，陛下所不知也。当亟复其爵，厚恤其家，表其忠义，播告中外，俾忠魂瞑目于九原，公道昭明于天下。"在权奸秦桧气焰不可一世之际，在主和派投降主义猖獗一时之际，在汉奸卖国贼里应外合嚣张之际，也是这个根本就不想打也不敢打早被金人吓破了胆的赵构主政之际，张孝祥说出了中国人不能不为岳飞伸张正义的话，确有石破天惊的意义。

因此，他不光文章过人，而且，非常非常之爱国，这是中国文学史上总要为他大书特书的一笔。"伏枥壮心犹未已，须君为我请长缨"，主张收复失土，反对苟且偷安，报国之心，出自肺腑，从戎之念，时在胸臆。为南宋初期著名主战派代表人物，与李纲、岳飞、赵鼎、胡铨、张元幹等人齐名。他的一首《六州歌头》，是他在建康留守任上写的，最为脍炙人口。

长淮望断，关塞莽然平。征尘暗，霜风劲，悄边声，黯销凝。追想当年事，殆天数，非人力，洙泗上，弦歌地，亦膻腥。隔水毡乡，落日牛羊下，区脱纵横。看名王宵猎，骑火一川明。笳鼓悲鸣，遣人惊。

念腰间箭，匣中剑，空埃蠹，竟何成！时易失，心徒壮，岁将零，渺神京。干羽方怀远，静烽燧，且休兵。冠盖使，纷驰骛，若为情？闻道中原遗老，常南望，翠葆霓旌。使行人到此，忠愤气填膺，有泪如倾。

据说，读罢了这首新作之后，在主座上倾听的张浚，为之动容，激动万分，心潮澎湃，实在无法再平静下来，只好罢席而去。

对文人而言，哀莫大焉生错了时代，哀莫大焉在这个时代里被彻底阉割，你不但不能浪漫，而且也不能文学，若你托生到这个时代，你不想完蛋也不行，那些既不浪漫，也不文学的同行，会第一个伸出手来掐死你，中外古今，无不如此。张孝祥的全部不幸，就是生在中国历史上最没起子的王朝。第一，这个王朝的全部皇帝（包括北宋和南宋），基本上都是无大作为，无大起色，更无大气度，无大胆略，从来也站不直的窝囊废。第二，由于这些令人泄气的统治者，北宋一百六十七年，宁可以岁币，以绢匹，花大笔的钱，向辽、向党项购买太平；南宋一百五十三年，宁可称臣称侄装孙子，向金、向元求得偏安一隅。于是：

中国历史上最大卖国贼，得以售其奸；

中国历史上最多投降派，得以张其势；

中国历史上最嚣张的隐性汉奸，得以肆行妄为。

这三者，上下交征恶，大宋王朝便像残焰枯烬的一盏油灯，风雨飘摇，奄奄一息，直到最后一滴油耗尽，赵氏王朝便在珠江口的崖山上，跳海终结。这其间，推波助澜的隐性汉奸，在中国败亡史上，一直扮演着一个可耻的角色。

在中国知识分子当中，隐性汉奸，是一股极其可恶的离心力量。当中国处于绝对强大的时期，他们只是说些冷话，泼些凉水，起着腐蚀的作用；当中国处于相对弱势的时期，他们就会兴风作浪，煽风点火，起到破坏的作用；当中国处于强敌的包围之中，他们就是一支第五纵队，他们就会进行颜色革命，起到推翻政权的作用。

隐性汉奸，尽管打着各式各样的旗号，尽管戴着各式各样的面具，但万变不离其宗的是：一、中国的一切一切都错。即使对的，也错。二、外国的一切一切都对。即使错的，也对。他们这种永恒不变的看法，也是所有中国人用来判断过去的隐性汉奸，和现在的隐性汉奸，一把百试不爽的尺子。

在这个由最大卖国贼，最多投降派，和最嚣张的隐性汉奸猖獗的组合体里，虽然公元1154年（绍兴二十四年），张孝祥举进士第一。据说，如果不是高宗赵构在殿试时，第一眼看到张的考卷，书法竟是如此优美，再看一眼，张的策论文章，行文竟然如此漂亮，张孝祥即无法立刻擢为第一。主考官提醒道，名次排列已定，第一名已内定为秦桧的孙子秦埙，高宗调卷一看，改为第三。发榜以后，秦桧无奈，可随后就设名目，将张罗织入狱。幸秦桧不久死，孝宗朝屡迁中书舍人，直学士院，领建康留守。张浚渡江与金人作战不利，上至为太上皇的赵构，下至满朝满野的隐性汉奸，一齐发难，张浚罢，张孝祥受牵连，这位爱国诗人到底被乌龟王八蛋们联手排挤出局，寻以荆南湖北路安抚使请祠，进显谟阁直学士致仕。

有什么办法呢？卖国贼手中有权力，投降派人多有声势，而隐性汉奸可以造舆论，可以搅浑水，可以颠倒黑白，可以混淆是非，这也是当下那班笔杆子唱衰中国，帮腔美国的老手段。于是，张孝祥活不过四十岁，便悒悒而亡，这大概也是自然不过的事情了。一个最浪漫，也最文学的天才，最不能容忍的，便是卑鄙。而那一张张看不胜看的，隐性汉奸的无耻嘴脸，如跌入蛆虫泛滥的粪缸里，不死何待？

纪晓岚在《四库全书总目提要》中，特别强调其"举进士第一"，对张孝祥的文学成就评价极高。"皆称其词寓诗人句法，观其所作，气概亦几几近之。《朝野遗记》称其'在建康留守席上赋《六州歌头》一词，感奋淋漓，主人为之罢席。'则其忠愤慷慨，有足动人者。"又曰："其门人谢尧仁序称，孝祥每作诗文，辄问门人，视东坡何如？今观集中诸作，大抵规摹苏诗，颇具一体。纵横兀傲，亦自不凡。故《桯史》载王阮之语，称其平日气吞虹霓，陈振孙亦称其天才超逸云。"

张孝祥就是这样一位在文学史上说不上是顶尖的，但在同时代的侪辈中，却是铮铮佼佼的一流文人。他不但有非凡的文学成就，而且更有绮丽的浪漫故事。

你无论如何想不到，就这位极文学、极浪漫的张孝祥，元曲大家关汉卿《萱草堂玉簪记》，与他有关；明代戏曲家高濂《玉簪记》，也与他有关；而明代无名氏杂剧《张于湖误宿女贞观》，和明人《燕居笔记》中的《张于湖宿女贞观》，都更是明明白白地以他的浪漫形象为作品题材。如此多的作品，聚焦在他身上，仅此一点，便可想知，在张孝祥那个时代，此人不但是一个才华出众的文章高手，更是一个风流蕴藉的多情才子。否则，他怎么可能成为元、明、清三代戏曲、杂剧、话本的舞台上，一个屡被演绎的浪漫人物呢？

甚至到了21世纪，白先勇先生还将这出《玉簪记》，改编成现代版昆曲，将要继青春版《牡丹亭》之后，在北京南新仓的皇家粮仓小剧场里献演呢！

从宋人周密《癸辛杂识》中一则记闻，可以充分领教这位文人的浪漫，中外古今，大概还找不到别的文人，能够浪漫得出这样一次以他为中心的嘉年华式欢宴聚会。当时，张孝祥受主持北伐的将领张浚邀请，到他司令部所在地，为建康留守。随后，又知京口，即今之镇江，可能距离淮蚌前线更近些，这样，张浚就派王宣子接他，要他从南京移镇于此。这就是"张于湖知京口，王宣子代之"的来历。斯时，"多景楼落成，于湖为大书楼匾"。张于湖书法出色，自是他当仁不让之事。他的字，现在还能看到，如《泾川帖》，当得上潇洒飘逸，神韵悠然的美誉。据说，宋高宗、宋孝宗对其字都赞叹不已。据《宋史》本传："孝祥俊逸，文章过人，尤工翰墨，尝亲书奏札，高宗见之曰：'必将名世。'"陆游说过，"紫微张舍人书帖，为时所贵重，锦囊玉轴，无家无之"。连最刻薄、爱挑剔的朱熹，也认为"安国天资敏妙，文章政事皆过人远甚。其作字多得古人用笔意，使其老寿更加学力，当益奇伟"。

据宋人叶绍翁的《四朝闻见录》载："今南山慈云岭下，地名方家峪，有刘婕好寺。泉自凤山而下注为方池，味甚甘美，上揭'凤凰泉'三字，乃于湖张紫微孝祥所书。夏执中为后兄，俗呼夏国舅，偶至寺中，谓于湖所书未工，遂以己俸刊所自书三字易之。孝宗已尝幸寺中，识孝祥所书矣，心实敬之，及驾再幸，见于湖之匾已去，所易者乃执中所书。上不复他语，但诏左右以斧劈为薪。幸寺僧藏于湖字故在，诏仍用孝祥书。"

所以，这次楼匾题字，非张于湖手书莫属。"公库送银二百两为润笔，于湖却之，但需红罗百匹。于是大宴合乐，酒酣，于湖赋词，命伎合唱甚欢，遂以红罗百匹犒之。"看来，他之谢绝银两，而讨红罗百匹，是要馈赠给那些佳丽的。估计那天盛会，至少有上百位丽服盛妆、奢华曳冶、花枝招展、灿若桃李的红粉佳人凑趣，才能营造出来云鬟玉臂、满室生香、袅袅婷婷、莺歌燕舞的浪漫气氛。

也许只有风流到顶点的张孝祥，才有此等大手笔。当代文坛上那些既无浪漫，也无文学的俗不可耐之辈，或者，即使那些稍有一点浪漫，稍有一点文学的半瓶醋之流，可敢这样非分地浪漫一下？怕是连放肆地想一想，也是不敢的。当代那些下流作家，最大的本领，就是来不及地让笔下的男女人物脱裤子，然后，一边流着哈喇子，一边描写他们交合的性行为，这才是他们毕生所追求的"浪漫"。

现在，让我们回到南新仓的皇家粮仓的小剧场里，等待新版《玉簪记》的上演吧！早些年，我曾经在四川成都郊区一家小戏院里，看过一个来自外县的剧团，所演出的高腔折子戏《秋江》。初冬的成都，那一份飕飕的冷意，不多的观众，那一副瑟缩的神色，我对主人说，早知如此，不若找个地方喝茶。固执的主人，一定要我"等哈，等哈"，即等一下的意思。终于在好几次"等哈"以后，陈妙嫦出场。我敢说，那简直是奇迹，本来叽叽喳喳、乱哄哄的剧场，一下子鸦雀无声，连兜售瓜子花生的小贩，也呆住了。显然，这位看上去极其美艳，细打量极其娟秀，称得上光彩照人的女演员，将大家吸引住了。虽然她那身行头很破旧，她那副头面也很寒酸，但是眼波流情，顾盼生春，表现出一位急切想得到爱情，所谓思春女尼的大胆和追求。从来也不曾见过如此唱、念、作俱佳的演员，一台戏，全被她一个人驾驭住了。

尤其她唱得那么甜美，那么温柔，由不得你不凝神聆听。

你看那鸳鸯鸟儿成双成对，好一似那和美的夫妻。白日里并翅而飞，到晚来交颈而眠。奴与潘郎虽则是相亲相爱，怎比得鸳鸯鸟儿，一双双，一对对，飞入在波浪里……永不离。

最后的这三个字，是由后台的帮腔唱出来的，其音高亢，其声绵长，令人回味无穷。

秋江之上，道姑陈妙嫦追赶书生潘必正这段船上的戏，是改编自明代传奇《玉簪记》中《追别》一折。看起来，不但文学史留住了张孝祥，连戏曲舞台也留住了这位于湖居士，而当时那些蛆虫似的隐性汉奸，早已烟飞灰灭，被扫入历史的垃圾堆里，这大概就是天道好还、正义不衰的公理了。

最为浪漫的一个插曲，莫过于张孝祥授临江令，到该地的女贞观去探望他的姑母的时候，曾经向这位在庵修行的陈妙嫦示爱过。

这就是浪漫透顶的张孝祥的行止了，他没想到在尼观里，竟有这等堪称绝色的美人，遂留宿寺观。《玉簪记》的故事，高濂依据的是前辈关汉卿的《萱草堂玉簪记》，绝非凭空虚构。而从清人雷琳的笔记《渔矶漫钞》所述，宋女贞观陈妙嫦尼，年二十余，姿色出群，诗文俊正，工音律。也可证实确有其事，确有其人。本来，这位才子拜见了姑妈以后，就打算告辞的，但他却执意要留下不走，这就是张孝祥毫无顾忌的浪漫了。

他还写了一首《杨柳枝》，挑逗这位美丽的女尼。

碧玉簪冠金缕衣，雪如肌；从今休去说西施，怎如伊。杏脸桃腮不傅粉，貌相宜；好对眉儿共眼儿，觑人迟。

陈妙嫦显然不为所动，也写了一首《杨柳枝》，拒绝了他。

清净堂前不卷帘，景悠然；湖花野草漫连天，莫胡言。独坐洞房谁是伴，一炉烟；闲来窗下理琴弦，小神仙。

据清人冯金伯的《古今女史》，更有惊人的戏剧性结局。

> 宋女贞观陈妙嫦尼，年二十余，姿色出群，诗文俊雅，工音律。张于湖授临江令，宿女真观，见妙嫦，以词调之，妙嫦亦以词拒于湖。后与于湖故人潘法成私通情洽，潘密告于湖，以计断为夫妇，即俗传《玉簪记》是也。

我又回想起高腔折子戏《秋江》中的那位惊鸿一瞥的女演员，如此出神入化地演出了陈妙嫦之急切，之担忧，之惶惧，之憧憬。那双会说话的眸子，告诉观众，她所以情不自禁地去追赶潘必正，显然是不得已而为之。让我们一起为她担心的，更不知道会是一个怎样的结局，在等待着她。现在看起来，张孝祥抛开自己，法外施仁，玉成这桩婚姻。你会不由得赞叹，在这个世界上，成人之美，也许是一种最高尚的品行了。

张孝祥有一首《西江月·题溧阳三塔寺》：

> 问讯湖边春色，重来又是三年，东风吹我过湖船，杨柳丝丝拂面。　世路如今已惯，此心到处悠然。寒光亭下水如天，飞起沙鸥一片。

我查不出溧阳三塔寺与临江的女贞观距离有多么远，更找不到诗中的"三年"从何年到何年。但是，这首《西江月》，却使我们看到诗人的博大胸怀。也许，文人的浪漫，能够达到这样的境界，也算是臻于极致了。

宋朝的夜市
—— 这才开始了全日制的中国

在《太平广记》卷四百八十四的《李娃传》中，唐代白行简写过这样一个情节，那位荥阳公之子自见李娃一面以后，念念不忘，经打听，知道住在鸣珂曲的这位女郎乃倡家，遂携重金造访。小婢见客人叩门，急忙走告李娃，说上次假装丢失马鞭，故意逗留不走的公子上门来了。自那次邂逅之后，李娃对这位来京应试的举子，有着堪称一见钟情的印象，显然也一直期盼着他的再出现。于是，可想而知，这一对青年男女，该是多么情投意合，心心相印了。谈笑间不觉天色"日暮"而街坊"鼓声四动"。这是唐朝的规矩，也是唐朝以前历代的规矩，禁夜，中国人到了晚间就失去行动自由。每晚，军士以鼓声周知百姓，禁夜即将升始，这也就是"暮鼓晨钟"的来历。

李娃的母亲，也许是养母，用时下的话说，即"妈妈桑"，便关心地问起来，公子你住在哪里？远近如何？是不是应该动身回去？可这位公子怎么舍得离开这位明眸皓齿、艳美娇媚的李娃呢？一位漂亮的小姐，对年轻异性来说，就是一块磁铁。他不想走，至少不想马上走，便编了一个谎。"生绐之曰：'在延平门外数里。'"因为鸣珂曲在平康里（坊）内，临近东市，延平门则在西市之西，这之间，应该相距 10 公里以上。荥阳公之子"冀其远而见留也。姥曰：'鼓已发矣，当速归，无犯禁。'生曰：'幸接欢笑，不知日之云夕。道里辽阔，城内又无亲戚，将若之何？'"李娃也愿意他留下来，便说："不见责僻陋，方将居之，宿何害焉。""生数目姥，姥曰：'唯唯。'"于是，他达到目的，得以留宿。

据此，可以看到唐朝之实施禁夜令，最为坚决彻底，天子脚下的都城长安当然更是严格。唐朝韦述的《西都杂记》称："西都禁城街衢，有执金吾晓暝传呼，以禁夜行，惟正月十五夜敕许驰禁前后各一日，谓之放夜。"当代人读至此，大概无不一身冷汗。试想，一年之中，只有三天不"禁夜"，其余三百六十二天的夜间，民众不得在所居的坊里以外从事任何活动，这实在是很痛苦的限制。在《太平广记》卷一百的《张无是》中，就有因怕犯夜而有家归不得的情节："唐天宝十二载冬，有司戈张无是，居在布政坊，因行街中，夜鼓绝，门闭，遂趋桥下而跧。"现在可以估计，《李娃传》中的"鼓声四动"，大概是即将禁夜的准备信号，《张无是》中的"夜鼓绝"，则是禁夜令生效之时。鼓声刚起时，这位公子马上离开鸣珂曲，回到其骗老太太所说的住处——"延平门外数里"，大概是来得及的。何况他骑的是马，只要紧赶两鞭，也就不至于犯夜了。而张无是之所以"跧"在桥下，不能回家，因为夜鼓已经敲过，随而"门闭"。城门或是坊门一关，他只能露宿街头，那后果很可怕，必然要被巡逻的"执金吾"（类似警察或城管的执法人员）抓住，反倒不如躲在桥洞底下将就一宵为妥。

犯夜的处罚，据《大清律例·夜禁》："凡京城夜禁，一更三点，钟声已静之后，五更三点，钟声未动之前，犯者，笞三十。二更、三更、四更，犯者，笞五十。外郡城镇，各减一等。"据说北京前门大街的宵禁，晚清还在断续施行，直到辛亥革命成功，才彻底去除。可见禁夜令在中国，至少有三千年历史。也就是说，中国人在这三千年中，大部分时间里，夜晚无行动自由，只有憋在家里自我闭关一途。如果走出家门，必被逮治。而犯夜，是要受笞的，晾出屁屁吃板子，又羞又痛，随后还得贴棒疮膏药。在《太平广记》二百六十五的《温庭筠》中，这位晚唐风流人物，知名诗人，就因"醉而犯夜，为虞侯所系，败面折齿"。一般来讲，受笞，打的是屁股，不知为什么他们专打诗人的脸。估计温庭筠自视甚高，不会太买账；而局子里的人并非文学爱好者，也不想参加诗协或者作协。于是乎，温庭筠很吃了些苦头，以致"败面折齿"，弄得牙都掉了，十分狼狈。

"禁夜"乃中国第一恶政，是封建统治者最乐用也是最常用的专制手段。以治安为名，冠冕堂皇地限制人身自由，堪称可恶至极，可恨至极。为什么会有这种既不抓你，也不打你，却要你入夜以后，必须老老实实地待在家里的"禁夜令"？至今未有人考证出来，谁是这种精神折磨的始作俑者，我认为，百分百是御用文人拍马屁拍出来的"好事"。因为，文人巴结上统治者以后，得以在权力的盛宴中啖到一点残羹剩饭，马上会从"帮闲"的说嘴阶段过渡到"帮凶"的动手阶段，以半个主子自居。先是琢磨出这个"牧"字，来描写统治者和被统治者的关系，以讨好统治者，麻醉被统治者。何谓牧，牧牛牧羊之牧也，老百姓是人，不是牲口，焉能用这个牧字？然而，正是这些无耻文人，一身贱骨头，称州长为州牧，称郡守为郡牧，称统领万民的皇帝为天下之人牧。于是帝王也好，官员也好，也就堂而皇之地按照牧养牲畜的办法，白天赶出去自行觅食，晚上撵回来关进圈舍，来统治他的百姓。老百姓一旦等同于牲口，那也就难逃牲口的命运。《孟子·梁惠王上》说："今夫天下之人牧，未有不嗜杀人者也。"孙奭疏："言今天下为牧养人民之君，未有不好杀人者。"真是一针见血。牧牛者杀牛，牧羊者杀羊，都是再正常不过的事情，以此类推，牧人者杀人，岂不是顺理成章之事吗？

法国启蒙主义者卢梭说过："人是生而自由的，但却无往不在枷锁之中。"我不知道夜晚必须禁足的法令，算是何种枷锁。但人之所以称为人，而不是动物，就在于他有思想，有人格，有灵魂，有尊严，哪怕只是一天的二分之一，或者三分之一，被剥夺了自由，虽然待在自己的家里，但也与坐牢无异。所以，对老百姓的残害似乎不大的禁夜，其束缚手脚，桎梏心灵，压迫思想，钳制精神的副作用，却不可谓小。

在中国历史上，实施禁夜令最坚决的莫过于唐朝，取消禁夜令最彻底的莫过于宋朝。两相比较，宋朝经济之繁荣，市场之兴盛，物资之丰富，商业之发达，远超过唐朝。就因为一个禁夜，一个不禁夜，一字之差，天壤之别，这才开始中国人的全日制中国。一天二十四个小时全部属于你自己，对今天的中国人来讲，绝对不会将其当一回事的。然而，对唐朝人而言，对宋朝人而言，却是一个获得全部自由和失去部分自由的大问题。日本历史学家内滕虎次郎的"唐宋变革论"，认为唐朝为中世纪的结束，宋朝为近世的开始。我认为，取消禁夜令是这次划时代变革的分界线。如果说，唐朝是中国游牧社会的最后腾起，那么宋朝则是中国农业社会过渡到商业资本社会的最早辉煌。

一般而言，对唐朝，人必称盛唐，对宋朝，人必称弱宋，唐之盛，盛在其武功雄伟，军威将强，征服藩属，拓土开疆的光荣上；宋之弱，弱在其国土仄狭，强邻压境，纳贡求存，苟且偷活的猥琐上。盛唐，是收保护费的；弱宋，则是交保护费的。一收一交，强弱立见。不过，从治和乱的角度来评价，唐朝的乱世之长，治世之短，适与宋朝的治世之长，乱世之短相反。"凡唐之世治如此其少，乱日如彼其多。其治安之久者，不过数十年。""唐自高宗以后，非弑械起于宫闱，则叛臣讧于肘腋，自开元二十余年粗安而外，皆乱日也。"所以，唐诗人元稹的《行宫》诗，才有"白头宫女在，闲坐说玄宗"的憧憬太平往事之语。而宋朝，"自景德以来，四方无事，百姓康乐，户口蕃庶，田野日辟。"当神宗朝发动对西夏的战事，大宋臣民已经过了百十年的和平岁月，根本不知兵戈为何物。

治世与乱世的差别，不用多长时间，就能看出分晓。一、打仗要死人，人口必缩减；二、战争要破坏，城市必完蛋。唐承隋末大乱，宋继五代战火，两朝所接的烂摊子，基本相似。唐初人口为 2500 万，宋初人口为 3000 万，两朝人口总量大致相同。从唐初到安史之乱前的天宝十四载（755），用了 106 年，人口达到 5300 万。宋初到靖康之变前的大观四年（1100），用了 104 年，境内人口竟超过 1 亿，前者翻了一番，后者翻了两番。唐朝经安史之战，节度之祸，藩镇之争，黄巢之乱后，国家残破至极。靖康之变以后，国土锐减的南宋，其人口总数仍与鼎盛时期的唐朝持平。

唐朝人口超过 10 万以上的城市为 17 座，宋朝人口超过 10 万以上的城市为 52 座。显然，治世长的宋，其人口繁殖速度，其城市建设规模，要大于、快于乱世长的唐。宋朝的首都开封，为当时世界上最大的城市之一，人口过百万。唐朝的首都长安，占地面积大于开封，人口也过百万，但长安"百千家似围棋局，十二街如种菜畦"，坊和市分开，实施封闭式管理，日暮鼓动，户户关门，坊市禁闭，路人绝迹，唯有逻卒。黑夜是真正意义的黑夜。宋朝的首都开封和杭州，则是不夜之城，由于坊市合一，没有营业时间和营业地点的限制，夜市未了，早市开场，间有鬼市，甚至还有跳蚤市场。人来客往，买卖兴旺。"处处各有茶坊、酒肆、面店、果子、彩帛、绒线、香烛、油酱、食米、下饭鱼肉鲞腊等铺。盖经纪市井之家，往往多于店舍，旋买见成饮食，此为快便耳。"

有一幅张择端的《清明上河图》，现存故宫博物院，画的是鼎盛时期的开封，立刻给你一种生气勃勃的视觉感受。在这幅画上，你看不到唐时长安那雄伟、堂皇、气派、大度的王者风范，但市民之忙忙碌碌，力夫之竞竞营营，店铺之财源滚滚，车马之喧嚣过市，仕女之风采都丽，文士之风流神韵，建筑之鳞次栉比，街衢之热闹非凡，绝对是唐朝的长安、洛阳见不到的物质繁荣，经济发达。

在中原地区称帝为王的朝代，以宋朝的面积最小，而小到最不堪时，宋高宗只剩下浙东和东海几个岛屿。即使其最大时，北宋的国土面积也只有唐朝的一半。长江以南的南宋就很可怜了，只有明朝的三分之一，或清朝的五分之一。而这个王朝却能每年给北方恶霸邻邦，交数十万银子，数十万匹绢为保护费以免遭战火。居然这项花费，只不过整个国家总收入的十分之一。西夏、党项、辽、金、元理直气壮地要这批银绢，因为是纳贡。宋王朝虽然也不大愿意掏，因为名义不好听，你在下，他在上，不过想到老子有钱，掏出一点打发这些穷要饭花子，也还是一种精神的胜利。

如果没有精耕细作，如果没有农业改良，如果没有市场竞争，如果没有全心全力，不可能生产出足够的粮食，来填饱这翻了两番的人口肚皮。唐之粮食亩产量很低，仅为一石。唐末黄巢之乱，所以不得不以人为食，因为整个社会财富积累极少，经不起这些蝗虫般的流寇，拉锯式的消耗，吃尽耗光，神州也就只有陆沉一途；而靖康之变后，北方沦落，中原人口，背井离乡，大量流亡，不但王侯卿相，豪门望族，富商巨贾，文武百官，举家南渡，就连州县吏胥，生员举子，乃至升斗小民，寻常百姓，也想尽一切办法，南逃求生。这是中国历史上继魏晋南北朝以后，又一次人口大迁徙，然而被金人追得走投无路的南宋政权，却能依靠物阜民丰的江浙地区，接纳了数十万北来同胞，并逐步安顿下来，发展起来，营造出一个再度辉煌的局面，就是因为宋之粮食亩产量为二至三石，加之套种小麦，开垦荒地，农业改良，产量陡增。

可以断言，一个实施禁夜令的朝代，其臣民不可能会全心全力。尽管禁夜令不枷不锁不系绳索，然而这种精神上的枷锁，心灵上的绳索，即使剥夺部分自由，那也无从谈积极性和主动性。大宋王朝能够以突飞猛进的姿态，创造出比其前朝，比其后代巨大的财富，应该说，是取消禁夜令，把夜晚还给老百姓的结果。某种程度上类似 20 世纪七八十年代，三中全会以后，不再提阶级斗争为纲，调动了中国人前所未有的能量，而出现的改革奇迹那样。人心齐，泰山移，人的能动性，要是激发出来，确实具有不可思议的力量。

从国家年度财政收入来观察，盛唐不如弱宋远甚。在平常年景下，北宋岁入为 8000~9000 万贯文，南宋岁入为 10000 万贯文，唐朝岁入为 3000 余万贯文，不过是宋朝的一个零头。宋不仅强于前朝的唐，与后朝明、清相较，也不逊色。明朝隆庆五年（1571）国家收入为 250 万两，万历二十八年（1600）国家收入为 400 万两，按通常 1 贯铜钱兑换 1 两白银换算，那么，北宋岁入折合 800~900 万两，南宋岁入折合 1000 万两。明朝的岁入，不过为北宋的二分之一，为南宋的三分之一，不免相形见绌，更何况明朝领土和人口均大于宋朝，尤其南宋，只有半壁江山。看来，明朝臣民，真是很丢脸，从皇帝直到平民，干劲都不如两宋。清顺治七年（1650），岁入为 1485 万两，离宋朝最高年收入 1600 万两，尚有差距。一直到道光、咸丰年间（1850 年左右），经济总量才稍稍超过两宋。可清朝的人口总数此时已达三亿，比之宋徽宗时期的一亿，多出两倍。一亿人和三亿人所创造出来的财富相等，夫复何言？有人做过这样的统计，南宋以 5500 万人口，占全世界人口总数百分之十五，创造了世界财富百分之七十五。而 1700 年到 1820 年清朝康乾所谓"盛世"，中国的经济规模在世界的比重，也只有百分之三十二，而人口却是世界总量的百分三十六，这就是大宋王朝的老百姓，在走出"禁夜令"以后的经济奇迹。

因此，宋朝绝非我们印象中这个积贫积弱的耻辱王朝；积贫积弱是事实，耻辱蒙羞也是事实，北宋最后两个皇帝被敌国捉走当了俘虏，死在异国他乡；南宋第一个皇帝被打败只能逃到海上存身，倒数第三个皇帝被元人抓走，最后一个皇帝逃到海上也不得不被大臣背负着跳海，在中国封建王朝兴亡史上，再没有比两宋王朝更让人泄气的了。然而在强敌压境，战乱频仍，俯首服低，花钱买和平的三百年间，宋朝人却创造出经济上的极大丰足，文化上的极度辉煌，却是他朝难以望其项背的。中国人的三大发明，指南针、火药、印刷术，就是这个积贫积弱的耻辱王朝，对于历史做出的伟大贡献。人称盛唐的李氏王朝，却在这方面交了白卷。

　　取消禁夜令，释放出来的区区生产力，也许很有限，但人们拥有一天二十四个小时的完全自由，那产生出来的精神能量，却是无限的。美国历史学家墨菲说："在很多方面，宋朝是中国历史上最令人激动的年代。后来的世世代代历史学家批评它，是因为它未能顶住异族入侵，而终于被他们痛恨的蒙古人打垮。但宋朝却从 960 年存在到 1279 年，长于三百年的平均朝代寿命。"他认为：宋朝"完全称得上是当时世界上最大，生产力最高和最发达的国家"（《亚洲史》）。

　　日本学者加藤繁在《宋代都市的发展》中说：唐代"坊的制度——就是用墙把坊围起来，除了特定的高官以外，不许向街路开门的制度——到了北宋末年已经完全崩溃，庶人也可以任意面街造屋开门了"。加藤繁所说的"北宋末年"，准确地说应为唐朝末年，直至五代，禁夜令流于形式，渐渐式微，民众也不太在乎了。《花间集》中张泌那首《浣溪纱》，就是一个例证，其首句"晚逐香车进凤城"，明显犯了夜禁令。可同为晚唐诗人的张泌（842—914），要比温庭筠（812—870）幸运得多，究竟小30岁，加之又逢乱世，显然，已不大坚持夜禁，他这才敢放心大胆地盯梢泡妞，也不必担心受到"败面折齿"的笞责。

从宋人孟元老的《东京梦华录》里的"州桥夜市"一节，我们约略知道北宋鼎盛时期的汴京夜晚，市面之繁华，商铺之稠密，钱财之富裕，物品之丰足，恐怕连当下的开封，也无法相比。"出朱雀门，直至龙津桥，自州桥南去，当街水饭、熝肉、干脯。王楼前獾儿、野狐、肉脯、鸡。梅家鹿家鹅鸭鸡兔肚肺鳝鱼包子、鸡皮、腰肾、鸡碎，每个不过十五文。"接下来，从朱雀门的曹家从食，"直至龙津桥须脑子肉止，谓之杂嚼，直到三更"。而"东角楼街巷"一节里，从夜到明，从天亮到天黑，宋朝的首都简直就是一个不眠之城。"自宣德楼去东角楼，直至旧酸枣门，最是铺席要闹。南通一巷，谓之'界身'，并是金银彩帛交易之所，屋宇雄壮，门面广阔，望之森然，每一交易，动辄千万，骇人闻见。以东街北曰潘楼酒店，其下每日自五更市合，买卖衣物书画珍玩犀玉。至平明，羊头、肚肺、赤白腰子、奶房、肚胘、鹑兔、鸠鸽、野味、螃蟹、蛤蜊之类讫，方有诸手作人上市买卖零碎作料。饭后饮食上市，如酥蜜食、枣糕、澄沙团子、香糖果子、蜜煎雕花之类。向晚卖河娄头面、冠梳领抹、珍玩动使之类。东去则徐家瓠羹店，街南桑家瓦子，近北则中瓦，次里瓦，其中大小勾栏五十余座。内中瓦子莲花棚、牡丹棚；里瓦子夜叉棚、象棚最大，可容数千人。自丁先现、王团子、张七圣辈，后来可有人于此作场。瓦中多有货药、卖卦、喝故衣、探博、饮食、剃剪纸画、令曲之类，终日居此，不觉抵暮。"

在"会仙酒楼"一节中，从汴京人的夜生活，其阔绰，其挥霍，也令人惊叹咋舌。"大抵都人风俗奢侈，度量稍宽，凡酒店中不问何人，止两人对坐饮酒，亦用注碗一副，盘盏两副，果菜碟各五片，水菜碗三五只，即银近百两矣。虽一人独饮，碗亦遂用银盂之类。"当时酒楼饭店所用餐具，悉以纯银打造，若不富得流油，岂敢如此奢华？在"民俗"一节中，"其正店酒户，见脚店三两次打酒，便敢借与三五百两银器。以至贫下人家，就店呼酒，亦用银器供送。有连夜饮者，次日取之。诸妓馆只就店呼酒而已，银器供送，亦复如是。其阔略大量，天下无之也。"

在"潘楼东街巷"一节中，"潘楼东去十字街，谓之土市子，又谓之竹竿市。茶房每五更点灯，博易买卖衣物图画花环领抹之类，至晓即散，谓之'鬼市'。又投东，则旧曹门街，北山子茶坊，内有仙洞、仙桥，仕女往往夜游，吃茶于彼。"而"马行街铺席"一节，那夜市游人之稠密，店铺生意之红火，仕女簪载之亮丽，车来马往之喧闹，也许只有北京的王府井，上海的南京路，堪与之一比了。马行街在新旧封丘门之间，长约十里，"坊巷院落，纵横万数，莫知纪极。处处拥门，各有茶坊酒店，勾栏饮食。市井经纪之家，往往只于市店旋买食物，不置家蔬。北食则矾楼前李四家、段家熬物、石逢巴子。南食则寺桥金家、九曲子周家，最为屈指。夜市直至三更尽，才五更又复开张。如要闹去处，通晓不绝。寻常四梢远静去处，夜市亦有焦酸豏、猪胰、胡饼和菜饼、獾儿、野狐肉、果木翘羹、灌肠、香糖果子之类。冬月虽大风雪阴雨，亦有夜市；姜豆、抹脏、红丝水晶脍、煎肝脏、蛤蜊、螃蟹、胡桃、泽州汤、奇豆、鹅梨、石榴、查子、榅桲、糍糕、团子、盐豉汤之类。至三更方有提瓶卖茶者，盖都人公私荣干，夜深方归也。"

宋人蔡絛在《铁围山丛谈》里，专门谈到了马行街。"天下苦蚊蚋，都城独马行街无之。马行街，都城之夜市，酒楼极繁盛处也。蚊蚋恶油，马行街人物嘈杂，灯火照天，每至四鼓罢，故永绝蚊蚋。上元五夜，马行南北数十里，夹道药肆多国医巨富，声伎非常，烧灯尤壮观。故诗人多道马行街灯火。"马行街之富，只是汴京一角，由此可见宋朝的都城汴京，尽管面积小于唐朝的都城长安和洛阳，不但其发达富足的程度远胜前朝，而在社会公平方面，如进学之不计贫富，如科举之不问家世，如土地之不抑兼并，如用人之不限士庶，如经商之不受限制，如贸易之不禁海运，如消费之不约奢华，如文化之不计雅俗，因此，在相对和平时期里，宋朝居民的自由程度、幸福指数，绝非前朝所能企及。

孟元老著《东京梦华录》，时已南宋，对于他曾经生活了二十多年的汴京盛况，既是难以磨灭的记忆，也是割舍不去的隐痛。在他笔下，无不美轮美焕，无不弥足珍贵，这也是曹雪芹在黄叶村写《石头记》的心情，凡失去的，都是最美好的，凡再也得不着，见不到的一切，唯有悔恨而已。所以，他说当年的汴京，倾注着怀旧之情。"太平日久，人物繁阜。垂髫之童，但习歌舞。班白之老，不识干戈。时节相次，各有观赏，灯宵月夕，雪际花时，乞巧登高，教池游苑。举目则青楼画阁，绣户朱帘，雕车竞驻于天街，宝马争驰于御路。金翠耀目，罗绮飘香。新声巧笑于柳陌花衢，按管调弦于茶坊酒肆。八方争凑，万国咸通，集四海之珍奇皆归市易；会寰区之异味，意在庖厨。花光满路，何限春游，箫鼓喧空，几家夜宴？伎巧则惊人耳目，侈奢则长人精神。"

虽然，"仆数十年烂赏叠游，莫知厌足"，但是，"一旦兵火，靖康丙午之明年，出京南来，避地江左，渐忝桑榆。暗想当年，节物风流，人情和美，但成怅恨。"其实，据宋朝吴自牧的《梦粱录》和宋朝周密的《武林旧事》，南宋的都城临安，其城郭之美，其街市之繁，其店铺之密，其物品之丰，其人烟之盛，其商贾之富，其仕女之靓，其娱乐之盛，并不亚于汴京。而"杭城大街买卖昼夜不绝，夜交三四鼓，游人始稀，五更钟鸣，卖早市者又开店矣"的夜市规模，也远超过开封。汴京最鼎盛时，拥有一百万人口，而杭州的常驻人口为一百五十万，加上流动人口，加上不断从北方逃奔故国的遗民，当超过此数，成为当时世界上最大的城市。固然，林升的那首《题临安邸》："山外青山楼外楼，西湖歌舞几时休。暖风熏得游人醉，直把杭州作汴州。"讽刺了醉生梦死的杭城人，但生于斯、长于斯的二百万甚至更多的百姓，却用双手和智慧，创造了中国历史上的"黄金时代"。

然而这个好的开端，却被身后的辽、金、元，以及西夏、党项等强邻扼杀。正如古希腊亡于古罗马，古罗马亡于日耳曼一样，文明永远屈服于野蛮。一个满腹诗书、体单力薄的文弱书生，绝对打不过头脑简单、四肢发达的赳赳武夫。这也是汉化得多一点的辽国，败于汉化得少一点的金国，而汉化得少一点的女真人，却败于完全没有汉化的蒙古人的道理。

可这个"黄金时代"，无论北宋，无论南宋，都是坚决不实施禁夜令的朝代，也许这是最值得记住的一点。

因此，这个朝代商业之发达，贸易之兴隆，资本市场之出现，商品经济之形成，上层建筑之松动，政治体制之变化，文化生活之多样，消费模式之趋奢……这一切，都来自宋朝人一天得以掌握自己的二十四个小时，不视人眼色，不仰人鼻息，不受人制约，不求人保护的自由之果。

这也就是陈寅恪的名言："华夏民族文化历千年之演变，造极于赵宋之世。"然而，宋朝的意义远不止此，严复曾经说过："中国所以成为今日现象者，为宋人所造就十八九。"这才是我们认识宋朝的真谛。

宋朝的才女

——胡适说过:"李清照是中国文学史上一个最有天才的女子。"

红藕香残玉簟秋,轻解罗裳,独上兰舟。云中谁寄
锦书来,雁字回时,月满西楼。　　花自飘零水自流,
一种相思,两处闲愁。此情无计可消除,才下眉头,却
上心头。

这首《一剪梅》是李清照的早期作品,当作于公元1103
年(北宋崇宁二年)的秋天。"花自飘零水自流"这一句,实
在是条极不吉祥的预言,像埃及金字塔里那条法老的诅咒,
"谁要触动了我,谁就不得好死"那样,其应验之灵之准,使
得她的一生,那任由沉浮的际遇,那难以自主的命运,果然
脱不开"花自飘零"四字谶语。

李清照作此词时,芳龄二十,是与赵明诚婚后的第三年。
花样年华,新婚燕尔,应该是女人最好的岁月。然而,正是
从这首词开始,被流水不知带往何方的飘零命运,也就开始
了。这位才女,其命运不济的一生,其不知所终的结局,既
是一个女人的悲剧,也是一代文人的悲剧。更准确地说,是
在中国封建社会的政治铰肉机中,生生将一个最有天才的女
诗人毁灭的悲剧。

故事得从公元 1100 年（元符三年）说起。正月，哲宗驾崩，赵佶嗣位，是为徽宗。这位在中国历史上数得着的昏君，一上台，便倒行逆施起来。他那助纣为虐的助手，便是臭名昭著的蔡京。如果说北宋王朝逃脱不了灭亡的命运，那这两个如暹罗双胞胎亲密的一对混蛋，则是加速北宋亡国的推进器。若无他俩，这个病入膏肓的王朝，也许还能在病榻上迁延数年，可是经赵佶、蔡京以及童贯、杨戬、高俅、朱勔、王黼、梁师成、李彦等一干人疯狂地折腾以后，这个本来已奄奄一息的王朝，便气绝身亡。

李清照的不幸是从公元 1102 年（崇宁元年）开始。七月，蔡京得势，八月，诏司马光 20 名重臣子弟不得在京师任职，这道圣旨，对她来讲，绝非好兆。在中国，无论过去的政治运动，还是以后的政治运动，株连、同坐、扩大化，是必然之义，宁左勿右，严惩不贷，宁信其有，不信其无，宁可错杀一千，不可放过一个，哪怕错了以后再纠正，也要挖地三尺，务求完胜。中国人要是极端化起来，相当可怕，运动初期，发动群众，那烈火烹油之势，那雷霆万钧之力，由不得李清照不考虑自己的父亲命运，由不得不担忧自己在劫难逃牵连。而且，所有投入这场政治运动的干将打手，上自决策人物，下到跑腿喽啰，无不一副杀气腾腾之脸，一双摩拳擦掌之手，一对人皆为敌之眼，一挂食肉寝皮之心，真是让她心惊肉跳，无法安生。

一心复仇的蔡京，先为右相，复为左相，高举绍述大旗，一手封王安石为舒王，配享孔庙，一手大开杀戒，将司马光、文彦博、苏轼等，籍为"元祐奸党"。七月乙酉，以"文章受知于苏轼"（《宋史》），为苏门后四学士之一的李格非（李清照之父）在劫难逃。定案"元祐奸党"十七人，李格非名列第五，罢官。从此，李清照就走上了"花自飘零水自流"的不幸道路。九月，蔡京及其子蔡攸并其客叶梦得，将元符末忠孝人分正上、正中、正下三级，计40多人，均予升官。对所谓奸邪人，又分邪上尤甚、邪上、邪中、邪下四级，凡542人，分别予以贬降。这其中，将元祐、元符旧党中坚人物，执政官文彦博、宰相司马光等22人，待制官以上的如范祖禹、程明道、程伊川、苏辙、苏轼、吕公著、吕诲等，凡119人籍作奸党，御书刻石，立于端门，以示徽尤，李格非名列其中，充军广西象郡。十二月，限制行动自由。1103年（崇宁二年）三月，诏党人的亲子弟，不得擅到阙下。1103年（崇宁二年）四月，毁司马光、吕公著等绘像，及三苏、秦、黄等人文集。九月，令天下监司长吏厅各立"元祐奸党碑"。党人碑刻309人，李格非名列第二十六。

公元1104年（崇宁三年）诏御书所书写之奸党，不得在汴梁居住，凡亲属，无论亲疏，遣返原籍。公元1106年（崇宁五年）春正月，彗星出西方，太白昼见，诏求直言，方有毁碑之举。公元1108年（大观二年）春正月壬子朔，宋徽宗大赦天下，党禁至此稍弛。（据上海古籍出版社《李清照集笺注》）

李清照的父亲李格非，苏门弟子，著《洛阳名园记》，谓"洛阳之盛衰，天下治乱之候也。其后洛阳陷于金，人以为知言"而闻名，声闻海内。以礼部员外郎，拜提点京东刑狱，作为河南、山东一带的司法厅长，警察总监，也非等闲人物。由于蔡京切齿恨苏，对他的文章，对他的书法，对他的碑刻，对他的出版物，无不一网打尽。李格非受业于苏轼，划为党人，列入党籍，遭遇清洗，也就难逃一劫。平心而论，混账如赵佶者，尽管修理文人，不遗余力，加之蔡京助纣为虐，因而运动异常惨烈。宋朝的这次政治运动，倒没有开过杀戒，没有砍人脑袋，总算不违祖宗规矩。不过，他先打"元祐奸党"，后打"元符奸党"，雷厉风行，严惩不贷，斗争从严，处理也从严，充军发配，妻离子散，打得京师内外，大河上下，杀气腾腾，鬼哭狼嚎，也是蛮恐怖的。

最滑稽者，居然运动过后，还有平反改正，落实政策一说。"元祐奸党"案，从公元1102年到公元1108年，也颇符合当代政治运动"七八年来一次"的大限，实在让人不禁感慨系之。历史原来是一条环行路，敢情这一切都是古已有之的，能不令人咋舌？北宋自神宗变法以来，到徽宗的双打，知识分子就不停地被翻烧饼，烙了这面再烙那面，烤焦这边，再烤那边，今天把这拨打下去，明天把那拨抬上来，后天，给打下来的这拨昭雪，再后天，又将抬上来的那拨打下去。这过程，正是李格非所受到免官、下放、复职、再谪的政治噩运。他在哲宗朝元祐年间，因蜀党被起用，到了徽宗朝崇宁年间洛党抬头，又被打下去。在中国，无论过去，也无论后来，只要是这种收拾知识分子的政治运动，组成对立的两面，一为正人君子，一为无耻小人，其分野是非常清晰的，其结局也是十分明确的。

有才华的文人，当不了打手，只能当写手，而狗屁不是的小人，拿笔杆不行，拿棍棒却行。一般来讲，古往今来，君子绝对搞不过小人，小人绝对能把君子搞倒搞臭。而且保证不会手软，往往极尽刁钻刻薄之能事，搞得你连想死也不能那么痛快。士可杀而不可辱，辱比杀更能挫折识文断字之辈。宋徽宗搞的这种铭刻在石板上的"奸党碑"，可以算是中国四大发明之外的第五大发明，比西方的耻辱柱，不知早了多少年！

现在已经找不到李格非到广西以后的情况资料，但他女儿却因为是奸党的亲属，在开封的日子，不怎么好过。第一，她不能不挂念谪放远方的老爹；第二，她不能不犯愁自己要被遣送的命运。株连一说，虽然出自秦朝，但是各朝各代的统治者，无不奉为圭臬。宋朝，不可能有"可以教育好子女"的"给出路"政策，但不可能没有以蔡京为首的"双打办公室"，以高俅领衔的"清查奸党工作组"。在中国，只要一搞运动，整人者，层出不穷；告密者，纷纷出笼；检举者，望风捕影；打小报告者，如影随形。立刻就是小人辈出，奸佞纷呈，恶狗满村，爬虫遍地的兴旺景象。一个诗词写得如此出色，人品生得如此出众的女诗人，能逃脱得掉这么许多业余警察的眼睛吗？

幸好，李清照的先生赵明诚很爱她，是那不堪屈辱的日子里，唯一的精神支柱。这位在太学读研或者考博的丈夫，既没有跟她真离婚或假离婚以划清界限，也没有立时三刻大义灭亲让她扫地出门，而是四处求情，辗转托人，送礼请客，以求宽容，挨一天算一天，尽量拖延着不走。

实际上，赵明诚完全可以求他的父亲赵挺之，这位官至尚书左丞、中书门下侍郎，相当于副首相的高级干部，只消说一句话，谁敢拿他的儿媳怎样？然而，此人很不是东西，

"炙手可热心可寒"，就是李清照对这位长辈的评价。我不知道赵佶搞这次政治运动，会不会成立一个领导小组？如此今古一体的话，向来就是反苏轼，反蜀党，反"元祐党人"的赵挺之，这个急先锋，不是这个机构的成员才怪！估计，他很卖力气，很受赵佶赏识，很快擢升为尚书右仆射。任何一次政治运动，有倒霉者的同时，必有得利者。倘无论功行赏，谁肯去当打手？

赵挺之不会为"双打分子"的子女李清照缓颊的，一方面是亲不亲，路线分。另一方面便是一种阴暗心理了，此人几乎诌不出几句像点样子的诗词，很生闷气，对他的儿媳，有妒火中烧的文人情结呀！

正是这许许多多的外部因素，李清照相当不是滋味，才有这首前景渺茫、后果难料的《一剪梅》。明人王世贞评说此词："可谓憔悴支离矣"（《弇州山人词评》）。这四字评语，可谓大奇。只有个中人，过来人，才能作此等语。因为王世贞之父王忬，藏有《清明上河图》，严东楼想要，王不敢不给，但又舍不得，只好搞了一份赝品送去。谁知被人揭发，由此忤怒严嵩，便找了别的借口，将他关进大牢。王世贞营救无计，眼看其父瘦毙狱中。这种相类似的感受，从时代背景这个大的角度，来忖度李清照写作时的心态，是说到了点子上的。

李清照崛起于北宋词林，实在是个异类。

她有一篇在中国文学史上，最为直言不讳的批评文章，开头处先讲述了一个故事。

开元天宝间，有李八郎者，能歌擅天下，时新及第进士开宴曲江，榜中一名士先召李，使易服隐名姓，衣冠故敝，精神惨沮，与同之宴所，曰："表弟愿与坐末。"众皆不顾。既酒行乐作，歌者进。时曹元谦、念奴为冠，歌罢，众皆咨嗟称赏。名士忽指李曰："请表弟歌。"众皆哂，或有怒者。及转喉发声，歌一阕，众皆泣下，罗拜，曰："此李八郎也。"（《词论》）

这位突兀而来的李八郎，凌空出世，满座拜服的精彩表演，其实也是她震惊京师、征服文坛的写照。

当这位小女子由家乡山东济南来到开封的时候，词坛好比那曲江进士宴，无人把她放在眼里。斯其时也，柳永、宋祁、晏殊、欧阳修、苏轼、张子野、晏几道、秦观、黄庭坚……词藻纷出，华章迭起，一阕歌罢，满城传写。凡歌场舞榭，盛会宴集，三瓦两舍，游乐酝聚，啸歌唱赋，非苏即柳，不是"大江东去"，就是"晓风残月"，莺莺燕燕为之一展歌喉，弦索笛管为之喧闹嘈杂，词坛光彩悉为须眉夺去，文学风流尽在男性世界。

这位新人不能不煞费踌躇了，性别歧视是不容置疑的，更主要的，来晚了的她，发现这桌文学的盛宴，已没有她的一席之地。文学，有时比政治还势利，比经济还现实，错失时机，淹蹇一生，满腹才情，萤草同腐，完全是有可能的。得先机者，善哄抬者，抢风头者，敢弄潮者，比较不那么要脸的硬充数者，往往倒得到便宜。因此，一旦别人捷足先登，后来者就只有站着看热闹的份儿。况且，在文坛上，蹲着茅坑不拉屎的家伙，尤其不识相，哪怕连个屁也放不出来了，决不提溜起裤子，甘心给别人让位的。所以，必如李八郎那般，穿云裂石，金声玉振，余音绕梁，三日不绝，一举点中众人的死穴，目瞪口呆，哑口无言，才会被人承认。

李清照本可以打出美女作家的招牌，在文坛那张桌子上，挤进去一把椅子。我揣度她会觉得那很下作，因为她说过的："譬如贫家美女，虽极妍丽丰逸，而终乏富贵态。""富贵"是物质，在李清照笔下的这个"富贵"，却是百分之百的精神。以色相在文坛讨一口饭吃，那是巴尔扎克所嗤笑的外省小家碧玉，才干得出来的肮脏勾当，这位大家闺秀肯定不屑为之的。

尽管有关她的生平记载，缺乏细节描写，更无绘声绘色之笔墨，但从她这篇藐视一切，睥睨名家的《词论》推断，可以想象得出她的自信。本小姐不写也则罢了，既要写，必定以惊世骇俗之气，不主故常之变，初写黄庭之美，出神入化之境，让开封城大吃一惊。

果然，不鸣则已，一鸣惊人，飞鸿掠影，石破天惊，"当时文士莫不击节赞赏"（明人蒋一葵《尧山堂外记》）。

阮阅《诗话总龟》后集《丽人门》云："近时妇人能文词如李易安，颇多佳句。小词云：'昨夜雨疏风骤，浓睡不消残酒。试问卷帘人，却道海棠依旧。知否，知否？应是绿肥红瘦。''绿肥红瘦'，此言甚新。"

陈郁《藏一话腴》甲集云："李易安工造语，故《如梦令》'绿肥红瘦'之句，天下称之。"

黄升《花庵词选》云："前辈尝称易安'绿肥红瘦'为佳句，余谓此篇（《念奴娇·萧条庭院》）'宠柳娇花'之句，亦甚奇俊，前此未有能道之者。"

据研究者言，同时代人对于李清照的评述，大都近乎苛刻，对其生平，尤多訾议。但从以上宋人评价，可以想象当时的汴梁城里，这位新出炉的诗人，肯定是一个最热门、最流行的话题。如曹植《洛神赋》所写"翩若惊鸿，婉若游龙"那样令人感到新鲜，感到好奇。她的端丽形象，恐怕是北宋灭亡前，那末世文坛的最后一抹亮色。

《一剪梅》中，远走之苦，恋念之深，绮丽的离情，委婉的别绪，无可傍依的忧愁，无法排遣的惆怅，字字句句，无不使人共鸣。全词无一字政治，但政治的阴霾，笼罩全词。这还不过是她飘零一生的序曲，嗣后，靖康之国灭，南渡之家亡，逃生之艰难，孤奔之无助，更是无穷无尽地与政治扭结在一起的悲剧。甚至直到最后，死在哪年，死在哪里？也是一个无法解开的谜。

尽管，她很不幸，但她留给文学史的不多的词，很少的诗，极少的文章，无一不精彩，无一不出色。甚至断简残篇，只言片字，也流露着她的睿智。在中国文学的天空里，李清照堪称是女性文人中最为熠熠发光的星。

宋人中填词，李易安亦称冠绝，使在衣冠，当与秦七、黄九争雄，不独雄于闺阁也。（明·杨慎《词品》）

清照以一妇人，而词格乃抗轶周、柳。张端义《贵耳集》极推崇其元宵《永遇乐》《声声慢》，以为闺阁中有此文笔，殆为闲气，良非虚美。虽篇帙无多，固不能不宝而存之，为词家一大宗也。（清·纪昀《四库全书

总目提要》）

一个作家，一个诗人，能给后人留下充分的话语余地，说好也罢，说坏也罢，能够有话好说，那就不简单，可谓不虚此一生。作品问世，不是马上呜呼哀哉，不是转眼灰飞烟灭，而是说上数十年，甚至数百年，像李清照这样，才是所谓真正的不朽。至于时下我等厕身之文坛，耳闻目睹，恭逢其盛的"不朽"，无论个人吹出来的，还是哥儿们、姐儿们捧出来的，无论怎样厚颜无耻、大言不惭，至多，只能说是一种乐此不疲的文学手淫而已。

李清照的这首很政治化而无任何政治蛛丝马迹的《一剪梅》，长期以来，是被看作一首闺情诗，一首思妇词，被人吟哦传诵。在最早的版本上，甚至还有编辑多情加上的题注。"易安结缡未久，明诚即负笈远游，易安殊不忍别，觅锦帕书《一剪梅》词以送之。"甚至还有更艳丽的演义，那块锦帕，也就是李清照手迹的此诗真本，到了元代，还被画家倪云林所收藏云云。如果真是这样罗曼蒂克的话，那倒是适合拍好莱坞爱情电影的上好素材。

其实，这是面对政治迫害的恋恋不舍之歌，走也得走，不走也得走，那是很痛苦的诀别。不能抗命的无法逃脱，难以名状的凄凉情绪，无可奈何的强迫分手，心碎郁闷的长远相思，就绝非泛泛的离情别绪所能涵括，而是更深层次的悲恨怨愤。要真是"花自飘零水自流"，花归花，水归水，各走各的路，倒相安无事的。可是，落花无意，流水有情，"双打办"也好，"清奸肃党办公室"也好，频频敲开她家的大门，不断关切她何时启程。于是，"远游"的，只能是她。告别汴梁，沿河而下，回到原籍齐州章丘，也就是山东济南，饮她飘零人生的第一杯苦酒。

与此同时，北宋当局的腐败政权，也开始江河直下地向灭亡走去。宋徽宗在位 25 年，宠用奸宄小人，残害忠臣良将，搜括民脂民膏，大肆挥霍浪费，内有农民起义，外有强敌逼境，只知贡币求和，以得苟且安生。在中国，人人都能当皇帝，人人都想当皇帝，但不是人人都能干好皇帝这差事的。宋徽宗赵佶，其实应该当一名画家，一名诗人，一名风流公子，与李师师谈恋爱，也许是此中当行的风头人物。治理国家，经营政府，内政外交，国防军事，他就是一个地道白痴了。

到了公元 1125 年（宣和七年），赵佶实在干不下去了，退位给赵桓，自任太上皇。李清照也就跟着大倒其霉，虽说是个人的命运，在大时代的背景下，无关宏旨，但随着异族侵略者的金戈铁马，步步南下，一个弱女子，也不能不与家国的命运联系在一起。如果说"花自飘零"的话，在她四十岁以前，犹是在薄风细浪中回转，那么四十岁以后，便跌落到万劫不复的深渊，永无平稳之日了。

李清照先受到其父，后受到其夫之父，两起截然相反的政治风波牵连，也曾饱受冷遇，尝尽白眼，也曾过着提心吊胆的日子，不知哪一天又有什么祸事光临。但她终究不是直接当事人，花虽飘零，还只是萍踪浪迹，波回岸阻，中流荡漾，无所凭依罢了。尽管"红藕香残玉簟秋"有点凄冷，尽管"轻解罗裳，独上兰舟"有点孤独，然而，她与赵明诚，那两相爱恋着的小环境，还是温馨的；共同之好，积二十年之久的金石收藏，那意气相投的小气候，还是很融洽的。那些年月里，有过痛苦，也有过欢乐，有过挫折，也有过成功，有过碰壁，也有过收获，有过阴风冷雨，也有过鸟语花香。

接下来的公元1126年，赵佶的儿子赵桓继位，是为靖康。第二年，金兵破汴梁，北宋政权便画了句号。这年，李清照43岁。

> 靖康丙午岁，侯（即其夫赵明诚）守淄川，闻金人犯京师，四顾茫然，盈箱溢箧，且恋恋，且怅怅，知其必不为己有矣。（《金石录后序》）

残酷的战争，迫使他们不得不过起浪迹天涯的逃亡生活。胡骑南下，狼烟四起，烽火鸣镝，遍野而来。那看不到头的黑暗，擦不干净的泪水，永无休止的行色匆匆，没完没了的赶路颠簸，便一直伴随着这位"花自飘零"的诗人。

疾风险浪，波涛翻滚，云涌雾障，天晦日暗，可想而知，飘零在水里的花瓣，会有什么结果了。

现在，很难想象九百年前，一为书生，一为弱女的这对夫妇，将至少有两三个集装箱的文物，上千件的金石、图画、书籍、珍玩等物，为了不落入侵略者手里，追随着败亡的逃跑政府，如何由山东青州的老家启程，一路晓行夜宿、餐风饮露，舟载车运，人驮马拉，辗转千里，运往江南的？

他们总是追不上逃得比他们还快的南宋高宗皇帝赵构，他们追到江南，高宗到了杭州，他们追到浙江，高宗又逃往海上。中国知识分子那种"天下兴亡，匹夫有责"的使命感，尽管意识到最后那一无所有的结果，然而，面对这些辛苦收集的文化瑰宝，不保护到最后一刻，不敢轻言放弃，无论如何，也将竭尽全力保全，不使其失散湮没。

可他们的苦难之旅，有谁能来分担一些呢？无能的政府不管，无耻的官僚不管，投降主义者看你的笑话，认贼作父者下你的毒手，然而，这也阻挡不住他们，铁了心跟随着奉为正朔的流亡朝廷，往南逃奔。这就是中国知识分子独有的苦恋情结了。皇帝王八蛋，政府王八蛋，可死也不敢将收藏品丢失、转手的这对夫妇，一定要为这个国家，这个民族，尽到绵薄之力，你可能嘲笑他们太愚，太腐，但你不能不尊敬他们这种难能可贵的品质，要没有这样一份忠忧之心，竭诚之意，哪有五千年来中国文化的辉煌？

到了钦宗靖康二年，也就是高宗建炎元年，他们的全部积累，不但成为他们夫妇的负担，甚至成为她不幸一生的灾难。

> 既长物不能尽载，乃先去书之重大印本者，又去画之多幅者，又去古器之无款识者，后又去书之监本者，画之平常者，器之重大者，凡屡减去，尚载书十五车。至东海，连舻渡淮，又渡江，至建康。青州故地，尚锁书册什物用屋十余间，期明年再具舟载之。
>
> 次年（建炎二年），十二月，金人陷青州，凡所谓十余屋者，已皆为煨烬矣。

存放在故土的遗物，悉被胡骑付之一炬，千辛万苦随身运来的，又不得不再次割爱。当这些穷半生之力，倾全部家产，费无数心血，已是他们生命一部分的金石藏品，无论多么珍惜，也只有忍痛抛弃，那真是难舍难分。当时，还要面临着丈夫赴任，只剩下她茕子一人，远走他乡，孤灯残烛，凄凉驿路，"时犹有书两万卷，金石刻二千卷，器皿茵褥可待百客，他长物称是。"独自照管着这一大摊子家当，她肩上所承担的分量，也实在是太重了。

而她更想不到的沉重打击，接踵而至，丈夫这一去，竟成死别。

> （明诚）独赴召，六月十三日，始负担舍舟，坐岸上，葛衣岸巾，精神如虎，目光烂烂射人，望舟中告别。余意甚恶，呼曰："如传闻城中缓急，奈何？"戟手遥应曰："从众，必不得已，先弃辎重，次衣被，次书册卷轴，次古器，独所谓宗器者，可自抱负，与身俱存亡，勿误。"

> 遂驰马去，途中奔驰，冒大暑，感疾，至行在，病痁。七月末，书报卧病，余惊怛，念侯素性急，奈何病痁？或热，必服寒药，疾可忧。遂解舟下，一日夜行三百里。比至，果大服柴胡、黄芩药，疟且痢，病危在膏肓。余悲泣仓皇，不忍问后事。八月十八日，遂不起。取笔作诗，绝笔而终。

李清照的《金石录后序》，至今读来，那段惆怅，那份追思，犹令人怦然心动。

在中国历史上，真正的文人，为这个民族，为这块土地，可以有所作为，可以施展抱负的领域，其实是非常有限的。凡是有利可图，有名可沾，有福可享，有美可赏的所在，还未等你涉足，早就有手先伸过去了。而这双手，一定生在有权，有势，有威，有力量，有野心，有欲望，敢无耻的人身上。区区文人，何足挂齿？谁会把你的真诚愿望当回事？你一旦不知趣地也要参与，要介入，也许你未必想分一杯羹，只是尽一点心，效一点力，略尽绵薄，聊表热忱，那也会遭到明枪暗箭，文攻武卫，左抵右挡，雷池设防的。

然而，中国文人，无不以薪火相传为己任，无不以兴灭继绝为己责，总是要为弘扬文化，做些力所能及的事情，庶不致辜负一生。李清照和她的丈夫赵明诚，节衣缩食，好古博雅，典当质押，搜罗金石，本来就是吃力不讨好的事情。大敌当前，危机四起，殚思竭虑，奔走跋涉，以求保全文物于万一，这在他人眼中，更是愚不可及的书呆子行为。到了最后，她的藏品，失散，丢弃，遗落，败损，加之被窃，被盗，强借，勒索，"何得之艰难失之易也""所谓岿然独存者，乃十去其七八。所有一二残零不成部帙书册，三数种平平书帖，犹爱惜如护头目"，连诗人自己也忍不住嘲笑自己，"何愚也邪！"

经过这场生命途程中，最漫长，也是最艰辛的奔波以后，然后，又是一系列的麻烦，不幸，官司，谣诼，包围着她，使她在精神的夺力下，消耗尽她的全部创作能量。她本来应该写得更多，然而，她只能抱憾。

在这个世界上，最不能得到宽容的，是太出众的才华，最不能得到理解的，是太超常的智慧，最不能得到支持的，是太完美的成功，所以，凡才华，智慧，无一不是在重重阻断下难产而出，凡成功，凡完美，无一不遭遇到嫉妒和排斥。她付出了一生，她得到了文学史上的辉煌，然而，她在这个小人结群、豺狼当道、精英受害、君子蒙难的时代里，除了"花自飘零水自流"之外，简直别无生计。

因此，中国文人的最大不幸，不是生错了时代，就是生错了地方，而身心疲惫的她，神劳力绌的她，既生错了时代，又生错了地方，也就只有凋落沉没，无声无息，不知所终，无影无踪。

李清照，号易安居士，山东济南人。生于公元1084年（神宗元丰七年），卒年不见载籍，约为公元1156年（高宗绍兴二十一年），故而具体死亡日期和地点，却湮没无闻，无从查考。一个曾经美丽过，而且始终在文学史上留下美丽诗词的诗人，大才未展、大志未尽地退出，其飘然而逝、杳然而去的形象，其落寞之中悄然淡去的身影，给人留下更多的遐思冥想。

如果，再回过头去品味她那首《乌江》诗："生当作人杰，死亦为鬼雄。至今思项羽，不肯过江东。"因此，无论她怎么样死，如何的死，她那双诗人的眼睛，是不肯闭上的。

若是假以时日，给她一个充分施展的机会，这位中国文学史上的第一女性，也不至于只留下一本薄薄的《漱玉集》给后世了。然而，悔则何益？"花自飘零水自流"，对于文人无奈的命运，也只能是无聊的空叹罢了。

宋朝的巨奸

—— 没有 "六贼之首" 蔡京，北宋会死得晚些

宋人罗大经《鹤林玉露》丙编卷之六载：

> 有士大夫于京师买一妾，自言是蔡太师府包子厨中
> 人。一日，令其作包子，辞以不能。诘之曰："既是包子
> 厨中人，何为不能作包子？"对曰："妾乃包子厨中缕葱
> 丝者也。"

这个蔡太师，就是北宋末期的大臣蔡京。他画好，诗好，
字好，文章好。当然，误国殃民，贪赃枉法，窃弄权柄，恣
为奸利，也是"好"得不得了。好到极点，遂走向反面。北
宋王朝的徽宗赵佶，在位25年，经他四上四下的辅佐，最后，
亡国了事。

我们在《水浒传》，在《金瓶梅》，在《大宋宣和遗事》
这三部古典白话小说里，读到了他。一般来讲，历史人物应
该在史籍中存在着，一旦进入口述文学的话本范畴，被说话
人予以演义，而且是三部书异口同声地以他为主角，那么，
此人倘不是极好，便是极坏。这一点，只有明朝的严嵩，堪
与比拟。明万历年间，好几出戏曲，如《丹心照》《鸣凤记》

《一捧雪》《万花楼》，都以严氏父子为戏剧主角的形象出现，与蔡京所受到的待遇相似。一个，包括他的儿子蔡攸，成为平话丑类；一个，包括他的儿子严世蕃，成为舞台坏蛋，说明这班遭到万民痛恨的人物，口诛之，笔伐之，犹不足以泄愤，于是，搬上舞台，演出书场，当活靶子让众人唾弃。

中国历史上，凡权奸，无不巨贪，蔡如此，严亦如此，其实汉朝的梁冀，唐朝的元载，清朝的和珅，也是此等货色。不过，梁冀，纨绔恶少，元载，稍解文墨，和珅，略知诗文，这帮货色，权，唯恐揽得不大；钱，唯恐捞得不多；恶，唯恐做得不甚；罪，唯恐犯得不重。虽然在祸国殃民这一点上，他们是一脉相通的，但是，应该承认，蔡、严这两位，一有文学才华，一具艺术禀赋。严嵩的诗，一部《钤山堂集》，写得相当出色，而蔡京的诗、书、画，则尤为精绝，远高严嵩一头。尤其他的字，无论古今，无不以"冠绝一时""鲜有俦匹""无人出其右者"对其评价。宋代书法，习惯称"苏、黄、米、蔡"，因为蔡太臭了，这个蔡，遂改为蔡襄。

在中国历史上，作为文人，能够像蔡京，像严嵩，把皇帝玩得团团转，不是皇帝把他们耍了，而是他们把皇帝耍了，当数这两位大师了。严嵩耍嘉靖二十多年后，嘉靖终于还是将他抛弃了，蔡京耍徽宗一辈子，徽宗始终未觉悟，这又显出蔡太师的非凡高明。一般来讲，当文人遭遇帝王，不幸者多，幸者少。而蔡和严，则是幸中之幸，绝无仅有的幸运儿，这是不得不刮目相看的。所以，名列顶级害虫的排行榜，成为绑在耻辱柱上的罪人的这两位，千古以来，受到谴责和批判的同时，都少不了拉出他们的主子陪绑。

蔡京的故事尤其多一点，这个曾经拥有天大的权力，曾经贪下天大的财产，曾经陪着那个混账帝王宋徽宗，将北宋王朝玩到亡国的，坏得不能再坏的败类，最后的下场，却是谁也无法想象得到，竟活活地被饿死掉了，这样的一个离奇情节，着实匪夷所思。与罗大经这则随笔所述及的，其侈靡豪富，其穷奢极欲，其享尽荣华富贵的一生，反差之强烈，对比之悬殊，令人咋舌。

这真让人不得不信世间确有"因果报应"这一说了。

如果厨娘所言为实，可想而知，太师府的厨房里，有缕葱丝者，那也必有剥蒜头者，择韭菜者，切生姜者的各色人等，是毫无疑问的了。连料理佐料这般粗活，都如此专业化分工，以此类推，红案白案，酒水小吃，锅碗瓢勺，油盐酱醋，更不知该有多少厨师、帮手、采买、杂工，在围着他的这张嘴转。即使当下一个五星级大饭店的餐饮部门，也未必细到连缕葱丝都专人负责。由此可见，这位中国历史上数得着的权奸，也是中国历史上数得着的巨贪，在其当朝柄政，权倾天下，为非作恶，丧心病狂之际，那腐败堕落、淫奢靡烂的程度，到了何等猖狂的地步。

一般来讲，害虫的出现，不奇怪，封建社会是一人说了算的官僚政权，是毫无监督的专制统治，从来就是滋生贪官污吏的土壤。而大的害虫出现，还得要有一个纵容，支持，包庇，给他们撑开保护伞的最高统治者。没有皇帝撑腰，无论梁冀、元载、蔡京、严嵩，还是和珅，不可能一手遮天，嚣张一世的。因此，只要提起蔡京，就得涉及赵佶。而说到昏君宋徽宗，断不了牵扯到奸臣蔡太师。他俩像一根线拴两只蚂蚱，难拆难分，谁也蹦不了。

蔡京（1047—1126），福建仙游人，字元长，他是中国封建王朝中任期最长的宰辅，四起四落，一直做到他七十七岁，最后一次致仕，其头脑处于失灵状态，其两眼处于失明状态，其双耳处于失聪状态，其腿脚处于失控状态，基本上接近于植物人，他的皇上，那个可以说是比蔡京更严重的，是全方位处于失心状态的赵佶，还百分之一千地倚重他，信赖他。哪怕您让您儿子做具体事，您把握大局，朕就能绝对放心了。所以，这个揽权误国的"粉面奸臣"，得以成为徽宗朝"六贼"之首，得以将北宋王朝塞进棺材里，不能不说这也是赵佶的"功劳"。一个完蛋的皇帝，找了一个坏蛋的首相，这就是北宋王朝落幕之前的最简单的概括。

蔡京是王安石的铁杆，他的绍述就是绍王安石之述，兼以挟私报复，无所不用其极。他惩治政治反对派的"党籍碑"做法，可以视作20世纪50年代开始的政治运动最早的示范样板。但他又是一个不择手段的投机分子。"元祐更化"时，他力挺保守派司马光废免役法，获重用，绍圣初，又力挺变法派章惇变行免役法，继续获重用，首鼠两端，投机倒把，是个被人不齿的机会主义分子。徽宗即位，因其名声太臭，被劾削位，居杭州。适宦官童贯搜寻书画珍奇南下，蔡京变着法儿笼络这位内廷供奉，得以重新入相。从此，赵佶像吃了他的迷魂药一样，言出必从，计无不售。从此，无论蔡京如何打击异己，排斥忠良，窃弄权柄，恣为奸利，宋徽宗总是宠信有加，不以为疑。

所以，朝廷中每一次的反蔡风潮掀起，宋徽宗虽然迫于情势，不得不降黜一下，外放一下，以抚平民意，但总是很快地官复原职。从他登基的崇宁元年（1102），任蔡为尚书右仆射兼中书侍郎起，到靖康元年（1126）罢其官爵止，二十多年里，赵佶四次罢免了他，又四次起用了他。最后，蔡京年已近八十，耳背目昏，步履蹒跚，赵佶还倚重这个老年痴呆症患者，直到自己退位。

大观元年（1107），他的老乡、官居太庙斋郎的莆田人方轸，上书劾他的《论蔡京疏》，当时，可谓轰动朝野，他虽为此付出沉痛的代价，在岭南受罪近二十年，但对蔡京罪恶之声讨，最为揭底。虽然方轸行文稍有言过其实之处，作者的感情介入，也就不可能字斟句酌，后人也没有权力要求其严谨准确。然而，你要是一个宋朝人，在铁蹄压境，国亡家破之际，在贪渎秽乱不可救药之时，你会对这篇讨伐王八蛋的文字，说声不吗？人同此心，心同此理，中国人有许许多多的毛病和缺点，但痛恨败家子，痛恨卖国贼，是千古一致的。

臣轸谨言，蔡京睥睨社稷，内怀不道，效王莽自立为司空，效曹操自立为魏国公，视祖宗神灵为无物，玩陛下不啻如婴儿，专以绍述熙丰之说为自谋之计。上以不孝挟持人主，下以谤讪诋诬天下。交通阉寺，纳结宫禁，蠹国用则若粪土，轻名器以市私恩，内而执政侍从，外而师臣监司，无非京之亲戚门人。政事不便于天心，举动必敛于民怨。尚书省元丰所造，京恶其地不利宰相，尽命毁之，是欲利陛下乎？是谓之绍述乎？京建四辅群，屯兵数十万，遣门人为四辅总管，又以宋乔年为京畿转运，密讽兖州父老诣阙请登封，意在为京留守，乘舆一动，投闲窝发，呼吸群助，不知宗庙何所依倚乎？又建方田法欲扰百姓，而盐法朝行夕改，钞为故纸，盐为弃物，号泣吁天，赴自缢者不知几千万人！元符末年，陛下嗣服，忠义之士投匦自见者无日无之。京分四等，黥配编置，不齿仕籍，则谁肯为陛下言哉？又遣子攸日与陛下游戏，惟以花木禽鸟为献，欲愚陛下，使不知天下治乱也。大臣保家族不敢议，小臣护寸禄不敢言。颠倒纪纲，恣意妄作，自古人臣之奸者，未有如京今日之甚者。陛下安可爱一国贼，而忘社稷生灵之重乎？

大观三年（1110），太学生陈朝老疏京恶十四事，"曰渎上帝，罔君父，结奥援，轻爵禄，广费用，变法度，妄制作，喜导谀，箝台谏，炽亲党，长奔竞，崇释老，穷土木，矜远略。"疏一出，士人争相传写，以为实录。而御史张克公论"蔡京辅政，权震海内，轻锡予以蠹国用，托爵禄以市私恩，役将作以茸居第，用漕船以运花石。名曰祝圣而修塔，以壮之山；托言灌水而决水，以符'兴化'之谶，法名退送，门号朝京。方田扰安业之民，圜土聚徒群之恶。"列其不轨不忠之事，凡数十宗。

赵佶为什么免了他，又召还，贬了他，又复职，就是这个引导消费新潮流的蔡京，对这个轻浮、轻薄、轻佻、轻骨头皇帝，有着宠媚入心、麻痹入骨的诱惑力。在故宫博物院的珍藏品中，有一幅《听琴图》，是赵佶的自画像，他坐在树下弹琴，有点诸葛亮唱《空城计》的架势。听众有两位，一位灰衣人，带个小僮，一个红衣人，正襟危坐。据说，这就是蔡京，在那儿装孙子，表示被音乐陶醉，魂梦不知所依的样子。画的上方，还有"臣蔡京谨题"的一首诗，其中两句，"仰窥低审含情客，似听无弦一弄中"，雅得那么俗，可又俗得那么雅，真他妈的会吹捧。帝将相入画，相为帝题诗，这文人丞相，这文人皇帝，真如暹罗双胞胎那样珠联璧合，臭味相投。

蔡京倡丰亨豫大之说，说白了，就是有钱该花，不花白不花，贵为天子，不花就是傻瓜。有一次，赵佶宴请，说不敢用玉器餐具，怕担奢华的议论。蔡京说："臣昔使契丹，见玉盘盏，皆石晋时物，持以夸臣，谓南朝无此。今用之上寿，于礼无嫌。"帝曰："先帝作一小台才数尺，上封者甚众，朕甚畏其言。"京曰："事苟当于理，多言不足畏也。陛下当享天下之仄，区区玉器，何足计哉！"就在这样一呼一应的狼狈为奸下，北宋的一点家底，就统统被折腾光了。于是，铸九鼎，建明堂，修方泽，立道观，凿大伾三山，创天成、圣功二桥，大兴工役，无虑四十万，两河之民，民不聊生，而蔡京却以稷、契、周、召自居，接下来，花无数的银子，用无数的人工，动手人间绝无、世上仅有的艮岳园林工程。如今在北京北海公园，颐和园中的太湖石，很多都是北宋首都开封艮岳园林遗物，系金军攻陷汴京后而掳至北方的。

任何一位领导人，轻信失察、用人不当的事，难免发生。看错了人，看走了眼，被假象蒙蔽，作错误决策，把处理品当优等货，把三类苗当好庄稼，把伪君子当正派人，把野心家当接班者，这都是可能的。但通常可一可二不可三，宋徽宗甚至于四，一错再错，错上加错，实在是不可救药得很。

一个好皇帝，碰上一个不好的宰相，国家也许不会出问题，一个不好的皇帝，碰上一个好宰相，国家也许同样不会出问题；但一个不好的皇帝，碰上了一个不好的宰相，那个国家就必出问题不可。北宋之亡，固然亡在不好的皇帝赵佶手里，也是亡在这个不好的宰相手里。

北方的金兵，铺天盖地而来，赵佶逊位了，当太上皇，让他儿子赵桓，也就是钦宗，登基接位。弹劾蔡京的章奏，如雪片般飞来。其中以孙觌的上疏，最为深刻全面。"自古书传所记，巨奸老恶，未有如京之甚者。太上皇屡因人言，灼见奸欺，凡四罢免，而近幸小人，相为唇齿，惟恐失去凭依，故营护壅蔽，既去复用，京益骞然。自谓羽翼已成，根深蒂固，是以凶焰益张，复出为恶。倡导边隙，挑拨兵端，连起大狱，报及睚眦。怨气充塞，上干阴阳，水旱连年，赤地千里，盗贼遍野，白骨如山，人心携贰，天下解体，敌人乘虚鼓行，如入无人之境。"（据徐自明《宋宰辅编年录》）

这份参奏的对象，与其说是蔡京，毋宁说是赵佶。

宋徽宗作为文人，诗词一流，绘画一流，连他的书法，所创造出来的"瘦金体"，也是一流。作为皇帝，却是末流，而且是末流中的末流。因为中国老百姓，不需要一个会画画、会写诗、会弹琴的皇帝，而是需要一个不给老百姓制造灾难的统治者，所以，民间文学对这位亡国之君，口碑从来不佳。

《水浒传》第二回，有一段介绍，说赵佶"乃神宗天子第十一子，哲宗皇帝御弟，见掌东驾，排号九大王，是个聪明俊俏人物。这浮浪子弟门风，帮闲之事，无一般不晓，无一般不会，更无一般不爱。琴棋书画，儒释道教，无所不通，踢毬打弹，品竹调丝，吹弹歌舞，自不必说。"

那时，赵佶还在他的潜邸里做端王，再混账，再败家，再不成器，也只是牵涉到他个人而已。何况他是王子，一个有着太多条件，足可以优哉游哉的花花公子，他为什么不享受，不快活？再说，宫廷中最为忌讳的一件事，就是所有可能成为帝位候选人的成员，千万不能表现出来那种不安于位，跃跃欲试的情绪，弄不好，会招来杀身之祸。因此，赵佶潜心于文学艺术领域，多方涉猎，兴趣广泛，探索追求，学有所成，是他聪明的抉择。因此，他写诗、作画、学道、性放纵，浪漫得过头、风流得过分，我们没有理由苛责他的荒唐。

然而，赵佶十八岁那年，他的兄长，宋哲宗驾崩，无子嗣。一顶御轿，将他抬进宫里，即帝位。这虽然是天上掉馅儿饼的美事，但是好还是坏，是走正路还是入邪道，是兢兢业业还是吊儿郎当，是正经八百还是荒淫无耻，他的一举一动，一言一行，就和大宋江山息息相关了。事实证明，他只能当端王，不是适当皇帝，他一坐在金銮殿上，凡中国昏庸之君的所有毛病，他都具备，凡中国英明之主的应有优点，他全没有。而且，昏君中最没救、最完蛋、最可怕，也是最致命的弊端，就是远君子，近小人，宠奸邪，用坏人。他当上皇帝以后，整个开封城，成为比赛着谁比谁更无耻、更堕落的罪恶渊薮。

尽管中国封建社会中有过三百多个皇帝，好的极少，坏的极多。然而，老百姓不怕皇帝他一个人混账，即使三宫六院七十二嫔妃，顶多增加一百个讨不到老婆的光棍而已。即使酒池肉林，作长夜之欢娱，耽安宴乐，极铺张之能事，对偌大一个国家来说，是绝对可以承受得了的。但是，最害怕的，是这个皇帝重用一群虎狼来管理国家，鱼肉百姓，那就比天灾还要恐怖，因为天灾的周期短，一年两年，三年五年，也就过去了，而人祸的周期，有时是一辈子，必须等到那个灾难制造者去见上帝时才告终止，这可就太痛苦了。

这其中，最狼狈为奸的，最为虎作伥的，最推波助澜的，最兴风作浪的，就是徽宗一直倚为膀臂的股肱之臣蔡京。宋人著的《大宋宣和遗事》，虽为民间文本，但把北宋之亡的根本原因，说得一清二楚。

> 这位官家，才俊过人，口赓诗韵，目数群羊，善画墨君竹，能挥薛稷书，能三教之书，晓九流之法。朝欢暮乐，依稀似剑阁孟蜀王；论爱色贪杯，仿佛如金陵陈后主。遇花朝月夜，宣童贯、蔡京；值好景良辰，命高俅、杨戬。向九里十三步皇城，无日不歌欢作乐。盖宝箓诸宫，起寿山艮岳，异花奇兽，怪石珍禽，充满其间；画栋雕梁，高楼邃阁，不可胜记。役民夫千万汴梁直至苏杭，尾尾相衔，人民劳苦，相枕而亡。加以岁岁灾蝗，年年饥馑，黄金一斤，易粟一斗，或削树皮而食者，或易子而飨者。宋江三十六人，哄州劫县，方腊一十三寇，放火杀人。天子全无忧问，与臣蔡京、童贯、杨戬、高俅、朱勔、王黼、梁师成、李彦等，取乐追欢，朝纲不理。

民间谚语说，"鲇鱼找鲇鱼，嘎鱼找嘎鱼"，透出老百姓看透世象的睿智，一下子就把"物以类聚，人以群分"这个最起码的真理，形象地烘托出来。孔夫子对于小人的许多经典见解，如《论语》中："君子周而不比，小人比而不周"、如"君子喻于义，小人喻于利"、如"君子和而不同，小人同而不和"、如"君子泰而不骄，小人骄而不泰"、如"君子矜而不争，群而不党"，而小人群居终日，言不及义，好行小慧，难矣哉等等，直至今天，也仍是放之四海而皆准的真理。

　　从古至今，以今及古，凡正派人，光明磊落，"君子不党"，公道率真，方正坦荡。而小人在一起，必然要拉帮结派，"群居不义"，寡廉鲜耻，无恶不作。必然要抱圈子，拜把子，拉关系，搞宗派。《水浒传》开头，高俅为巴结权贵，表演球技，那"气毬一似鳔胶粘在身上"，在场人物一见倾心，马上引为知己。凡坏人得志之时，也必是好人遭殃之日，金圣叹批书至此，掷笔一叹："小苏学士，小王太尉，小舅端王。嗟乎！既已群小相聚矣。"小人想不发达也不行了，林冲想不被充军发配也不可能了。

　　世道就是这样，一个小人，独木不成林，也许作不了大乱，两个小人，双木则成林，就有可能作奸犯科，而蔡京，加上童贯，加上高俅，再加上一群无耻宵小，"群小相聚"，那岂不天下大乱乎？

　　宋徽宗做皇帝，在政治上一塌糊涂，在经济上一塌糊涂，在军事上，抵抗外侮上，尤其一塌糊涂，在私生活的荒淫无耻上，最为一塌糊涂。而所有这些一塌糊涂，无不与蔡京这个位列中枢的决策人物有关。这位混账帝王，对蔡京四起四落，信，疑，复信，复疑，到最后深信不疑，终于，金兵渡河，国破家亡，他和他的儿子，徽钦二帝，成为俘虏，被押北上，关在黑龙江依兰，也就是那时的五国城，死在冰天雪地之中。我想他在地窖里死到临头那刻，大概也不会想到蔡京，以及那些"群小相聚"的人等，导致他这样悲惨的结局，有些什么觉悟和清醒认识的。

什么人跟什么人在一起，是有规律可寻的。有赵佶，才有蔡京，而有了蔡京，就必然会有赵佶。这些年来，凡被双规，凡被法办，甚至最后处以极刑的党政要员，从来没有一个是独行侠，单打独干，只他一个人干坏事。只要提溜出一个，必然像挖土豆似的，总是一窝或一串给端出来，总是一群趋利忘义者的自然组合。

我一直也在笨想，这些经受不住诱惑，决定以身试法，走上犯罪道路的各级干部、大小官员，总是要碰到第一次遭遇，也许与老婆、秘书、子女、情人，不难沟通，可同事、僚属、上下级、左右手，或者供货老板、公司经理、银行领导、合作伙伴，拉他们一同下水，所为不法时，这堕落的第一句话，从嘴里讲出来，与卖淫女突破廉耻瓶颈，第一次脱掉裤子，应该是相当不好启齿的，怎么张嘴说出来，又如何说，着实难以悬拟。

后来，我明白了，"群小相聚"，有时无声胜似有声，是不需要台词的。凡腐败、贪污、不法、堕落等等分子，其间存在着一种不言自明，互相感应的磁场，无须认知，无须交流，无须中间人，无须语言交流，只要身处磁场之中，立刻就能产生出动物觅食趋饵的本能，很快走到了一起。据科学家实验，某间房子里存有一块蛋糕，500米方圆街区里的老鼠，在第一时间内，就会得到这个食物信息，而且，相互策应的鼠眼，在黑暗中闪闪发光，协同动作的四肢，在地沟中蠢蠢欲动，一齐向这块香喷喷的蛋糕游走接近。

所以，当蔡京等"六贼"猖獗之时，也是正人君子销声匿迹之日。整个朝廷，成了小人得势，奸佞当道，正不压邪，劣胜优汰的局面，结果，当时中国所有不耻于人类的狗屎堆，都不请自到，甚至你下请帖也未必请得这么周全，统统蚁附蛆聚于这位混账帝王的身边。

北宋完了！

一个政权内部，从上到下，从内到外，从局部到整体，逐渐腐败起来，那么就只有等着丧钟敲响的那一刻。北宋未亡于辽，因为那时的宋王朝还没有全部烂掉，而到了岳飞所写"靖康耻，犹未雪，臣子恨，何时灭"的徽钦二帝被俘之时，如此不堪一击，如此兵败汴梁城下，说到根底上，是这个政权的肌体已千疮百孔，病入膏肓，即使没有金兵入侵，不存在外患，内部的农民起义，也已是不可阻挡之势。

所以，对统治者而言，腐败堕落之可怕，不在于吏治松弛，法纪懈怠，而是一旦成为社会风气，无法遏制，就像加速度下降的物体，最后会完全失控，直到这个政权的毁灭。同样，贪污渎职之可怕，并不在于官员道德沦丧，纲纪不张，而是国家经济命脉上那血流不止的创口，是会要了这个政权的命的。北宋王朝的覆灭，就覆灭在窃居要位的官员，无一不是贪污腐败分子，无一不是只谋私利的小人。试想，大宋江山这块蛋糕落到这群觊觎的小人手下，那结果是可想而知的。

当这些捞取名位、盗窃国家、疯狂搜括、贪得无厌的"官"，这些作威作福、道德败坏、胡作非为、祸国殃民的"僚"，这些狐假虎威、上蹿下跳、欺压百姓、中饱私囊的"吏"，这些飞扬跋扈、不可一世、寻衅找碴儿、敲诈勒索的"役"，在得意风光时，有后台支撑时，老百姓也许无可奈何，只能看着这些人跳。可是，凡作恶，必自毙，凡害人，必害己，凡跳得高，必跌得重，凡逃过初一，必逃不脱十五，这种生活的辩证法，虽然有时并不百分之百兑现，但大体上八九不离十地，也还是有一份天地间的公平在的。

北宋完了的同时，蔡京终于走到头了，老百姓等到看他垮台失败的这一天。据《宋史》："钦宗即位，徙（蔡京）韶、儋二州，行至潭州死，年八十。""虽遭死道路，天下犹以不正典刑为恨。"

人民群众虽然没看到他被明正典刑，深以为憾，但要给他一点颜色看看，以泄心头之恨，以报家国之仇，以吐多年之积怨，也以此煞一煞小人得志不可一世的威风，却是全国上下，异口同声的想法。既然不能动他一指头，既然不能打他一巴掌，大家忽然悟到，有一条收拾他的绝妙主意，却是人人可以不用费力，不用张罗即能做到的，那就是在其充军发配的一路之上，不卖给蔡京一粒粮，一滴油，一根菜，更甭说，一块烙饼，一个馒头，一个包子了。没有发通知，没有贴布告，更没有下命令，发文件，街乡市井，城镇村社，驿站旅店，庄户人家，所有的中国人表现出从来没有过的齐心，让他活生生地饿死。

饥肠饿肚的蔡京，回想当年，那山珍海味，那珍肴奇馐，现在连一口家常便饭，也吃不着了。那时候，他爱吃一种腌制食品"黄雀酢"，堆满三大间厅堂，他转世投胎一千次，也吃不完，现在想闻闻那扑鼻香味，也不可能了。那时候，他想吃一个包子，得若干人为之忙前忙后，现在，即使那个缕葱丝的妇女碰上他，也绝不肯将缕下的废物，一堆烂葱皮，给这个饿得两眼翻白的前蔡太师的。

中国人对于贪官污吏的憎恨之心，惩罚之意，是绝对一致的，过街老鼠，人人喊打的坚定坚决，也是从不动摇的。因此，再也没有比这种饿死蔡京的死法，更让人民大众开心的了。

王明清《挥尘后录》："初，元长之窜也，道中市食饮之物，皆不肯售，至于辱骂，无所不至。乃叹曰：'京失人心，一至于此。'"《宣和遗事》载：蔡京最后"至潭州，作词曰：'八十一年往事，三千里外无家，孤身骨肉各天涯，遥望神州泪下。　　金殿五曾拜相，玉堂十度宣麻，追思往日谩繁华，到此番成梦话。'遂穷饿而死。"

这就是一个贪官的奇特死法。

蔡京虽然饿死了，但不等于所有蔡京式的人物都饿死，因此，这个陈旧的故事，或许能让有些人，读出一点震慑的新意来。

宋朝的志节

——为末代王朝殉节者，以宋为最

在《清史稿·忠义十》的最后，有两位殉清者，均为文人，对以杀戮起家的爱新觉罗王朝来说，在其终结之日，增添了一点儒雅韵味。

按道理，这样一个统治中国近三百年，入主中原的异族王朝，在其谢幕之时，总该有几位运筹帷幄的决策之士，执掌国政的机枢之流，为王朝走到这一步，承担责任，与国同难才是。没有一个王爷或者大臣，为之上吊服毒，抹脖自尽，没有一个都督或者总兵，为之举枪自杀，饮弹身亡。谁也想不到，补上忠义这一课，主演这出末日节烈的挑大梁者，却是两位既非翰林，也非学士的一般文人：一为其文不著的梁济，一为其名不大的王国维，属于比小人物大一点，比大人物却小得多的中不溜儿之辈。因之，王朝闭幕，曲终人散，如此草草了事，不免有点凄凉。

古人言，忠臣不怕死，怕死不忠臣，看来，大清王朝混得有点惨，竟找不出一位不怕死的忠臣，只好由这两位不怕死的文人顶缸了。

这两位以死效忠大清王朝的文人，首先其选择的自杀地点和自杀方式，就不令人振奋。梁之沉于北京西城积水潭，王之溺于颐和园昆明湖，与屈原之投汨罗江，与老舍之跳太平湖，如此不约而同，如此殊途同归，不禁感叹中国文人之无奈。一个人想死，方法多种多样，为什么都要选择赴水而逝，饮恨而亡一道呢？其实，大义凛然的这两位，完全可以殉出来一个轰轰烈烈，完全可以得到一个惊天动地的效果，然而，从屈原起，到老舍止，中国文人所以只能这样窝囊地死，因为长就的骨头生就的肉，借给他胆子也不敢闹出什么大动静，于是，只有采取赴水的这种多为弱者所用的手段。想想，也颇悲哀。其次，他们殉节所选择的死亡时间，也不免太晚，大有黄花菜已凉的感觉。通常，国亡时殉国，城破时殉国，拒降新朝殉国，复辟失败殉国，这两位之死，梁为公元 1918 年，斯时民国已八年；王为 1927 年，斯时民国已十七年了。离王朝终结那天，相距七八年，十几年，时过境迁，已无任何耸人听闻的意义。

王国维自沉那天，我翻了一下当日的《奉天时报》，大篇幅介绍的，是京剧四大名旦之一荀慧生，在北京前门外新民戏院演出时装戏《摩登伽女》，轰动京城。王国维的殉国义举，只字未提，与数年前梁济从积水潭捞起来情景大致相似，整个社会无声无息，全体公众了无反应。因为大清王朝被中华民国推翻，已经是很久很久以前的事了。你若对这些"不知有汉，无论魏晋"的小市民，问他王国维何许人也，梁济何许人也，肯定是大晃脑袋，一问三不知的。

显然，对这两位很晚的死，冠之以"殉"，已无任何意义。

但《清史稿》，却定性这两位为殉国之士，为义民，那个以末代皇帝溥仪为招牌的小朝廷，还装模装样地赐谥追褒，当然是一种黑色幽默。其实，当人们已经淡忘脑后曾经拖着的那根辫子的时代，二位才扑通一声跳湖里，除了个人具有作秀意义之外，那些曾经做过大清王朝的臣民，如今又成为中华民国的百姓，照旧吃他的炸酱面，照旧喝他的二锅头，正如闻一多诗《死水》所写那样："这是一泓绝望的死水，清风吹不起半点漪涟。"跳了，也就跳了，死了，也就死了，对这两位跳水者和他俩尽忠的前朝，已无任何兴趣，这个近三百年的王朝，如此快速地不得人心，这才是真正的悲剧。

不过，遗老们编撰的这部《清史稿》，还是给二位留下了几行记载：

> 梁济，字巨川，广西临桂人（为近人梁漱溟之父）。光绪十一年举顺天乡试，嗣后为内阁中书十余年，不迁。三十三年由内阁侍读署民政部主事，升员外郎，在部五年，未出缺。逊位诏下，辞职家居，岁戊午，年六十，诸子谋为寿，止之不可，避居城北隅彭氏宅，先期三日，昧爽，投净业湖（即积水潭）死，时十月初七也。遗书万余言，惓惓者五事，曰民曰官曰兵曰财曰皇室，区划甚备。

> 王国维，字静安，浙江海宁州诸生，少以文名，弱冠适时论谋变法自强，即习东文，兼欧洲英德各国文，并至日本留学。壬戌冬入南书房食五品俸，屡言事，皆褒许。甲子冬遇变（即冯玉祥率军逼宫逐溥仪一事），国维誓死殉，驾移天津，丁卯春夏间时局益危，国维悲愤不自制，于五月初三日自沉于颐和园之昆明湖。家人

于衣带中得遗墨自明死志，曰五十之年，止欠一死，经

此事变，义无再辱云云。

1911年，辛亥革命成功，隆裕下诏逊位，民国开始纪元，这两位殉清"义士"，为什么没有马上就杀身成仁呢？我想：首先，梁、王，在清政府这架统治机器里，自忖乃微末之士，非显赫之流，在前朝文武眼中，不过小八腊子罢了。那些王爷宗室不殉，那些高官勋爵不殉，那些阁老大员不殉，那些将军藩镇不殉，一向谨慎行事的这两位，不能不考虑，抢这个效忠就义先行者的死誉，会不会有出风头之嫌？其次，我不敢武断这两位，抱苟活之心，存侥幸之意，打算在新朝另求发达，但看一看，试一试，等一等，不急于即刻殉国之念头，肯定是有的。最后终于走到这一步，其实已不完全是初始的以死明志，而是杂以对新朝的彻底绝望，以及一些说不清道不明的个人烦恼，夹杂在一起。也许，一死为最好的解脱，遂一头栽进湖里，给自己画了个句号。

在中国历代王朝最后覆灭的时刻，总有或多或少的慷慨激昂，高风亮节，视死如归，英勇赴义的殉节者出现，有许多可歌可泣的事，有许多可钦可佩的人，但在这部《清史稿》中，殉节者之少，少得令人尴尬。就在最后一章《忠义十》，记录这个王朝末日的殉节者，也只有张传楷，直隶青县诸生；孙方楷，山东益都人；王乘龙，福建龙溪人；赵彝鼎，江苏江阴人；施伟，江苏高淳诸生；李泽霖，广东香山县诸生；胡穆林，湖北江陵诸生，以及杭州望江门更夫某等，以殉节者身份进入这部官方史册，才得区区八人，真是可怜得很。

而且这其中，最堪玩味者，第一，没有一个天子脚下之人，舍命亡身，为爱新觉罗王朝殉难，难道京城之人，由于太过于聪明世故，而装聋作哑？第二，没有一个为从龙而来的满洲人后裔，为其祖先的江山变色，痛不欲生。难道提笼遛鸟的八旗子弟，果然养尊处优以致身心俱废，百无一用，也就彻底颓废，而假作痴呆？这就是清人赵翼在《廿二史札记》卷三十《元末殉难者多进士》中指出的，"元代不重儒术，延祐中，始设科取士。顺帝时，又停二科始复，其时所谓进士者，已属积轻之势矣，然而末年仗节死义者，乃多在进士出身之人。"在赵翼所抄录的殉难者名单中，除了一个蒙古籍进士外，全是汉族的读书人，为这个异族王朝的覆灭，献出生命。看来，作为外来的统治者，元末、清末，殉难者寥，死节者少，也是情理之中事。

　　明末，就完全是另外一种样子了。

　　公元1644年（崇祯十七年）三月，李自成攻陷北京，朱由检在煤山自缢身亡，痛哭失声者，悲愤莫名者，张皇出逃者，从死殉国者，整个北京城顿成地狱，绝对是世界末日来临的景象。而公元1911年（宣统三年）大清帝国宣告结束，京城内外，若无其事，士农工商，毫不在意。除了龙旗换成五色旗外，店铺照常营业，戏院仍旧客满，饭馆依然满座，八大胡同的姐姐们，一如往常地送往迎来，花枝招展。而在清人谷应泰所编的《明史纪事本末》卷八十的《甲申殉难》一章中，这个月，却是北京城建城以来最血淋淋的死亡之年。

　　其中那些惨绝人寰的死节场面，令人不忍卒读。

怀宗崇祯十七年三月十九日丁未，贼李自成陷京师，帝崩于煤山，大学士兼工部尚书范景文死之。初，贼犯都城，景文知事不可为叹曰："身为大臣，不能从疆场少树功伐，虽死奚益？"十八日召对，已不食三日矣。饮泣入告，声不能续。翌日城陷，景文望阙再拜自经，家人解之，乃赋诗二首，潜赴龙泉巷古井死，其妾亦自经。

户部尚书兼侍读学士倪元璐闻变，曰："国家至此，臣死有余责。"乃衣冠向阙，北谢天子，南谢母。索酒招二友为别，酹汉寿亭侯像前，遂投缳。题几案云："南都尚可为。死，吾分也。慎勿棺衾以志吾痛。"因诏家人曰："若即欲殓，必大行殓，方收吾尸。"乃缢死。三日后，贼突入，见之，颜色如生，贼惊避他去。一门殉节，共十有三人。

左都御史李邦华闻难，叹曰："主辱臣死，臣之分也，夫复何辞！但得为东宫导一去路，死，庶可无憾已矣。势不可为矣。"乃题阁门曰："堂堂丈夫，圣贤为徒，忠孝大节，矢死靡他。"乃走文丞相祠拜，自经祠中。贼至，见其冠带危坐，争前执之，乃知其死，惊避去。

左副都御史施邦曜闻变恸哭，题诗于几曰："愧无半策匡时艰，但有微躯报主恩。"遂自缢，仆解之复苏，邦曜叱曰："若知大义，毋久留我死！"乃更饮药而卒。

大理寺卿凌义渠闻难，以首触柱，流血被面，尽焚其生平所著述及评鹭书，服绯正笏望阙拜，复南向拜讫，遗书上其父，有曰："尽忠即所以尽孝，能死庶不辱父。"乃系帛奋身绝吭而死。

刑部右侍郎孟兆祥，贼犯都城，奉命守正阳门。贼至，死于门下。妻何氏亦死。其子进士章明，收葬父尸亟归，别其妻王氏曰："吾不忍大人独死，吾往从大人。"妻曰："尔死，吾亦死。"章明以头抢地曰："谢夫人，然夫人须先死。"乃遣其家人尽出，止留一婢在侧。章明视妻缢，取笔作诗。已，复大书壁曰："有侮吾夫妇尸者，吾必为厉鬼杀之。"妻气绝，取一扉，置上，加绯服。又取一扉置妻左，亦服绯自缢。嘱婢曰："吾死亦置扉上。"遂死。

左中允刘理顺，贼入城，理顺题于壁曰："成仁成义，孔孟所传。文信践之，吾何不然。"酌酒自尽。其妻万氏，妾李氏及子孝廉并婢仆十八人，阖门缢死。贼多河南人，至其居，曰："此吾乡杞县刘状元也，居乡厚德。吾军奉李将军令护卫，公何遽死也！"数百人下拜，泣涕而去。时谓臣死君，妻死夫，子死父，仆死主，一家殉难者，以刘状元为最。

太常少卿吴麟征，奉命守西直门。贼势急，同守者相继避去。麟征遗友人书曰："时事决裂，一旦至此，同官潜身远害，某惟致命遂志，自矢而已。"丁未城陷，徒步归，贼已据其邸，因入道左三元祠。时传天子蒙尘，有劝公南归，不应。同官来，招之降贼，怒挥之户外，遂自经。家人救之甦，泣而请曰："明日待祝孝廉至，可一诀。"麟征许之。先是，祝孝廉渊以奏保刘宗周被逮留京师。渊晨至，麟征慷慨酌酒与别，曰："自我登第，时梦见隐士刘宗周题文信国《零丁洋诗》二语于壁，数实为之。今老矣，山河破碎，不死何为！"相对泣数行下，因作书诀家人曰："祖宗二百七十年宗社，一旦而失。身居谏垣，无所匡救，法应褫服。殓时用角巾青衫，覆以单衾，藉以布席足矣。茫茫泉路，咽咽寸心，所以瞑予目者，又不在乎此也。罪臣吴麟征绝笔。"书毕，投缳死之。渊为视含殓乃去。

协理京营兵部右侍郎王家彦，贼犯都城，奉命守德胜门。城陷，家彦自投城下不死，折臂足。其仆掖入民舍，自缢死。贼燔民舍，焚其一臂，仆收其遗骸归。

左谕德马世曜，是日方蚤食，闻变，曰："是当死。"家人曰："奈太夫人何？"世奇曰："正恐辱太夫人耳！"遂作书别母。侍妾朱氏、李氏盛服前，世奇曰："若辞我去耶？"二妾言："主人尽节，吾二人亦欲尽节。"

从左中允刘理顺起，以下至三十一长洲生员许琰等约数百有名有姓的明末英烈，都在思宗吊死煤山后的几天里殉难，或全家老少，或姻亲戚友，或主仆共命，或数代同堂，悉皆义无反顾地走向死亡。史臣谷应泰叹曰："怀宗宵旰临朝，唏嘘毕命。公主摺胸，妃后并缢。引经死社稷，遗诏爱百姓。自古亡国正终，未有若斯之烈者。考其时，阖门同死者：中允刘理顺、新乐侯刘文炳、惠安伯张庆臻、宣城伯卫时春、驸马巩永因、金吾高文采是也。侚民子俱死者：少司寇阵兆祥、儒生张世禧是也。母与妻子俱死者：枢部郎成德、金铉是也。妻妾从死者：大学士范景文、左谕德马世曜、廷卫凌义渠、少司马王家彦、太常卿吴麟征、庶子周凤翔、给谏吴甘来、御史王章、陈纯德、吏部郎许直、兵马姚成、中书宋天顺、滕之所、阮文贵、百户王某、知事陈贞达、经历张应选、毛维张是也。闻难饿死者：长洲诸生许琰是也。凡此诸臣者，无论道术素许，至性勃发，位列三阶，荣邀一命，莫不椎心扼吭，追路相从。"

接下来，谷应泰曰："若乃袁景倩之父子，并歼石头，江万里之夫妻，同趋止水。甚者一门伏剑，阖室自焚。虽祖宗豢养之恩，亦怀宗拊循之效也。又如李国桢斩衰送葬，王承恩扶服煤山，雉经亭下。以致菜佣汤之琼恸哭梓宫，触石而死，抑何尽节之多也。呜呼！石窌河西，尽有吾君之痛；风车云马，犹闻杀贼之声。予盖读怀宗之君臣，而叹其亡国之正也。"

朱由检在中国历史上，是少有的不大被责备的亡国之君，甚至连李自成，连顺治都讲他的好话。虽然我们知道明朝万历年后注定亡国的命运，不是他所能改变。但是，他的性格上的缺陷，诸如猜忌怀疑，刻薄寡恩；他的政策上的失误，诸如措置失当，用人多变，也加速了明亡的步伐。然而他上吊煤山，着实震撼了中国人，所以，訾不掩德，"吾君之痛"，成为全体中国人之痛，这也是明末殉难者前仆后继之众、杀身成仁之多的缘故。而在宋末，出现了中国有史以来最壮烈的殉难场面，已不是宋朝最后的三位幼主的感召力了。这也让我们真正理解中国人的节烈观，帝王不过是一个国家的符号，数以十万计的大宋臣民，与末代皇帝叫作帝昺的六七岁孩童，一齐在珠江口外的崖门跳海殉难，说到底，已经不是为了这个帝昺，帝王的因素不是决定性的，而是这个国家，民族，江山，社稷，才值得有血性的中国人，为之同生共死。

赵翼在《陔余丛考》一书的《六朝忠臣无殉节者》考证，宋以前诸朝，做臣子的有点类似公司雇员，你是老板，我忠诚于你，你不是老板，我就不必忠诚于你。也有个别的效忠者，至死不渝，忠诚于旧老板，但绝大多数很自然的，也不觉得有什么不妥，向新老板表忠心，人们也都视作正常。"直至有宋，士大夫始以节义为重，实由儒学昌明，人皆相维于礼义而不忍背，则《诗》《书》之有功于世教，匪浅鲜矣。"所以，他的结论便是，历代殉国者，以宋朝为最。

据毕沅的《续资治通鉴》，南宋末年，为了抵抗南下的元军，从长江流域，节节败退到南海之滨的大宋王朝，守土将士，郡县官吏，志士仁人，普通民众，其尽忠报国之心，其切齿咬牙之恨，其不屈不挠之志，其宁死不降之贞，一直战斗到这个王朝的最后一天。

公元 1272 年"襄阳被围五年……民兵部辖张顺、张贵俱智勇……顺等转战百二十里，元兵皆披靡。黎明，抵襄阳。城中久绝援，闻顺等至，踊跃过望，勇气百倍。及收军，独失顺，越数日，有浮尸逆流而上，被甲胄、执弓矢，直抵浮梁，视之顺也，身中四枪六箭，怒气勃勃如生"。

公元 1273 年"樊城被围四年，城破，荆湖都统制范天顺仰天叹曰：'生为宋臣，死为宋鬼！'即所守地缢死。部将牛富率死士百人巷战，元兵死伤者不可计。渴饮血水，转战而进，遇民居烧绝街道，富身被重伤，以头触柱，赴火死。裨将王福见之，叹曰：'将军死于国事，吾岂宜独生！'亦赴火死"。

公元 1274 年"元兵进薄新城……元总管李庭攻破外堡，

诸军蚁附而上，都统制边居谊度力不支，拔剑自杀，不殊，赴火死。所部三千人犹死战，悉死焉"。

公元1275年"元兵攻池州……通判赵卯发知事不济，乃置酒会亲友与诀，谓妻雍氏曰：'城将破，吾守臣，不当去，汝先出走。'雍曰：'君为忠臣，我独不能为忠臣妇乎！'卯发笑曰：'此非妇人女子所能也。'雍曰：'吾请先君死。'卯发笑止之。明日，乃散其家资与弟侄，仆辈悉遣之。元兵薄城，卯发晨起，书几上曰：'国不可背，城不可降，夫妇同死，节义成双。'遂与雍氏同缢死于从容堂"。

公元1275年"元军攻饶州，知州唐震发州民城守。时元遣使来取降款，通判万道同微讽震降，震叱之曰：'我忍偷生负国耶！'城中少年感震言，杀元使者。已而元军登陴，众绵散。震入坐府中，元军执牍使署降，震掷笔于地，不屈，遂死之"。

公元1275年"初，特进，奉祠江万里，闻襄、樊城破，凿池芝山后圃，扁其亭曰止水，人莫喻其意。及闻警，执门人陈伟器手曰：'大势不可支，余虽不在位，当与国为存亡。'至是元军执其弟知南剑州万顷，索金银不得，支解之，万里赴止水死，左右及子镐相继投池中，积尸如叠"。

公元1275年"江淮招讨使汪立信，闻贾似道师溃，江、汉守臣望风降遁，叹曰：'吾今日犹得死于宋土也！'乃置酒召宾僚与诀。……夜分，起步庭中，慷慨悲歌，握拳抚案者三，以是失声三日，扼吭而卒"。

公元1275年"常州告急，文天祥遣部将尹玉赴援……玉收残卒五百人，复鏖战，自夕达旦，杀元军人马，委积田间，玉复手杀娄十人，力屈，被执，元人恨之，横四枪于其颈，以棍击杀之，其部下皆死，无一人降者"。

公元 1275 年 "元阿珠攻扬州，既筑长围，于是城中食尽，死者枕藉满道，而李庭芝志益坚。""戊寅，元阿喇罕破银林东壖，戍将赵淮兵败，与其妾俱被执，妾死之。阿珠使淮招李庭芝，许以大官，淮佯诺，至扬州城下，乃大呼曰：'李庭芝，尔为男子，死则死耳，毋降也！'阿珠怒，杀之"。

公元 1275 年 "元将宋都木达进逼抚州，都统密佑率众逆战进贤坪，元兵呼曰：'降者乎，斗者乎？'佑曰：'斗者也。'麾其兵突进，至龙马坪，元军围之数重，矢下如雨。佑身被四矢、三枪，犹挥双刀，率死士数十人斫围南走，前渡，桥板断，被执。……宋都木达欲降之，系之月余，终不屈。复令其子说之：'父死，子安之？'佑斥曰：'汝行乞于市，第云密都统子，谁不怜汝！'怡然解衣请刑，遂死"。

公元 1275—1276 年 "李芾至潭州，元游骑已入湘阴、益阳诸县，城中守卒不满三千，芾结峒蛮为援，缮器械，峙刍粮，栅江修壁。及元兵围城，芾慷慨登陴，与诸将分地而守，民老弱皆出，结保伍助之，不令而集，芾日以忠义勉将士，死伤相籍，人犹饮血乘城殊死战，有来招降者，辄杀之以殉"。

潭州被围，湖南安抚使兼知州李芾，拒守三月，大小战数十合。至是元阿尔哈雅射书城中曰："束下以活州民，否则屠矣。"不答。阿尔哈雅与诸将画地分围，决隍水以树梯冲。阿尔哈雅中流矢，创甚，督战益急，城中大窘，力不能支。诸将泣请曰："事急矣，吾属为国死可也，如民何！"芾骂曰："国家平时所以厚养汝者，为今日也。汝第死守有复言者，吾先戮汝！"

春，正月，丁卯朔，元兵蚁附登城。知衡州长沙尹谷寓城中，时方为二子行冠礼，或曰："此何时，行此迂阔事？"谷曰："正欲令儿曹冠带见先人于地下耳！"既毕礼，乃积薪扃户，朝服，望阙拜已，即纵火自焚。邻家救之，火炽不可前，但遥见烈焰中，谷正冠危坐，阖门少长皆死。李芾命酒酹之，字谷曰："尹务实，男子也，先我就义矣！"因留宾佐会饮，犹手书"尽忠"字为号，饮达旦，诸宾佐出，参议杨霆赴园池死。芾坐熊湘阁，召帐下沈忠，遗之金，曰："吾力竭，分当死，吾家人亦不可辱于俘，汝尽杀之，后杀我。"忠伏地叩头，辞以不能。芾固命之，忠泣而诺。取酒，饮其家人，尽醉，乃遍刃之。芾亦引颈受刃。忠纵火焚其居，还家，杀其妻子，复至火所，大恸，举身投地自刭。幕僚陈亿孙、颜应焱、钟蜚英皆死。潭民闻之多举家自尽，城无虚井，缢林木者相望。

翻开南宋王朝最后几年的历史，每一页，每一面，字里行间，都渗透着鲜红的血，辛酸的泪。这里流淌着的每一滴血，这里跌落下的每一颗泪，都在告诉我们，什么叫节烈，什么叫忠贞，什么叫爱国，什么叫中国人。

公元1279年的三月十四日，南宋末代皇帝帝昺的最后一天。先败于辽，后败于金，再败于元，前后坚持了319年的大宋王朝，终于覆灭的这天，元将张弘范兵分四路，包围住已逃亡到海上的南宋朝廷以及十数万军民。崖山之役后，与这个小皇帝共同赴难，殉国者达十万人之多，明末义民，瞠乎其后，元末清末的那些赴死者，包括梁济、王国维者，真是不值一哂。如今，我们读明人陈邦瞻撰《宋史纪事本末》的"二王之立"末段，尽管时隔七百三十多年，犹能感受到帝国末日那天，那"日暮风雨，昏雾四塞，咫尺不相辨"，敌酋压境，难逃虎口，大海茫茫，无路可走，命悬一发，生死绝杀的恐怖气氛。

> （张）世杰遣小舟至帝所，欲取帝至其舟中，旋谋遁去。（陆）秀夫恐来舟不得免，又虑为人所卖，或被俘辱，执不肯赴，秀夫因帝舟大，且诸舟环结，度不得出走，乃先驱其妻子入海，谓帝曰："国事至此，陛下当为国死。德祐皇帝辱已甚，陛下不可再辱！"即负帝同溺，后宫诸臣从死者甚众。世杰乃与苏刘义断维夺港，乘昏雾溃去。余舟尚八百，尽为（张）弘范所得。越七日，尸浮海上者十余万人。

这是一个何其骇人的惊悚场面，数达十万人之多的殉国者，共同赴海而亡。中国历史上从来不曾有过的最惨痛、最残酷、最血腥、最英烈的国殇，

次日，彤云密布，天色昏冥，海面上一片浮尸，随浪起伏，崖门外生者呐喊，魂兮归来。"元卒有求物尸间者，遇一尸，小而衣黄衣，负诏书之宝，取宝以献弘范，弘范亟往求之，已不获矣，遂以帝崩报，年九岁。杨太后闻之，抚膺大恸曰：'我忍死艰关至此者，正为赵氏一块肉耳。今无望矣！'遂赴海死。飓风大作，将士劝世杰登岸，世杰曰：'无以为

也。'登舵楼，露香祝曰：'我为赵氏亦已至矣。一君亡，复立一君，今又亡，我未死者，庶几敌兵退，别立赵氏以存祀耳。今若此，岂天意耶？'风涛愈甚，世杰堕水溺死。"

史臣陈邦瞻曰："宋虽起于用武，功成治定之后，以仁传家。然仁之弊失于弱，中世有欲自强以革其弊，用乖其方，驯致棼扰。建炎而后，土宇分裂，犹能六主百五十年而后亡，岂非礼义足以维持君子之志，恩惠足以因结黎庶之心欤！所可恨者，嗣主昏庸，奸臣接跡，驯致大命以倾，虽有善者亦未如之何。区区奉二主为海上之谋，固无救于亡，然人臣忠于所事而至于斯，其亦可悲也夫。"

虽然，宋朝已是昨天的史实，但宋朝的志士仁人，不会因国灭帝亡而终结其精神上的向往。同样，也不会因版图变色，江山易主，而转变其信仰的忠诚。或许，更主要的，与异族文化格格不入的宋朝文人，更有其不变的主旨，坚守的信念，明确的疆界，清浊的分野，会维持相当长的一段时期。虽然，经过岁月的淘洗，时光的磨蚀，疼痛会消失，记忆会淡化，但是，这种对于中国人精神熬煎的民族灾难，却是铭刻在心，不会遗忘的。所以，我们能够随意地谈到清末民初的梁济和王国维，无论如何，他们之死不会触动我们的切肤之痛。然而，对于宋末元初的文天祥、谢枋得之殉难，却不能不怀着极大的崇敬之心，肃然待之。自公元1840年鸦片战争，列强侵略我国以后，中国人活在这个世界上，精神上得以自强自尊的遗产，究竟还剩下多少？所以宋亡以后的这两位爱国志士，矢志不屈而死，所表现出来的志节，也许是我们仅存不多的强心剂了。

文天祥（1236—1283），号文山，江西吉水人。崖山破后，元将"张弘范等置酒大会,谓文天祥曰:'国亡,丞相忠孝尽矣,能改心以事宋者事今,将不失为宰相也。'天祥泫然出涕曰:'国亡不可救,为人臣者,死有余罪,况敢逃其死而贰其心乎!'弘范义之,遣使护送天祥赴燕。道经吉州,痛恨不食,八日犹生,乃复食。十月,至燕,馆人供张甚盛,天祥不寝处,坐达旦,遂移兵马司,设卒守之。既而丞相孛罗等召见于枢密院,天祥入长揖。欲使跪,天祥曰:'南之揖,北之跪,予南人行南礼,可赘跪乎!'孛罗叱左右曳之地,或抑项,或扼其背,天祥不屈,仰首言曰:'天下事有兴有废,自古帝王以及将相,灭亡诛戮,何代无之?天祥今日忠于宋氏,以至于此,愿早求死!'"

"先是,天祥留燕三年,坐卧一小楼,足不履地。……王积翁欲令宋官谢昌言等十人请释为道士,留梦炎不可,曰:'天祥出,复号召江南,置吾十人于何地!'"就这个卖国贼的这句话,文天祥被押至柴市受刑。"天祥临刑,从容谓吏卒曰:'吾事毕矣!'南向再拜,死,年四十七。其衣带中有赞曰:'孔曰成仁,孟曰取义,惟其义尽,所以仁至。读圣贤书,所学何事?而今而后,庶几无愧!'"

据清朝朱彝尊《日下旧闻考》载赵弼《文信国传》:"公至柴市,观者万人。公问市人,孰为南向,或有指之者,公向南再拜,索纸笔为诗曰:'昔年单舸走维扬,万死逃生辅宋皇。天地不容兴社稷,邦家无主失忠良。神归嵩岳风云变,气入烟岚草木荒。南望九原何处是,关河暗淡路茫茫。'"

谢枋得(1226—1289),号叠山,江西弋阳人。"元至元二十五年(戊子,1288)夏四月,时程钜夫至江南访求人才,荐宋遗士三十人，枋得亦在列。……既而留梦炎亦荐之。"这大概就是汉奸和具有汉奸倾向的知识分子所特有的一种强迫症了。这也是有了汉奸，必有狗腿子，有了买办，必有假洋鬼子一样，卖国求荣者，恨不能中国人都与他一块同流合污；崇洋媚外者，恨不能中国人都与他一起摇尾乞怜。谢枋得不想陪这个留梦炎做落水狗。"枋得复遗书梦炎曰：'江南人才，未有如今日之可耻。春秋以下人物本不足道，今欲求为人如吕饴甥、程婴、杵臼厮养卒，不可得也！……夫女真之待二帝亦惨矣，王伦一狙邪无赖，市井小人，谓梓宫可还，太后可归，终则二事皆符其言。今一王伦且无之，则江南无人才可见也。今吾年六十余矣，所欠一死耳，岂复有他志哉！'"

> 元至正二十六年（己丑，1289）夏四月，福建参知政事魏天祐……逼之北行，枋得以死自誓。自离嘉兴即不食，二十余日不死，乃复食。既渡采石，惟茹少蔬果，积数月，困殆。是月朔日，至燕，问太后攒所及瀛国所在，再拜，恸哭。已而疾甚，迁悯忠寺。留梦炎使医持药杂米饮进之，枋得怒，掷之于地。不食五日，死。

文天祥之死，为"元至正十九年（壬午，1283）十二月，杀宋丞相文天祥"。这时，宋亡五年。

谢枋得之死，为"元至正二十六年（己丑，1289）夏四月，福建参知政事魏天祐执宋谢枋得至燕，不屈，（绝食）死之"。这时，宋亡六年。

对这两位爱国文人来讲，宋早亡了，他们所爱的家园，早就沦为异域，他们所爱的故国，早就山河变色，然而，他们至死也不放弃这一份爱，不割舍这一份精神依托，甘愿为这个不存在的故国，为这个失去的家园，走向死亡而无怨无悔。道理很简单，因为这些文人，他们的生命脐带，系于这块九百六十万平方公里的土地，他们的血脉律动，与数万万炎黄子孙同命运共呼吸。国之安危，民之存亡，无不与这些文人的生命史、创作史息息相关。他们之所以敢于洒热血，抛头颅，以身报国，慷慨赴死，如鲁迅先生的诗所写"灵台无计逃神矢，我以我血荐轩辕"那样义无反顾地不惜牺牲生命，其实，是在我们这个民族的文化精神感召之下，中国文人作出的必然选择。其优秀分子，其杰出人物，在家国多难之际，都会迸发出一种高尚的爱国情操。

爱国文人用血写成的篇章，永远是中国文学史最辉煌的一页。

同样，爱国对每个中国人而言，就是基于内心深处的一种对国家的认同感。天下兴亡，匹夫有责，中国人的报国情怀，便成为义不容辞的责任担当。

因为我们这个民族遭遇到太多太多的灾难，每一次异族入侵，都是大地血洗，生灵涂炭，山河变色，神州陆沉；每一次强敌来犯，都是奸淫烧杀，掠夺洗劫，铁骑践踏，赤地千里。当民族矛盾压倒一切，当生死存亡就在眼前，张扬着爱国情操的中国人，就会挺身而出，就会前仆后继，这也就是为什么宋朝在其北宋靖康年间，南宋德祐年间，一直到宋亡后元朝至正年间的文天祥、谢枋得，涌现出来那么多不屈不挠的爱国志士，演绎出来那么多可歌可泣的高蹈志节，道理就在这里。

宋朝的耻辱

——中国人永远的心头之恨

公元 1127 年（靖康二年），汴京（今开封）城破，宋徽宗赵佶（1082—1135）、钦宗赵桓（1100—1161）父子为金人所俘，与后妃、皇室、贵戚、臣工一起，共约一万四千人的大队俘虏，分七个批次，押解北上。

据《宋俘记》，金兵押俘北上，共分七起：

首起宗室、贵戚男丁二千二百余人，妇女三千四百余人，濮王、晋康平原、和义、永宁四郡王皆预焉，都统阇母押解。

二起昏德妻韦氏，相国、建安两子，郓、康两王妻妾，富金、嬛嬛两帝姬，郓、康两王女，共三十五人，真珠大王设野母、盖天大王赛里、千户国禄、千户阿替计押解。

三起重昏妻妾、珠珠帝姬、柔嘉公主，共三十七人，宝山大王斜保、盖天大王赛里押解。

四起昏德公，燕、越、郓、肃、景、济、益、莘、徐、沂、和、信十一王，安康、广平二郡王，瀛、嘉、温、英、仪、昌、润、韩八国公，诸皇孙、驸马、昏德妻妾、奴婢，共一千九百四十余人，万户额鲁观、左司萧庆、孛堇葛思美押解。

五起帝姬、王妃等一百有三人，侍女一百四十二人，二皇子元帅斡离不押解。

六起贡女三千一百八十人，诸色目三千四百一十二人，右监军固新、左监军达赉押解。

七起重昏侯、太子祁王、缨络帝姬及从官十二人、侍女一百四十四人，国相元帅粘没喝、右司高庆裔、都统余睹押解。

据《呻吟语》："靖康二年三月二十九日黎明，太上启跸，共车八百六十余辆，发自刘家寺。夜宿封邱界，太上以下及虏酋毳帐二，布棚四十八为一围；郑后以下及虏酋萧庆毳帐三，布棚八十八为一围，皆有馆伴朝夕起居；帝姬以下及虏酋斡离不毳帐五，布棚十二为一围。"

据《三朝北盟会编》卷八九靖康二年三月二十九日己未引曹勋《北狩闻见录》云："四月初一日绝早，分路转城北去，到刘家寺东寨内约饭上皇，初见二太子，又要皇后以下嫔妃、诸王、帝姬皆出见，席地坐定，遣王汭译奏曰：自古圣贤之君，无过尧舜，犹有揖逊归于有德，历代革运底事，想上皇心下煞会得。本国比取契丹，所得嫔妃儿女尽分配诸军充赏。以上皇昔有海上之德甚厚，今尽令儿女相随，服色、官职一皆如故。因劝酒曰，事有远近，但且放心，必有快活。时上皇致谢曰……两朝主盟，惟某获罪，非将相之过，实某罪在天，故请以一身少答天谴，愿不及他人。"又同条引《靖康遗录》云："二帝之行也，不得相见。分为四处：上皇与泗、景、肃诸王；上与燕、越二王及皇太子；大长帝姬从郑皇后；帝姬、诸王从朱皇后；诸驸马别为一处，以铁骑驱拥而去。"

直到最后一刻，赵佶还在作最后的挣扎，祈求留下来。

> 黎明，宋太上等抵刘家寨，国相驰马至云：'有诏见立张邦昌为楚帝。古无不亡之国，想宜领会。赵佶与太祖皇帝先立盟好，今知悔祸，可封为天水郡王；赵桓可封为天水郡公。妻子相随，服饰不改，用示厚恩。'又指挥元帅府，叛逆赵构（即后来的南宋高宗）母韦氏，妻邢氏、田氏、姜氏，先遣入京禁押。二皇子供太上饭，太上云：'罪皆在我，请留靖康，封界小郡。诸王、王妃、帝姬、驸马不与朝政，请免发遣。'皇子曰：'朝命不可违，此去放心，必得安乐。'午后，令王妃、帝姬出见父母、夫婿，抵幕即令归幕。幕后为财货幕，留道宗夫妇宿，前为饮宴幕，留诸王、驸马宿，声息相闻。三鼓起程，分作七军，从官赀重在二军，太上、诸王、驸马在三军，郑后宫属在四军，王妃、帝姬在五军，额鲁观、萧庆为都押使，车八百六十余辆。

………

这是世界历史上罕见的一支俘虏队伍，也是一次野蛮屠杀文明，愚暗灭绝理性，动物本能压倒良知，落后民族其劣根性大发作，疯狂施虐的血腥路程。据金人可恭所著《宋俘记》载："天会四年十一月二十五日，既平赵宋，俘其妻孥三千余人，宗室男、妇四千余人，贵戚男、妇五千余人，诸色目三千余人，教坊三千余人，都由开封府列册津送，诸可考察。入寨后丧逸二千人，遣释二千人，仅行万四千人。北行之际，分道分期，逮至燕、云，男十存四，妇十存七，孰存孰亡，曾莫复知。"

在欧洲，公元3世纪，北非的汪达尔人从撒丁岛、科西嘉岛、西西里岛入侵意大利，并攻陷罗马城，历时半个月，有计划地洗劫该城，将许多珍贵艺术品抢劫一空。公元10世纪，金人对开封的大掠夺，就是这种海盗暴行的翻版。可汪达尔人只要财物，不及其他，跃马黄河的女真或女真族，真是欲壑难填，什么都要，没有不要的东西，尤其是女人，尤其是年青的具有贵族身份的女人。特别可怕的，他们着意搜罗十三岁以下的少女，还要检验是否为处女之身，恐怕连汪达尔人也下作不到这种阴刻程度。金人对中原王朝的掳掠，造成神州陆沉的惨状，时隔千年，重读残存的历史记载，犹触目惊心。

略列数端，以资佐证：

一、公元1125年（宣和七年）十二月二十日止，"共津运金三十余万两，银一千二百余万两"。二十六日止，"又津运括取及准折金五十万两，银八百万两"。

二、公元1126年（靖康元年），"金遣使来，索金一千万锭，银两千万锭，帛一千万匹"。

三、公元1127年（靖康二年）正月十九日，"开封府报纳房营金十六万两，银六百万两"。

四、二月二十三日，"城内复以金七万五千八百两、银一百十四万五千两、衣缎四万八十四匹纳军前"。

五、公元1127年（靖康二年）"十四日，虏尽索司天官、内侍、僧道、秀才、监吏、裁缝、染木、银铁各工、阴阳、技术、影戏、傀儡、小唱诸色人等及家属出城"。（以上均出自宋·韦承《瓮中人语》）

六、"二十二日，以帝姬二人，宗姬、族姬各四人，宫女一千五百人，女乐等一千五百人，名色工艺三千人，每岁增银绢五百万两匹贡大金"。

七、"原定犒军金一百万锭、银五百万锭，须于十日内输解无缺。如不敷数，以帝姬、王妃一人准金一千锭，宗姬一人准金五百锭，族姬一人准金二百锭，宗妇一人准银五百锭，族妇一人准银二百锭，贵戚女一人准银一百锭，任由帅府选择。"

八、"十七日，国相宴皇子及诸将于青城寨，选定贡女三千人，犒赏妇女一千四百人，二帅侍女各一百人"；"自正月二十五日起，开封府津送人、物络绎入寨，妇女上自嫔御，下及乐户，数逾五千，皆选择盛妆而出。选收处女三千"；"帅府令妇女已从大金将士者，即改大金梳装。元有孕者，听医官下胎。"（以上均出自金·李天民《南征录汇》）

九、据《开封府状》："大金副元帅府指挥函件曰：'契勘二庶人誓约，愿献犒金一百万锭，银五百万锭。先续过纳金二十四万七千六百两，用情准（折合）四万九千五百二十锭；银七百七十二万八千两，准一百五十四万五千六百锭。不欲照五十两一锭旧例，所缩已多，是依庶人续约，准折金六十万单七千七百锭，银二百五十八万三千一百锭。具详别幅，仍缩金三十四万二千七百八十锭，银八十七万一千三百锭，限五日内尽数津纳，如仍隐匿延稽，当府即纵兵大索，毋贻悔吝，须议指挥。右下开封府准此。大金天会五年三月十四日。'"

十、据《南征录汇》，由于多次勒索搜检查抄强征，府库一空，金人开始网罗贵族女子，以人抵金，将这些贵族女性押往北方，以供淫欲。"原定犒军费金一百万锭、银五百万，须于十日（上文为五日）内轮解无阙。灵不敷数，以帝姬、王妃一人准金一千锭，宗姬一人准金五百锭，族姬一人准金二百锭，宗妇一人准银五百锭，族妇一人准银二百锭，贵戚女一人准银一百锭，任听帅府选择。"最可耻者，开封府官员的明细账，令人发指。《开封府状》记：一、选纳妃嫔八十三人，王妃二十四人，帝姬、公主二十二人，人准金一千锭，得金一十三万四千锭（内帝妃五人倍益）。二、选纳嫔御九十八人，王妾二十八人，宗姬五十二人，御女七十八人，近支宗姬一百九十五人，人准金五百锭，得金二十万五千五百锭。三、族姬一千二百四十一人，人准金二百锭，得金二十四万八千二百锭。四、宫女四百七十九人，采女六百单四人，宗妇二千间九十一人，人准银五百锭，得银一百五十八万七千锭。五、族妇二千单七人，歌女一千三百十四人，人准银二百锭，得银六十六万四千二百锭。贵戚、官民女三千三百十九人，人准银一百锭，得银三十三万一千九百锭。以上，都准金（共折合）六十万单七千七百锭，银二百五十八万三千一百锭。

十一、据宋代佚名《朝野佥言》公元1127年（靖康二年）正月二十九日，"军前索教坊内侍等四十五人，露台妓女千人，蔡京、童贯、王黼、梁师成等家歌舞及宫女数百人，先是，权贵歌舞及内人自上皇禅位后皆散去。至是，令开封府勒牙婆、媒人追寻，哭泣之声遍于闾巷，闻者不胜其哀"。

十二、据元人脱脱《宋史》："凡法驾、卤簿、皇后以下车辂、卤簿、冠服、礼器、法物、大乐、教坊乐器、祭器、八宝、九鼎、圭璧、浑天仪、铜人、刻漏、古器、景灵宫供器、太清楼、秘阁、三馆书，天下州府图及官吏、内人、内侍、技艺工匠、倡优，府库蓄积为之一空。"

……

如果当时有大型运输工具，我估计，连汴梁城也会运到金人的发源地黑龙江、吉林一带。这种落后的、愚昧的、因小利益而肆意进行大破坏的农民式贪婪，从来就是中国历史上所有灾难的总病根。

这年45岁的赵佶，与他传位的儿子赵桓，也被金人囚俘而去，再也没有回到他们朝思暮想的家国。

可怜的诗人皇帝，只能在沉吟中度过余生。"玉京曾记旧繁华，万里帝王家。琼楼玉殿，朝喧箫管，暮列琵琶。花城人去今萧索，春梦绕龙沙。忽听羌笛，吹彻梅花。"这首《眼儿媚》，是在解送途中作的，那夜，忽闻远处的笛声，颇哀怨，有感而发。同行的赵桓也和了一首，写竣，父子执手大哭。

宋徽宗是诗人，是画家，而且是真的诗人，真的画家，非一般附庸风雅的帝王可比。《汤垕画鉴》称："徽宗性嗜书画，作花鸟，人物，山石，俱入妙品。作墨花墨石，间有如神品者。历代帝王善画，徽宗可谓尽意。所作《梦游化域图》，人物如半小指，累数十人，城郭宫室，旆幢鼓乐，仙嫔云雾霄汉，禽兽龙马，凡天地间所有物，色色俱备，为功甚至。令人起神游八极之感，不复知有人世间奇物也。"

最近，在北京的嘉德拍卖会上，他的一幅《写真珍禽图》，创下中国画售出 2350 万人民币的天价纪录。作为文人的宋徽宗，诗词一流，绘画一流，连他的书法所创造出来的"瘦金体"也是一流；作为皇帝的宋徽宗，对不起，却是末流，而且是末流中的末流，因为他是一个亡国之君。

历史，从来是政治的历史，宋徽宗的风流韵事，艺术上的辉煌成就，只是一笔带过的零碎。所以一个作家，千万别把自己看得太重，尤其时下我等鸦鸦乌的作家，在大历史的万古长卷中，你连一粒尘埃的资格也不会获得的。看看赵佶，要不是这次拍卖，老百姓中有多少人知道他会画画，会做诗，但从《水浒传》，从《金瓶梅》，从《大宋宣和遗事》中，所有人都知道他是个昏君。赵佶在位 25 年，凡中国昏庸之君的所有毛病，他都具备，凡中国英明之主的应有优点，他全没有。但是，他在国破家亡之际，没有逃跑，这一点，值得肯定，可以说他愚，但不可以说他不敢承担亡国之责。他完全可以学唐玄宗逃到西蜀去。宋代的国土疆域，虽不如唐代幅员辽阔，但仍有半壁江山，足可周旋一阵。本来已经离开了开封，可还是接受了臣民们的意见，又跑回来，与他儿子一起被金人掳劫而去。

这一点，说明他只有文人气质，而无政治头脑。当诗人、画家，可以，当帝王、领袖，就不是材料了。跑路，尚有复辟的可能，株守，只能被俘当亡国奴。从此之后的十年，大部分时间关押在黑龙江的依兰，也就是五国城，终于死于非命，连个葬身之地也没有。赵佶被虏以后，他的第九个儿子赵构，在归德（今商丘）称帝，是为高宗，也就是《说岳全传》上"泥马渡康王"的故事，从此，史称南宋。公元1135年，赵佶在被金人羞辱折磨中痛苦死后，长达两年，凶信才传到南方。国力衰弱，仰人鼻息的赵构，只好不断地派祈请使，到金朝恳求将其还活着的生母和已经亡故的父亲灵柩送回。

生不能还乡，死也得埋葬在故土才是，所谓"落叶归根"，这是中原的风俗。

自赵匡胤黄袍加身后，宋王朝一直未能振作，更谈不上强大，先是辽侵扰，后是金侵略，最终为元侵占，还有西夏、党项在西北边陲不断侵犯，这些习骑射、性彪悍、好劫掠、尚武力的北方强邻，或大军压境，勒索钱帛，或长驱直入，侵城略地。赵姓帝王，为苟且偷安计，只好一会儿称弟，一会儿称侄，一会儿称臣，签订城下之盟，纳土输粟，低头乞活，贡缴岁币，换来太平。从宋真宗的澶渊之盟起，到宋神宗西北军事失利止，基本上就是采取这种交保护费的得过且过政策。先崛起与大宋王朝叫板的辽，白吃白拿白穿白用一百多年宋朝的贡献以后，从精神到物质，从身体到灵魂也渐渐地汉化了。汉化不是坏事，但汉化以后，其游牧民族的尚武精神、强壮体魄也因此而削弱，遂不敌身后出现的更野蛮落后、更具有野心的金。金在膨胀，辽在龟缩，问题出在赵佶这个浮浪子弟加之政治白痴的身上，他觉得是个机会，可以借金之力灭辽，收回他祖先一直想收而收不回来的燕云十六州。于是，就有了海上之盟，于是，在所有有识见的人士一致反对之下，发动了这场自己找死的联合战争。结果，金军将辽军打得一败涂地，而一败涂地的辽军，却又将宋军打得两败涂地。这就是寓言所说的"前门揖狼，后门进虎"，赵佶除掉了一只狼，却引进来一只虎，那只狼已经没有牙齿，而这只虎却张开血盆大口，吃完了辽以后，要来吃宋。这就是公元1120年后金兵南下，包围开封的前因后果。

赵佶再也笑不出来，其弱智，其低能，其无血性，其奴颜婢膝，在一本名叫《吊伐录》，也叫《大金吊伐录》的书里，得到了最充分的表演。

这本撰人不详的书，显然是金人的手笔，收集了北宋靖康年间金兵包围汴京期间，胜利者和失败者的官方书信。从其书名，"吊民伐罪"，便可知编纂这部史料档案，其目的在于揭露宋徽宗赵佶和他儿子宋钦宗赵桓，因失德，因背信，因腐败，因淫逸，而致亡国，而致俘虏的全过程。其中载有这两位皇帝金主乞命的求哀书，以及金主剥夺他们帝位，降为公、降为侯的诏书，然后，这对父子对此惩罚又贱骨头到了极点的谢表，让任何一个中国人都感到无法忍受的耻辱。

原件原文抄录在下：

一、宋方哀求金方收兵。靖康元年闰十一月二十六日，大宋皇帝致书大金国相元帅、皇子元帅："久蒙恩惠，深用感铭。不省过尤，尚烦责数。比者大兵累至城下，危然孤垒，攻击何难？及已登临，犹存全爱，方图请命，更辱使音，特俾安心，仍无后虑，感极垂涕，夫复何言！谨遣右仆射何、济王栩、中书侍郎陈过庭求哀恳告，切冀收兵。天雪沍寒，敢祈保啬。不宣。白。”

二、金方不予理会，宋方再次乞求。靖康元年闰十一月二十七日，大宋皇帝致书于大金国相元帅、皇子元帅：“比者遣何等奉书，想已呈彻，危迫之悬，必蒙矜悯，言念和好之重，出于大德。听从弗明，以致召衅，远烦旌旗，深所不遑，然念师徒既登城堞，何、济王栩等又未回归，城内人情惶扰异常，抚谕不定，深忧自致生事，却使不能奉承德意，敢望特加存全，早赐指挥，少驻兵马，以安人心。所有欲约事目，一一谨即听从，便当歃血著盟，传之万世。其为大恩，何以方此？谨再遣使御史中丞秦桧、徽蕖阁学士、朝奉郎李若水、武翼大夫王履求哀请命。祁寒应候，冀倍保调。不宣。白。”

三、金方提出以赵佶及其他皇族为质。天会四年闰十一月二十七日，大金固伦尼伊拉齐贝勒、左副元帅、皇子、右副元帅致书于大宋皇帝阙下：“币章既报，美问复臻，虽承恳告之言，未副质亲之素。再叙悃悰，更烦听览。且重兵才至，屡望会盟，因谓疑惑，乃从高意，惟索上皇已下为质而已，亦不依应，遂生兵怒，以致攻击，而一无他辞，但云收兵，其理安在？况事势及此，宜从初议，早冀上皇与皇子出质，别差近上官员交割已画定州府军县，及比至开门抚定以来，更遣逐州府长官血属执质。仍使前项逐官亲戚每州各一名，同交割官前去说谕，俾知纳土。又，一面速送所索官员并家属。缅惟照亮，曲认恳诚。专奉书陈达不宣。白。”

四、宋方拜求允准赵佶不出。靖康元年闰十一月二十八日，赵桓谨致书于大金国相元帅、皇子元帅：“适何等还，伏领书示及已蒙约军兵未令下城，再造之恩，何以论报？且蒙恩许免亲诣。然欲上皇、皇子出郊，今城已破，生死之命属在贵朝，又焉敢拒？但父子之间，心所不忍，如何躬诣军前！求哀请命，如蒙曲赐矜念，更为望外允从，岂胜至幸？如其不然，自惟菲德，难胜大宝，若蒙更立本宗，但全性命，存留宗庙，保护生灵，区区一身受赐已厚，岂胜哀祈急迫恳切之至？冬序严寒，倍加珍啬。不宣。白。"

五、金方废除其帝位，降封赵佶为昏德公。制诏佶曰："王者有国，当亲仁而善邻；神明在天，可忘惠而背义。以尔顷为宋主，请好先皇，始通海上之盟，求复山前之壤，因嘉恳切，曾示允俞。虽未夹击以助成，终以一言而割锡。星霜未变，衅隙已生。恃邪佞为腹心，纳叛亡为牙爪。招平山之逆党，害我大臣；违先帝之誓言，愆诸岁币。更邀回其户口，惟巧尚于诡辞。祸从此开，孽因自作。神人以之激怒，天地以之不容。独断既行，诸道并进。往驰戎旅，收万里以无遗；直抵京畿，岂一城之可守？旋闻巢穴俱致崩分，大势既以云亡，举族因而见获。悲衔去国，计莫逃天，虽云忍致其刑章，无奈已盈于罪贯，更欲与赦，其如理何？载念与其底怒以加诛，或伤至化，曷若好生而恶杀，别示优恩，乃降新封，用遵旧制，可封为昏德公。其供给安置，并如典礼。呜呼！事盖稽于往古，曾不妄为；过惟在于尔躬，切宜循省。祗服朕命，可保诸身。"

六、金方降封赵桓为昏德侯。制诏桓曰："视颓网以弗张，维何以举；循覆辙而靡改，载或尔输。惟乃父之不君，忘我朝之大造，向因传位，冀必改图，且无悔祸之心，翻稔欺天之恶，作为多罪。矜恃奸谋，背城下之大恩；不割三镇，构军前之二使。潜发尺书，自蘖难逃。我伐再举，兵士奋威而南指，将臣激怒以前驱，壁垒俱摧，郡县继下，视井惟存乎茅经，渡河无假于苇航。岂不自知，徒婴城守；果为我获，出诣军前。寻敕帅臣，使趋朝陛。罪诚无赦，当与正于刑名；德贵有容，特优加于恩礼。用循故事，俯降新封，可封为重昏侯。其供给安置，并如典礼。呜呼！积衅自于汝躬，其谁可恕？降罚本乎天意，岂朕妄为？宜省前非，敬服厥命。"

七、赵佶对其降封的表态。"臣佶伏奉宣命，召臣女六人赐内族为妇，具表称谢。伏蒙圣恩赐敕书奖谕者，仰勤睿眷，曲念孤踪，察流寓之可怜，俾宗藩之有托。伏念臣栖迟一已，黾勉四迁，顾齿发以俱衰，指川途而正邈，获居内地，罔间流言，得攀若木之枝，少慰桑榆之景。此盖伏遇皇帝陛下扩二仪之量，孚九有之私，悯独夫所守于偷安，辨众情免涉于疑似。臣敢不誓坚晚节，力报深仁，傥伏腊稍至于萧条，赖葭莩必济乎窘乏，尚祈鸿造，俯鉴丹衷。臣无任瞻天望圣，激切屏营之至。"

八、赵佶对其降封的第二次表态。"天恩下逮，已失秋气之寒；父子相欢，顿觉春光之暖。遽沐丝纶之厚，仍蒙缣缯之颁，感涕何言，惊惶无地。窃以臣举家万指，流寓三年，每忧糊口之难，忽有联亲之喜，方虞季子之敝，谁怜范叔之寒，既冒宠荣，愈加惊悸。此盖伏遇皇帝陛下唐仁及物，舜孝临人，故此冥顽，曲蒙保卫。天阶咫尺，无缘一望于清光；短艇飘摇，自此回瞻于魏阙。"

九、赵桓对其降封的表态。"暂留内殿，忽奉王言，特许手足之相欢，更被缣绸之厚赐，喜惊交至，恩旨非常。伏念臣禀性冥顽，赋质忠实，负邱山之罪；天意曲全，联瓜葛之亲。圣恩隆大，方念无衣之卒岁，遽欣挟纩之如春。此盖伏遇皇帝陛下仁恕及人，劳谦损己，虽天地有无私之覆载，而父母有至诚之爱怜。念报德之何时，怀此心而未已。"

（据《金史·太宗记》："天会六年八月丁丑，以宋二庶人素服见太祖庙，遂入于乾元殿，封其父昏德公、子重昏侯。是日，告于太祖庙。"又同书《熙宗纪》："皇统元年二月乙酉，改封辽海滨王耶律延禧为豫王，昏德公赵佶天水郡王，重昏侯赵桓为天水郡公。"则宋二帝其封当在北迁之后，抑或先有王、公之封，史未载。）

十、赵佶被押解北上，到达终点的上书。臣佶言："伏蒙宣命，差官馆伴臣赴和啰噶路安置，于今月二日到彼居住者。曲照烦言，止从近徙；仍敦姻好，尚赐深怜。大造难酬，抚躬知幸。窃念臣举家万指，流寓连年，自惟谴咎之深，常务省循之效。神明可质，讵敢及于匪图；天地无私，遂得安于愚分。惊涛千里，颠踬百端，幸复保于桑榆，仅免葬于鱼鳖。此盖伏遇皇帝陛下垂邱山之厚德，扩日月之大明，非风波而可移，亦浸润而不受。回瞻象阙，拜渥泽以驰心；仰戴龙光，感孤情而出涕。"

……

金政权形成很晚，公元1115年（政和五年）才正式有了国家机器，那时，赵佶当着他风流快活的皇帝，与李师师风花雪月，与周邦彦争风呷醋，与高太尉鞠场展艺，与蔡太师琴棋书画，根本没把刚走出茹毛饮血的原始社会，"于夷狄之中，最微最贱"（明·杨循吉《金小史》）的女真或女直当回事。

然而，野蛮有野蛮的强悍，文明有文明的软弱，完颜氏政权一天天抖起来，成了暴发户，赵氏王朝一天天败下来，成了破落户。公元1121年金（宣和三年）灭辽以后，挥师南下，公元1127年（靖康二年），打进开封，俘虏走徽钦二帝，灭宋。被金兀术赶到长江以南，甚至赶到更南诸省的赵氏政权，在金人眼里，只是一个属国。

赵佶本来还指望着他的老九直捣黄龙，拯救他于水火之中，现在，故国亡命天涯，羁俘无有归日，他幻想中的复归，渐次破灭，最后，连梦也做不成了。"裁剪冰绡，轻叠数重，淡著燕脂匀注。新样靓妆，艳溢香融，羞杀蕊珠宫女。易得凋零，更多少无情风雨。愁苦！问院落凄凉，几番春暮！　凭寄离恨重重，这双燕何曾，会人言语。天遥地远，万水千山，知他故宫何处？怎不思量，除梦里有时曾去。无据，和梦也新来不做。"这首《燕山亭》，"见杏花作"，据说是赵佶幽禁期间的绝笔。大概随后不久，他就在痛苦的绝望中离开人世。

或许，他只能魂归故里了。

小人得志的嘴脸，通常是不怎么好看的。暴发的有钱者如此，暴发的有名者也如此，文学界那些暴得大名者，大家所以躲避瘟疫似的离他远远的，也是因为那张突然阔起来的，自以为是大师的嘴脸，很不受看。因此，一个暴发的政权，那份趾高气扬可想而知。赵构的吁求，他们一直延宕到公元1142年（绍兴十二年）才准所请。派宣慰使送回人和棺的同时，还刁钻地寒碜你，带去了册封赵构为宋帝的诏书，这样不给面子，当然是很难堪的。

中国人，尤其中原汉族，尤其知识分子，很在乎形式，很在乎名分，很在乎面子上的那一点尊严。"打人别打脸，骂人别揭短"，这是弱者诉求的最底线。至于背后，怎么低三下四，怎么弯腰屈背，都可以，哪怕装孙子喊你爷，也是无所谓的。但是，当着众人，公开场合，像阿Q那样承认自己"我是虫豸"，还是难以下台的。

不过，真是到了"穷寇"的时候，那些"宜将剩勇"穷追猛打的造反派们，按住你的脑袋，让你说，我是牛鬼蛇神，我是王八蛋，我是虫豸，你敢反抗吗？你敢咬紧牙关至死也不张嘴吗？十年"文革"期间，我就软弱过的，甚至二十年前反右期间，我连阿Q那点悻悻然也不敢有。我看到有些人，或者没看到但听说过某些人，甚至比我还要软弱。尽管时过境迁，加之时来运转，又像死了的鸭子那样，嘴硬起来，日放一屁，大写杂文，把自己打扮成反"左"勇士。其实，大家心知肚明，这些人的屁股上，没擦干净的屎迹，比明代帝王廷杖留下的自以为光荣的"人腊"更令人掩鼻。

所以，我能理解作为弱势王朝的赵构，对这个崛起于北方的暴发户，那十二万分的无奈。

试想一下，一个"父死则妻其母，兄死则妻其嫂，叔伯死则侄亦如此。无论贵贱，人有数妻"（元·宇文懋昭《金志》）的与禽兽相差无几的民族，是可以理喻的吗？完颜氏虽然建立了皇权，穿上了龙袍，坐在了龙椅上，上溯七代，把宇宙洪荒时代跟着牛屁股、马屁股转的牧马的爹，放牛的爷，封为太祖、高祖，但血液中的原始愚昧，半开化的蒙昧，并不因此有所改变。正如我们一些作家，出两趟国，喝两杯速溶咖啡，认识两个外国鬼子，就以为与世界接轨；其实，文明、文化、知识、学问、人格、品德、风度、教养，不是艾滋病毒，扎一针就能传染上的。

所以，著《廿二史札记》的赵翼，很诧异这些统治者，干吗？干吗呀！如此热衷于乱伦，热衷于禽兽般的性行为；是啊，陛下，你已经贵为天子，万乘之尊，要什么样的女人，不唾手可得呢？为什么一定要将有血缘关系的姐妹，有伦理关系的姑嫂，纳入后宫，纵淫无度，乃至老母幼女，姻亲眷属，像畜生一样都不放过呢？

金人李天民《南征录汇》中，有这样一则记载："皇子语太上曰：'设也马（金兵将领）悦富金帝姬（钦宗妃），请予之。'太上曰：'富金已有家，中国重廉耻，不二夫，不似贵国之无忌。'国相怒曰：'昨奉朝旨分俘，汝何能抗？'令堂上客各取二女走。太上亦怒曰：'上有天，下有地，人各有女媳。'"这些尚未进入文明社会，只要是女人，只要长有那部件，按住了就要进行交配的帝王，连本族妇女都难逃脱其淫暴，何况是战利品的中原女子？你跟他讲廉耻，讲人伦，讲孝道，讲礼仪，讲为人子的义务，讲中原人的传统精神，讲孔夫子的儒家伦理，岂不是对牛弹琴吗！

赵构的吁求，金人觉得好笑，笑完了，又捣鬼，送回一个空棺材，里面放的是一段朽木，一盏破灯，拿你开心。这使我们回想起"文革"期间，那些戴高帽，阴阳头，挂木牌，喷气式，恶意丑化施虐的手段，愈下等的人，愈能想出下流的主意。文明处于不文明的脚板下，文化处于无文化的掌心里，无论古今，那无所不及的卑鄙，绝对是知识分子痛苦的灾难渊源。

偏安一隅的宋高宗，终于悟过来，从老祖宗澶渊之盟起，不就捏着鼻子接受苛刻条件吗？我算老几？我为什么就不能忍了这口气？何况，迎母后，葬先帝，某种程度上，也是他继承正朔，赓续国脉的一次表演机会。于是，他决定大张旗鼓，以转移视线，冲淡金主册封的那份尴尬。礼迎场面甭提多么堂皇了，入境伊始，据清人毕沅《续资治通鉴》："初，后既渡淮，帝命秦鲁国大长公主、吴国长公主迎于道。至是，亲至临平奉迎，用黄麾半仗二千四百八十三人，普安郡王从。"一路辉煌，沿途供奉，百姓拥戴，夹道欢迎，可谓盛况空前。不过，皇太后想到与赵佶同在五国城羁押期间，有时连饭也没得吃，衣也没得穿，有时大雪封门堵在地坑里，只有瑟缩等死，也许觉得她儿子这种形式主义，更多的是伪善。还有更多的皇亲国戚，还有更多的同胞手足，在金人铁蹄下呻吟呢！

还有赵构的兄长赵桓还活着呢！你为什么不一起祈请归还呢？

赵构这一点自私，是很正常的，上任皇帝活着回来，他这个下任皇帝还干不干？不过，即使请求放人，金朝也未必肯，实际上，连宋徽宗的骨殖，也没有回到故国，那抬着的棺材里，空空如也。金朝压根儿不想把他放回来，即使死了的皇帝，剩下一把骨头，也不还给你们。一个欠开化的民族，不那么遵守游戏规则，出一些匪夷所思的怪牌，行事有点不合逻辑，你也无可奈何。

梓宫运回来，当然就得下葬。

当时，中土人对女真族的鄙弃，甚于契丹，认为绝无信义可言，要打开棺材验尸。朝臣们也议论纷纭，众说不一："先是选人杨炜贻书执政李光，以真伪未辨；左宣义郎王之道亦贻书谏官曹统，乞奏命大臣取神椁之下者斲而视之。"但是，赵构主意已定，因为他只有认账一条路好走。"既而礼官请用安陵故事，梓宫入境，即承之以椁，仍纳衮冕衣于椁中，不改敛，遂从之。"强者有权对弱者随意施虐，被征服者也唯有哑巴吃黄连，忍气吞声地承受而已。

果然，南宋亡后的公元1279年（元至元十五年），有盗墓贼杨辇等强行挖掘宋陵，"于二陵梓宫内略无所有。或云止有朽木一段，其一则木灯檠一事耳。当时已逆料其真伪不可知，不欲逆诈，亦聊以慰一时之人心耳。盖二帝遗骸飘流沙漠，初未尝还也，悲哉！"（宋·周密《癸辛杂识》）对宋徽宗来讲，他永远埋在那冰封雪盖的黑土地下，汴京的繁华，临安的绮丽，江南的秀美，和中原的万千气象，都在这个漂泊无归者的魂牵梦萦之中。据清人昭梿在其《啸亭杂录》中谈道："五国城在今白都纳地方。乾隆中，副都统绰克託筑城，掘得宋徽宗所画鹰轴，用紫檀匣盛瘗千余年，墨迹如新。又获古瓷数千件，因得碑碣，录徽宗晚年日记，尚可得其崖略。云于天会十三年寄迹于此，业经数载，始知金时所谓五国城即此地也。"

一千多年过去，伤痛的乃至血腥的记忆，渐渐沉积，乃至于湮没，对那些无日无夜往北行走的大队俘虏的遭际，当然是不公平的。现在为被押北去的赵佶想，这位诗人，画家，极昏庸也极倒霉的皇帝，难道他不思索，这仅仅是对他个人的惩罚吗？

显然不完全是。

跋涉数千里，行程近两年，沿途瘐毙的，杀戮的，冻馁而死的，葬身沟壑的，涉水没顶的，忍受不了蹂躏践踏侮辱糟蹋，以及被公狗似的押解兵丁，被沿途金朝官吏，逐日逐夜地奸污而无颜存世的，到达终点，男十存四，女十存七，按金官方统计，事实上死的人数超半，苟活的，为奴仆，为妾侍，更糟的，发往边远的荒漠，当牲口卖掉……

据南宋洪迈《容斋三笔》卷三《北狄俘虏之苦》，我们看到更为悲惨的镜头："元魏破江陵，尽以所俘士民为奴，无分贵贱，盖北方夷俗皆然也。自靖康之后，陷于金房者，帝王子孙，官门仕族之家，尽没为奴婢，使供作务。每人一月支稗子五斗，令自舂为米，得一斗八升，用为餱粮；岁支麻五把，令绩为裘。此外更无一钱一帛之入。男子不能绩者，则终岁裸体。房或哀之，则使执炊，虽时负火得暖气，然才出外取柴归，再坐火边，皮肉即脱落，不日辄死。惟喜有手艺，如医人乡工之类，寻常只团坐地上，以败席或芦藉衬之，遇客至开筵，引能乐者使奏伎，酒阑客散，各复其初，依旧环坐刺绣；任其生死，视若草芥……"

说到底，碰上了野蛮的强者，对文明的弱者而言，便只有灭绝。

这次嘉德拍卖会上的那幅《写生珍禽图》，据文物专家鉴定，认为这幅画是他登基之前，为端王时期的作品。从这幅画中，对作为艺术家的赵佶，将大自然中的飞禽那灵动翔飞的神韵，描摹得如此惟妙惟肖，让我们惊讶。看出他对于自然，对于生命，对于美丽，对于青春的热爱。也看出他投身于艺术创作时，观察事物的敏锐，感受生活的深刻。当他一路北上，看到沿途遗尸狼藉，弱女呻吟，血染河川，饿殍瘐毙的场面，我不知这位艺术家该怎样想他自己。

对这样一位竭尽全力，认真其事，聚精会神，一丝不苟，以精细、精心、精到、精致的创作态度，力臻完美的艺术家，我们不禁想起赵佶的老祖宗赵匡胤，在俘获李后主时所说的一句话，"李煜若以作诗工夫治国事，岂为我虏乎"（宋人蔡涤《西清诗话》），同样，我们也可以这样来议论宋徽宗，他要是能把一笔一画用在书画诗词的功夫，用在"治国事"上，他会成为金人的俘虏吗？

宋代无名氏所著《大宋宣和遗事》，虽是民间文本，倒是高屋建瓴，将宋徽宗之所以败亡，说得一清二楚。

> 这位官家（也就是宋徽宗），才俊过人，口赓诗韵，目数群羊，善画墨君竹，能挥薛稷书，能三教之书，晓九流之法。朝欢暮乐，依稀似剑阁孟蜀王；论爱色贪杯，仿佛如金陵陈后主。遇花朝月夜，宣童贯、蔡京；值好景良辰，命高俅、杨戬。向九里十三步皇城，无日不歌欢作乐。盖宝箓诸宫，起寿山艮岳，异花奇兽，怪石珍禽，充满其间；画栋雕梁，高楼邃阁，不可胜记。役民夫千万汴梁直至苏杭，尾尾相含，人民劳苦，相枕而亡。加以岁岁灾蝗，年年饥馑，黄金一斤，易粟一斗，或削树皮而食者，或易子而飧者。宋江三十六人，哄州劫县，方腊一十三寇，放火杀人。天子全无忧问，

与臣蔡京、童贯、杨戬、高俅、朱勔、王黼、梁师成、李彦等，取乐追欢，朝纲不理。

李后主和宋徽宗这两位在中国文学史上有一席之地的帝王，简直像暹罗双胞胎那样相似，在艺术上超人绝顶，臻于极致，在政治上一塌糊涂，糟糕透顶。既是极风流，极才华，极高贵，极潇洒的文人，也是极奢靡，极淫逸，极腐败，极堕落的帝王。"或谓徽宗，乃南唐李后主后身，其然，岂其然乎"（邵玄同《雪舟脞语》），这当然是多情文人的附会。虽然两人皆为昏君、庸君，但如宋徽宗那样昏而且庸者，在历史上还是罕见的。他能在执政 25 年间，一而再，再而三，以至于四地信任绝对的奸佞蔡京，四次免其职，四次又起用，其执迷不悟至此，也确是不可救药。

自古书传所记，巨奸老恶，未有如京之甚者。太上皇屡因人言，灼见奸欺，凡四罢免，而近侍小人，相为唇齿，惟恐失去凭依，故营护壅蔽，既去复用，京益蹇然。自谓羽翼已成，根深蒂固，是以凶焰益张，复出为恶。倡导边隙，挑拨兵端，连起大狱，报及睚眦。怨气充塞，上干阴阳，水旱连年，赤地千里，盗贼偏野，白骨如山，人心携贰，天下解体，敌人乘虚鼓行，如入无人之境。（徐自明《宋宰辅编年录》）

于是，蔡京、高俅等六贼为崇，更加速了大宋王朝的灭亡进程。

宋朝洪迈在《容斋随笔》中质疑说："予顷修《靖康实录》，窃痛一时之祸，以堂堂大邦，中外之兵数十万，曾不北向发一矢，获一胡，端坐都城，束手就毙。"其实他应该明白，北宋之亡，固然是亡于金人的大举进攻，但这个处于崩溃边缘的政权，早已民不聊生，人心涣散，危机四伏，穷途末路。别说毫无还手之力，连招架之功也不具备。即使金人不入寇，方腊、宋江之后的农民武装，也会络绎不绝地揭竿而起。

宋徽宗注定是要败亡的，不过，他败亡在一个极其愚昧落后而且野蛮剽悍的敌人手里，那就更倒霉些。他们用这种慢慢地消遣你，不到最后一刻也不停止折磨的方法，让你死得难看，所透出来极原始的近乎食人生番式的悖逆，令人不寒而栗。如果说宋太宗用牵机药鸩死李后主，只是数日间事，那么完颜氏弄死宋徽宗的过程，一直迁延八年之久，这位可怜的艺术家，恐怕是中国帝王中死期最长的一个。

文明的力量是强大的，这是就人类发展的全过程而论，但并不是绝对的。有时，黑暗的野蛮也会弄得日月无光，了解这一点，也就明白历史为什么有时会出现短暂的倒退现象了。

馑瓜亭

"馑"，《现代汉语词典》的解释为"食物腐败变味"。这个书面汉字，如今已无人使用。

"馑瓜"的意思，指腐败变味的瓜。北宋宰相吕蒙正，年轻时相当落魄。天热，口渴，嘴馋，没钱买瓜，曾捡过瓜贩扔掉的馑瓜来吃。无论过去，还是现在，吃馑瓜，总是相当不堪的事情。吕蒙正后来中举了，发达了，回到家乡洛阳，按河南规矩，中举的人家可以在家门口，竖起高十多米的旗杆，一里地以外都能看到，那是相当风光的事情。可这位新科状元，却并不热衷这份虚荣，而是在伊水河边的驿道上，盖了一座以利路人歇脚的凉亭。亭名上匾那天，惊动半个洛阳，大家一看"馑瓜亭"这三个字，颇为懵懂。识得这个馑字者不解，识不得这个馑字者更不解。他不避讳，率口而言，实话告诉诸位乡亲，这是本人当年穷困沦落时捡馑瓜吃的地方，故而立亭留念。

于是，一阵哗然，大家弄不懂，吕大人为什么要出自己的洋相？

有人问了，相公，您这是什么意思？

他回答说，给自己留个记性吧！

人是有记忆力的动物，但在这个世界上，有的人总是记住自己光彩的一面，而记不住自己不光彩的一面。吕蒙正反之，他不回避早年间的糗事，还要建个凉亭予以张扬，于是有人记载下来。事见宋人笔记《邵氏闻见录》："公在龙门时，一日行伊水上，见卖瓜者，欲得之，无钱可买，其人偶遗一枚，公怅然取食。后作相，买园洛城东南下临伊水起亭，以馈瓜为名。"

吕蒙正不怕丢脸，不怕现眼，公开承认当年很不上台盘的窘贱之态，借此亭以告诫自己，惕厉自己，反省自己，鞭策自己，是很了不起的。一个普通人，揭自己的短，需要勇气；而一个官员，一个相当负责的官员，曝自己的丑，那需要更大的勇气。他不因为发达了而忘乎所以，他不因为成功了而头脑膨胀。虽然历史上，凡发达者，百分之九十九忘乎所以，凡成功者，更是百分百头脑膨胀。但吕蒙正不，建这座馈瓜亭，就是为了记住自己未发达时的卑微，不成功时的低贱。冲这一点不同凡响，就值得钦佩。

《宋史》对北宋初期的宰相吕蒙正评价很高，因为他是中国科举制度从民间选拔英才，由一个百姓子弟得以位列宰辅的成功例子。

吕蒙正（944—1011），字圣功，河南洛阳人。他的童年很不幸，据《避暑录话》称："吕文穆公（即吕蒙正）父龟图与其母不相能，并文穆逐之龙门山利涉院。"幼年贫寒，逐出家门，居无住处，生活无着的他，幸得龙门寺住持收留，得以在庙旁的破窑洞里栖身。那个老和尚倒也不是独具慧眼，只是看他好学不倦，谅非偃蹇之材，遂周济他一个暂且栖身的地方，也是照顾他无需花钱，赶斋蹭饭，不致饿肚。穷人最怕这个饿字，只有厚了脸皮，才能饱了肚皮。元人王实甫以他为主人公的戏曲，题名《吕蒙正风雪寒窑记》，一个"风雪"，一个"寒窑"，就将他那时艰窘的生活概括了。《避暑录话》中说他被赶到龙门山利涉院，因为那长老慧眼独具，"识其为贵人，延至山间，凿山岩为龛居之"。在《寒窑记》里，利涉院改为白马寺。有一出折子戏《吕蒙正赶斋》，说的便是他天天顿顿到庙里蹭饭，遭到众和尚抵制，先被冷遇，后被排斥，再被设局，终受愚弄的故事。宋朝在中国历史上，是商业经济较为发达的朝代，钱成了宋朝人的主心骨，和进入社会主义市场经济初级阶段的当下状况，大家一律向钱看，颇有点相似。贫苦无依，生活无着的吕蒙正，有钱的人不帮他，没钱的人帮不了他；不但不帮他，还欺侮他，那日子相当难熬。三十年，不可谓之短，吕蒙正对于生活的艰辛，对于人世的磨难，对于社会的不平，对于命运的无常，不但有深入细致的认识，还有刻骨铭心的体会。他曾经给自己写过一副谜联，上联为"二三四五"，下联为"六七八九"，横批为"南北"。上联缺一，一衣同音，少衣之义，下联缺十，十食声似，无食之义，横批有"南北"，而无"东西"，表明一无所有。人到落魄境地，精神上的屈辱倒在其次，最害怕的，莫过于缺衣缺食，没有东西了。

他在为太子太傅，也就是宋真宗老师时写的《寒窑赋》，后世多称《劝世文》，就直陈自己的孤寒出身，贫穷家境。写尽了人间冷暖，世态炎凉。"昔时也，余在洛阳，朝求僧餐，暮宿破窑，布衣不能遮其体，淡粥不能充其饥。上人憎，下人厌，皆言余之贱也。余曰：非吾贱也，乃时也运也命也。余及第登科，官至极品，位列三公，有挞百僚之杖，有斩鄙吝之剑，出则壮士执鞭，入则佳人捧觞，思衣则绫罗锦缎，思食则山珍海味，上人宠，下人拥，人皆仰慕，言余之贵也。余曰：非吾贵也，乃时也运也命也。盖人生在世，富贵不可捧，贫贱不可欺，此乃天地循环，终而复始者也。"

也许前三十年，有冷无暖，后三十年，只炎不凉，跌宕于天渊之间，游走于生死之际，所以熟知吕相者，无不知道他的这座馒瓜亭，对他具有多么重要的意义。伊河水清，龙门山高，这亭既有他不能忘怀的穷愁岁月，也有他一步步发达起来的富贵足迹，既有他被憎被厌时，对于人情厚薄的体味，也有他被宠被拥时，对于宦海浮沉的感受。所以，他一生谨慎为官，勤勉从政，清廉耿直，体恤百姓，吕蒙正最令人赞叹的，还是一个敢于跟皇帝说真话的诤臣。

有一年灯节，宋太宗赵光义设宴，欢庆元宵，满城灯火通明，万民歌舞同乐，看到四海升平，国泰民安的局面，赵光义不觉喜上眉梢，对陪同侍宴的吕蒙正说，"五代之际，生灵涂丧，周太祖自邺南归，士庶皆罹剽掠，当时谓无复太平之日矣。朕躬览庶政，万事粗理，每念上天之贶，致此繁盛，乃知理乱在人。"赵光义不是一个贤明之君，这种小富即安的满足，正是他浅薄嘴脸的表现。吕蒙正沉思半响，终于挺身而出对这位帝王说："乘舆所在，士庶走集，故繁盛如此。臣尝见都城外不数里，饥寒而死者甚众，不必尽然。愿陛下视近以及远，苍生之幸也。"听了这番令其扫兴的话以后，"上变色不言，蒙正侃然复位，同列多其直谅"。

宰相，国之当家者，能对最高统治者直陈己见，哪怕犯颜，也敢哪壶不开提哪壶，在中国漫长的历史中，实在是很罕见的。也许由于这多年困顿颠沛，饱受欺凌的缘故，吕蒙正多少了解一点民间疾苦，多少体会一点百姓艰辛，所以他立志，有朝一日为官，得多少想着劳苦大众一些。因此，他刻苦努力，读书不辍，发奋用功，钻研学问。太平兴国二年（977），高榜得中，举进士第一，也就是中了状元。从此发达，走出寒窑。太宗雍熙年间，首次为相，任中书侍郎，兼户部尚书、平章事；淳化年间，二度入相；真宗即位，进左仆射，至是三度入相。北宋初期，只有他和赵普获得过如此重用。《宋史》称他："质厚宽简，有重望，以正道自持。"因为他这段贫穷岁月的历练，明白了一个人活在世上，如何光明磊落为人，如何兢兢业业做事的大道理。所以他为官一生，始终如一地秉持着公道宽容，勇于担当，坚持真理，遇事敢言的精神，最为朝野钦服。

虽然他"官至极品"，可他不记"上人憎，下人厌"的贫贱之时，不像有些浅薄之徒，无能之辈，粗俗之人，侥幸之流，一阔脸就变，官升脾气长。连我认识的几位同行，得意文坛之后，全忘了当年奔走各编辑部，一副蝇营狗苟的小八腊子相。如今，见了面不尊称为"某局""某处""某长"，眼皮也不抬的，更休想搭理你了。

不知是吕蒙正当年饿怕了的条件反射，还是做了宰相后习惯于精致生活，"上人宠，下人拥"，"食则山珍海味"的结果，惯得这位当年吃"馈瓜"而不得的当朝一品，成为开封城内独一无二的老饕，尤以喜喝一碗鸡舌汤闻名。鸡倒不是什么稀罕之物，但厨师要做出这碗汤来，则非三四十只鸡不可。试想，上顿下顿，食之不厌，得杀掉多少活鸡，得扯下多少鸡毛，日积月累，宰相府的后院里，出现一座鸡毛山，也就是不足为奇的事情了。

据《坚瓠集》载：

> 吕文穆微时极贫，比贵盛，喜食鸡舌汤，每朝必用。一夕游花园，遥见墙角一高阜，以为山也。
>
> 问左右曰："谁为之？"
>
> 对曰："此（为）相公（喜食之鸡舌汤）所杀鸡毛耳。"
>
> 吕讶曰："吾食鸡几何？乃有此？"
>
> 对曰："鸡一舌耳，相公一汤用几许舌？食汤几许时？"
>
> 吕默然省悔，遂不复用。

吃鸡舌头，居然吃出一座鸡毛山来，真是可以申请吉尼斯世界纪录。由此，也足以了解中国人之吃，其刁钻古怪，其别出心裁，其异想天开，其花样翻新，才吃出来享誉世界的中国饮食文化。但值得注意的一点，吕蒙正对于鸡舌汤，吃得如此情有独钟、喝得如此津津有味，有两条却是当下那些在豪华饭店，在高级酒楼，在顶尖会所，在阔绰沙龙里进行高消费的这个官或那个长，这个老总或那个高干，所望尘莫及的。

第一，吕蒙正是在自己的府邸里，享受他的美食。既然自家厨房，自家厨师，显然是无法开出发票，也就不能拿到宰相衙门的财务科报销。宋朝的开封有没有卖假发票的，不得而知，但鸡毛都堆成了山，大概也很难弄到那么多假发票。所以，可以百分百地肯定，吕蒙正花的是私款，吃的是俸禄，绝对不是公帑，绝对不侵吞国有资产。这一点，他比时下醉生梦死在饭局里吃喝的老爷们气粗得多，腰硬得多。

第二，吕蒙正虽然有这点口腹嗜好，但他家后院的鸡毛山，使他想起伊水边的"馈瓜"亭，一山一亭，今昔对比，穷吃富吃，判若隔世，遂使这位宰相大人，不得不"默然省悔"，不得不幡然改正，当机立断，下令全家，不再在餐桌上出现这碗鸡舌汤。其觉悟之快，决心之大，行动之速，忏悔之透，绝对要比当今那些有错不纠，有过不改；支票乱开，不予兑现；大话连篇，不落实处；面子工程，弄虚作假等的官员、干部、首长、领导之流，高明得多，实干得多。

所以，《宋史》给这位贤相的高评价，显然是有其来由的。

王安石改诗

宋朝的王安石，喜欢改诗，改自己的诗，还改别人的诗，有改得好的，也有改得不好的。

改得好的，为他那首作于宋神宗熙宁八年春二月的《瓜洲夜泊》。诗为七绝，共 28 个字："京口瓜洲一水间，钟山只隔数重山。春风又绿江南岸，明月何时照我还。"其中第三句的"绿"字，据南宋洪迈在其《容斋续笔》卷八《诗词改字》中说，他在苏州一位士人的家中，看到王安石写作这首《泊船瓜洲》的原稿。"王荆公绝句云：'京口瓜洲一水间，钟山只隔数重山。春风又绿江南岸，明月何时照我还。'吴中士人家藏其草，初云'又到江南岸'，圈去'到'字，注曰'不好'，改为'过'。复圈去而改为'入'，旋改为'满'。凡如是十许字，始定为'绿'。"

这一个"绿"字，诗便有了神气。

不过，近人钱锺书说，"用'绿'，在唐诗中早见而亦屡见，并非王的首创：丘为《题农夫庐舍》：'东风何时至？已绿湖上山'；李白《侍从宜春苑赋柳色听新莺百啭歌》：'东风已绿瀛洲草'；常建《闲斋卧雨行药至山馆稍次湖亭》：'行药至石壁，东风变萌芽。主人山门绿，小隐湖中花'。"无论如何，王安石这首诗一出，前人诗中的"绿"，就失去光彩。不知道王安石在改这首诗时，脑海里是否有唐代诗人这些用"绿"诗句的印象？如果没有，这一个极常见极普通的"绿"字，出现在他笔下，不但极妥帖极新颖，而且迸发出强烈的冲击力，你不得不佩服他的才气；如果有，能够借前人诗句中未见多么出彩的"绿"字，挪到他的诗里，却能产生出别样的艺术效果，你也不得不佩服他的精明。

王安石为唐宋八大家之一，诗文俱佳。熙宁年间，曾为宋神宗宰执，推行新政。官不是最大，权却是很大。作为政治家，他很自信，作为文学家，他更自信。凡大人物，那些自我感觉良好者，生怕人家不知道他为大人物，或者，害怕人家忘记他是大人物，大概总有一种让人赞叹他果不其然为大人物的表现欲，常常好露一手。改诗，就在他横空出世，官居高位以后，喜欢指指点点，喜欢比比画画的雅兴所至。

改自己的诗，精益求精，当无不可，改别人的诗，越俎代庖，就必须慎重。王安石改动南北朝梁代诗人王籍的诗，就是改不好而出糗的一个例子。

王籍的诗为《入若耶溪》，八句，40个字。"艅艎何泛泛，空水共悠悠。阴霞生远岫，阳景逐回流。蝉噪林逾静，鸟鸣山更幽。此地动归念，长年悲倦游。"若耶溪在绍兴，乃风景优美之所在，为历代诗人所咏诵。而王籍的这首诗，独为迥出。因为，第一写出了王、谢豪门渐次衰落下的寂寞心情，第二写出了政治斗争残酷无情下的逃避心态。一个太得意的人，无法理解失意之人的惆怅所为何来；一个太顺风的人，往往不懂逆境中人的愤怒，因何而起。如日中天，炙手可热的王安石，当然不能领会王籍于此景此情中的感受。所以，他才觉得王籍诗中的这一句，"蝉噪林逾静，鸟鸣山更幽"不妥，于是，大笔一挥，在他的一首《钟山即事·北山》中，翻旧为新，另起炉灶。

其实，王籍的这首《入若耶溪》传诵千古，正是这两句呀！他的那首纠偏前人的诗，因而也流传下来："涧水无声绕竹流，竹西花单弄春柔。茅檐相对坐终日，一鸟不鸣山更幽。北山输绿涨横池，直堑回塘滟滟时。细数落花因坐久，缓寻芳草得归迟"，恰好将最传神的两句，改得兴味皆无，意趣全非。

王籍之"鸟鸣山更幽"，正是在这一动一静、一虚一实之间，大自然和谐共存之美，天人合一之美，人在画中，景在心中，以动衬静，以声彰幽的手法，实在是极高明的。王安石之"一鸟不鸣山更幽"，则完全是弄巧成拙了。一鸟不鸣，倒是落到实处，可韵味顿失，大煞风景。他居然还觉得很得意，却不知自己出了洋相。恰在此时，黄庭坚来拜访他，便将这首改诗之作送给他看。

作为晚辈的黄庭坚，自然不好太让这位大人物下不了台，便来了一点小幽默，前辈您这一改，使我想起《景德传灯录》中一句成语"点金成铁"呢！

钱锺书在《谈艺录》中说这个王安石，"每逢他人佳句，必巧夺豪取，脱胎换骨，百计临摹，以为己有；或袭其句，或改其字，或反其意。集中作贼，唐宋大家无如公之明目张胆者"。在生活中，我们经常碰到好为人师的大人物和小人物。诲人不倦，当然是件好事，但诲人成瘾，成癖，而又诲不出什么真知灼见，对被诲的人就是一种灾难了。

王安石种种

一

王安石（1021—1086），字介甫，号半山，抚州临川（今江西抚州）人。庆历进士，任淮南判官，知鄞县，历任舒州通判，常州知府，江东刑狱提点，嘉祐三年（1058）入为度支判官，上万言书，要求"改易更革"。任职集贤院，知制诰。神宗即位，召为翰林学士兼侍讲，熙宁二年（1069），拜参知政事，力主"变风俗，立法度"，为年轻而极想有为的神宗所接受。于是实行变法。设置三司条例司，以吕惠卿主其事。熙宁三年（1070），拜同中书门下平章事，即宰相。先后推行青苗、均输、保甲、免役、市易、保马、方田等法。用王韶发动熙河之役，取得对西夏作战胜利，熙宁五年（1072），永乐之役复大败于西夏。又改革科举，整顿学校，训释《诗》《书》《周礼》为《三经新义》，遭到司马光、文彦博、吕诲、吕公著和二程等人反对。他以"天变不足畏，祖宗不足法，人言不足恤"的"三不足"思想，进行反驳。由于新法在推广应用过程中，粗糙行事，强迫命令，与民争利，引发骚动，遂出现市场凋敝，商业萎缩，百姓出走，农田抛荒等现象发生。加之无良官吏，苛税牟利，无耻小人，从中渔利，以致民众不堪新法之扰，有逃亡者，有自伤者，有背井离乡者，形成强大的反对声浪。曹太后（宋仁宗皇后，即慈圣太后）、高太后（宋英宗皇后，即宣仁太后，神宗生母）出面干预，神宗动摇，熙宁七年（1074）四月，王安石罢相出知江宁府。熙宁八年（1075）二月，复相。熙宁九年（1076）十月，再次罢相，退居江宁半山园。死后，先封舒国公，后改荆国公，所以又称王荆公。

在中国历史上，再无比他更能引发争议而褒贬不一的人物了。对其评价，从南宋以后，至元代编《宋史》，评价一路直下；而从民国以后，至"文革"批林批孔，行情重又看好。推崇者捧高到近乎于神，丑化者差不多将他描画为鬼，如此各走极端，强烈反差到天渊之别，是极为罕见的现象。但在大多数中国人的心目中，基本上仍受传统史书的影响，认为王安石的变法，导至北宋败亡，而他死硬不改为"拗相公"形象，一直是民间相当主流的观点。

宋人邵伯温的《邵氏闻见录》，也是历来为王安石辩诬正名的专家、权威、名流、教授最深恶痛绝的书籍。其中某些名列廊庙的扛鼎人物，对于邵伯温这本小册子，那不可容忍的切齿之恨，那口出不逊的骂詈之声，简直到了好笑的程度，实在有失学者风度。

邵伯温活了七十八岁，这一辈子可未得安生。早年赶上王安石变法，中年经历元祐党争，晚年又遭到靖康之祸，南渡以后，衰迈年暮，回顾以往，不胜唏嘘，遂有写作此书之志。他说："伯温蚤以先君子之故，亲接前辈，与夫侍家庭，居乡党，得前言往行为多。以畜其德则不敢当，而老景侵寻，偶负后死者之责，类之为书，曰《闻见录》，尚庶几焉。"看来，这不过是他个人的一部回忆录，自然也是他自己所经所历，所感所想的人生总结。因此，后人没有理由要求他必须写成一部准确无讹的正史，而他也没有义务扮演毫无个人色彩的史官角色。他说得很清楚，由于他父亲邵雍的缘故，他得以与司马光、韩维、吕公著、富弼相过从，那时，他才十二三岁，"入闻父教，出则事司马光等"，"光等亦屈名位辈行，与伯温为再世交"。因此，前辈身影，先贤言行，时事世故，宦海浮沉，便是他这部回忆录的主要内容。由于他"闻见日博，而尤熟于当世之务"，不可能不涉及熙宁变法，元祐党争，因此，也就不可能不受其父，以及诸位前辈的影响，而持反对变法的立场，随后又因入党籍（相当于戴上右派帽子），遭到迫害。据说，凡入党人碑者，连开封的城门都不准进，他遂成为一个王安石的铁杆反对派，自是顺理成章之事。

本来，知其人，读其书，信其所信，不信其所不信，是读书人应有之义。但邵伯温这部书，端的厉害，因为在他笔下，悉为难能可贵的第一手材料，便具有相当的权威性，竟能起到左右历史的作用，以致李焘的《续资治通鉴长编》，脱脱的《元史》，涉及王安石变法的史料，也多沿用此书的说法和见解，一字千钧，遂为定论，这也是那些为王安石辩诬正名者最为恼火的事。说到底，邵伯温只是尽后死者之责，记录下他所知道的事实，不过是一家之言罢了。你信即是，你不信即不是，与邵伯温无关。

但值得人们玩味的是，为什么他的这本小册子，竟成为一段信史？因为与当时对这场大失败进行寻根究底的大趋势合拍。北宋灭亡以后，痛定思痛的中国人（自然也包括那些没有话语权的普通老百姓），不得不思考我们为什么要背井离乡，从河洛中原的世居故土，来到长江以南的水乡泽国，或走投无路，流离失所，或依人篱下，羁旅江湖？于是，从亡国之恨推溯上去，必然就是靖康之耻。而靖康之耻，又是赵佶、蔡京贻祸中外的结果，而蔡京和童贯之流得以肆虐天下，又是与元祐党争正人被斥，好人被逐，坏人当道，小人得势分不开的，接着继续上推，元祐党争正反两面贴烧饼式的恶斗，又是熙宁变法中支持与反对双方较量的延续，再往上，还有什么好找的，我相信南宋当时大部分臣民，会一致结论，国难家祸之源，皆因王安石的强推新法而起。谁的心里都明摆着一本账，从公元 1004 年（景德元年）宋真宗澶渊之盟起，至宋仁宗，至宋英宗，至公元 1070 年（熙宁三年）宋神宗实施变法止，66 年间过太平日子，而新法行，世乱便随之而来，不唯王安石是问，还有其他发泄怨恨的渠道吗？

宋钦宗时的国子祭酒杨时的奏章，大概是最具代表性的看法了。他说："谨按安石挟管、商之术，饬六艺以文奸言，变乱祖宗法度，当时司马光已言其为害当见于数十年之后，今日之事，若合符契。"这对王安石来说，当然是不公平的，变法，宋乱，而后亡，不变法，宋也乱，而后同样会亡。邵伯温此书当著于杨时的奏章以后，虽然没有明确指出宋亡之过在于安石，但他话里话外，却是有这层意思的，否则他就觉得有负后死者之责的内疚了。在这本书里，固然他说了王安石的长处，如好学不倦，廉洁勤政，不近女色，兄弟友谊，但也认为他"偏执""奸诈"，是一个"外示朴野，中怀狡诈"的人物，对其"变乱祖宗法度""祸害国家""劝人主用兵""推行新法者皆新进险薄之士"的批判，与杨时持相同看法，是无庸讳言的。但这部书能留存下来，成为解读那一段历史的重要资料，一是它第一手的史料价值，二是它符合了人心民意。我想这也是簇拥王安石进行变法改革的追随者，以及他退出历史舞台后的那些精神上的党羽，没有什么史料记载得以存世的缘故。从至今尚能读到的蔡绦之《铁围山丛谈》来看，证明这类书不是没有，而是曾经有过，不过，统统湮没无闻。

老百姓虽然永远是无声的一群，然而他们的唾弃，却是最可怕的惩罚。

在这部书里，邵伯温说到王安石变法的失败，有其精彩的论断，通常不大为人提及而忽略，或以为是老生常谈而一笔带过。其实，任何朝代，任何制度，凡着意变法改革者，都是必须慎之又慎，三思而后行事的大问题。"王荆公知明州鄞县，读书写文章，三日一治县事。起堤堰，决陂塘，为水陆之利；资谷于民，立息以偿，俾新陈相易；兴学校，严保伍，邑人便之。故熙宁初为执政所行之法，皆本于此，然荆公之法行于一邑则可，不知行于天下不可也。"

行之一邑则可，行之天下不可，这就是必须摸着石头过河的道理所在。

二

在被王安石辩诬者视为"恶意虚构"和"无耻谰言"的

《邵氏闻见录》中，有一则关于苏东坡被王安石排挤出开封，继又遭遇诗狱的记载，大概接近于历史的真实："介甫与子瞻初无隙，吕惠卿忌子瞻，辄间之。神宗欲以子瞻同修起居注，介甫难之。又意子瞻文士，不晓吏事，故用为开封府推官以困之。子瞻益论事无讳，拟廷试策万言书，论时政甚危，介甫滋不悦。中丞李定，介甫客也。定不服母丧，子瞻以为不孝，恶之。定以为恨，劾子瞻作诗谤讪。下御史狱，欲杀之，神宗终不忍，贬散官，黄州安置。"

这里提到的吕惠卿、李定，还有曾布、章惇、舒亶、邓绾等被王安石起用的新法支持者，无论在当时或是后代，都被视作声名狼藉，品行不端的人。虽然近年来经过不断地漂白，不断地洗刷，诸如吕惠卿的出卖告密，诸如李定的匿丧不报，诸如邓绾"笑骂由人笑骂，好官我自当之"，都有了新的说法。看来，元人所编的《宋史》，囿于南宋士大夫对于熙宁变法的成见，受到反映民众心理的话本《拗相公》的影响，因而将其中部分人物纳入书末的《奸臣传》中，也许将来重新编写北宋这段历史的时候，有可能恢复历史本来面貌。

其实，现在为王安石重新定位于历史伟人的时候，定位为大政治家，大改革家，连同他的这些雇佣军也一一扶上尊位，实在是一种徒劳。因为王安石为改革家，那些人未必都与他一样抱着改革的理想；王安石雄才大略，那些人未必都与他一样高瞻远瞩，纵横古今；王安石道德高尚，那些人未必都与他一样律己甚严，廉洁奉公。王安石与他们只有工作的上下级关系，而不是为了一个共同的理想，从五湖四海聚集在一起从事这项伟大事业的。王安石未尝不希望司马光、韩琦共襄盛举，未尝不盼着苏轼、苏辙为其羽翼，然而，道不同不相为谋，这就是这位伟大政治家的性格悲剧了，那好，你走你的阳关道，我走我的独木桥，于是，他不得不在干部的物色选择上，舍本逐末，退而求其次，求其再次，求其次之又次。连他两个亲弟弟都弃他而去，可以想见当他儿子王雱，唯一支持他新政的骨肉不幸早逝，对他是多么大的打击了。

因此，他与他的助手和支持者的关系，说白了，就是老板和伙计。他们所以投奔王安石，因为他们在司马光、韩琦、富弼、吕海、欧阳修那些资深政治家眼中，怎么能有苏氏兄弟那样的前景呢！所以，当这些王安石的雇佣军有条件实施反攻倒算时，拿苏轼祭刀便是顺理成章的事情。

林语堂说过，元丰七年（1084），苏调任途经南京，与王安石见面时，是有过交锋的。"王安石失败之后，苏东坡在金陵遇见他，斥责他发动战争，迫害文人之罪，王安石回答说吕惠卿当负全责。此不足以为借口，因为王安石本人坚持严酷对付反对派，而且在熙宁四年四月至六年七月吕惠卿因父丧去职期间，王安石在京师成立用以侦察批评朝政者的特务机构。"

林语堂还写到了王安石对于苏东坡公开反对新政，而给予的报复，那是这位诗人平生第一次差点吃官司的细节："苏东坡（因反对变法，三次给神宗）上书以后，如石沉大海。三月又上第三书。（这是颇让王安石不开心的事情，不过，因为苏东坡职卑位微，王安石可以不必在乎他）……熙宁四年一月起任告院权开封府推官，在任期间，他出了一道乡试考题《论独断》，这触怒了王安石（这当然是一次对他权威的公开挑衅），苏东坡立遭罢黜。"随后，"王安石的亲戚兼随员谢景温，挟法诬告。当时流传一个谣言，说苏氏兄弟运送其父灵柩乘船回四川原籍途中，曾滥用官家的卫兵，并购买家具瓷器，并可能偷运私盐从中牟利。官方乃派人到苏氏兄弟运灵所经各省路途上，从船夫、兵卒、仪官搜集资料。"后来查无实据，此案遂告寝息。但谁都知道，谢的发难，与王的授意分不开。

在宋人李焘《续资治通鉴长编》中，亦载有此事。卷二百十四纪："景温与王安石联姻，安石实使之穷治，卒无所得。"卷四百二十一纪："谢景温天资奸佞，素多朋附。熙宁中，王安石用事之日擢为知杂御史。是时，苏轼方忤安石，景温迎合其意，辄具弹奏，谓轼丁忧返蜀，乘舟商贩，及朝廷下逐路监司体量，事皆无实。"在《太平治迹统类》卷十三《神宗任用安石》中"谓范镇举苏轼为谏官，御史知杂事谢景温以谤语力排之，事不实，士论薄之"。卷二十五《苏轼立朝大槩》："轼有外弟，与之不叶，安石召之，问轼过失，其人言，向丁忧，贩私盐苏木等事。安石大喜，未有以发也。会举谏官，范镇以轼应诏，谢景温恐轼为谏官攻介甫之短，故力排之。"政坛的事，官场的事，这种勾心斗角，机关算尽，都是属于司空见惯的正常活动。道德再高尚的政治家，绝对不蹚混水，也是不可能的。

王安石还是将这位官不算大，文章声名却比他响亮的同行逼出了京师。看来，王安石在宋神宗的耳朵边，没有少给这位政敌加油添醋，造谣生事。《续资治通鉴长编》卷二百十四纪："司马光奏对垂拱殿，上谓'苏轼非佳士，卿误知之。鲜于侁在远，轼以奏稿传之。韩琦赠银三百两而不受，乃贩盐及苏木瓷器。'光曰：'凡责人当察其情，轼贩盐之利，岂能及所赠之银乎！安石素恶轼，陛下岂不知以姻家谢景温为鹰犬使攻之！臣岂能自保不可不去也。且轼虽不佳，岂不贤于李定之不服母丧禽兽之不如。安石喜之，乃欲用为台官。'"

然而，惹不起躲得起的苏轼还是到杭州为太守去了。不过躲过初一，没躲过十五，乌台里坐着的御史，王安石提拔起来的爪牙，又将他拘押在大牢里。

在神宗强烈支持下，王安石变法诸多措施终于一一出台，他大概没料到舆论大哗，天下大乱。因为他作为大政治家，大思想家，这是当时和后来所公认的，但从来没有一位研究他的学者，认为他是具有行政能力，具有管理经验，具有灵活机智，应变圆通，能够从容进退，周旋回转的领袖人物。他连自己的私生活都不善料理，焉谈其他？这样一位高智商而低能力的学者型干部，适合做领导者的智库，出谋划策可以，运筹帷幄则不行。不要说北宋时期的那种因循保守的政治体制，也不要说北宋时期那种颟顸臃肿的官僚架构，更不要说几乎不跟大宋王朝的老百姓打一声招呼，简直让人吓一个跟头的改革大计，像雷阵雨似的倾盆而来。

老子说过，治大国如烹小鲜，是经不起像烙饼似的翻来覆去。而北宋王朝一百多年苟且生存下来，连小鲜那样还保持着一条鱼的形状都说不上，只能说是即将散架，还没有马上散架的，快要箍不住的一只漏水不止的木桶，你王安石不是采取小修小补的保守疗法，而是大卸八块，这只桶不完蛋，焉有它哉？王安石先生充满自信，伸出两只手，对神宗皇帝讲，你看，每个手有五根手指，从理论上讲，一下子按住十个跳蚤是绝对有可能的。这是笑话，然而也是熙宁二年的真事。

任何一个有理智的人，都觉得大宋王朝需要改革，但没有一个有头脑的人，会赞成王安石这样的改革。

你是在进行改革，而不是在进行革命，中国历史上所有的改革家，都热衷于用革命的手段来实施改革，结果无不碰得头破血流。革命允许暴力，暴力可以摧枯拉朽，反对派敢龇牙，只要手里有枪杆子，二话不说，马上摆平。这只桶老子不要了，另造一只新桶，这就叫革命。而这只桶再坏再破，也不能一脚踢掉，要加固，要堵漏，要去朽，要更新，这才叫改革。因此，改革就得和颜悦色，就得和风细雨，就得由点而面，由局部而全体，润物无声地细致工作。中国人，中国农民，特别是中国农民的小农经济所形成的求稳心态，怕乱心态，苟全心态，保守心态，没有二十年、三十年一切都做到家的扎实功夫，想收到改革的成效，想享受改革的成果，如王安石这样的冒失行事，不失败才怪。

有论者说，他是一只叫得太早的公鸡，其实，说准确点，他是一只想自己下蛋的公鸡，在做一件根本不可能的事。

三

公元 1898 年的 6 月 11 日（光绪二十四年四月二十三日），

北京的春天通常都是从玉兰花的绽放开始的。这一天，光绪正式颁布《明定国是诏》，中国封建社会中最后一次的"戊戌变法"正式出笼。康有为显然考虑过王安石变法的失败教训，很大程度上在于遭到保守派的抵制。于是，他对光绪建议："请皇上勿去旧衙门，而唯增置新衙门，勿黜革旧大臣，而唯渐擢小臣。彼守旧大臣向来本无事可办，今但仍其旧，听其尊位重禄，而新政之事，别责之于小臣。则彼守旧大臣，既无办事之劳，复无失位之惧，则怨谤自息矣！"急于改革的光绪皇帝，第一个行动就是废科举八股。当时，维新派第二号人物梁启超，对此举动兴奋得不能自已，说："海内有志之士读诏书皆酌酒相庆，以为去千年愚民之弊，为维新第一大事也。"问题在于清光绪犯了与宋神宗同一个错误，从五月起，他迫不及待地发出一道道诏书，下令各地方推行学堂、商务、铁路、矿务……短短三个月，其颁发的新政谕旨，比神宗还要神宗，达二百八十多件。结果，颐和园内那棵开得稍晚一点的辛夷，也就是紫色的玉兰花，还未落尽，在满地花瓣的颐和园的漪澜堂里，老佛爷像捏死一个臭虫似的，使这场百日维新胎死腹中。虽然她是主刀者，但她身后却是绝对不许触犯其利益的保守派所组成的铜墙铁壁。

改革派有时想得十分单纯，以为天下人都如同自己一样，大旱之望虹霓一样期盼着他们举起义旗，来挽救这只已成破木桶似的政权。殊不知朝廷内外，举国上下，拥护者甚少，反对者甚众。王安石所碰到的，也是康、梁所碰到的。光绪只有一位太后，而神宗却有好几位太后，只是这位理想主义者，列宁誉之为"中国 11 世纪的改革家"，"批林批孔"之际，尊为法家的杰出代表，绝对没有任何高招可以应对女流之辈。老太太们一流眼泪，王安石只好卷铺盖走人。

变法之初，得到神宗绝对信任的王安石，意气风发，确实没有足够的思想准备，估计到可能的反扑。所以，有一位叫范缜的大臣，上书反对他，"疏入，安石大怒，持其疏至手颤"，可以想见他那气不可遏的样子。有一个叫作吕陶的官员，"其初应制科，值王安石方行新法，陶对策言，愿陛下不惑理财之说，不间老成之谋，不兴疆场之事。安石读卷，神色顿沮，神宗使冯京竟读，称其有理。而卒为安石所抑，仅得通判蜀州"。可以想象他气急败坏的样子。接着，他又犯了一连串策略性的错误，树敌过多，全面出击，顺我者昌，逆我者亡，从不争取盟军和友军的支持，也不放下身段去说服那些不同意见者，甚至下手打击其实完全不必打击的反对者，听不得任何相反的声音。"于是，吕公著、韩维，安石藉以立声誉者也；欧阳修、文彦博，荐己者也；富弼、韩琦，用为侍从者也；司马光、范缜，交友之善者也，悉排斥不遗力。"结果，如刘述、程颐、刘挚、刘琦等御史，如范纯仁、李常、孙觉等谏官，如欧阳修、富弼、文彦博、曾公亮等名臣，也都被王安石排挤出朝。这样一个人皆为敌的刺猬型的人物，要能混得下去，岂非咄咄怪事？

后来的事实证明，保守派也非铁板一块，当司马光复出，全部否定新法的时候，苏轼并不认同这种绝对的做法，曾与之争辩，新法该去者去之，可不去者留之，可去可不去者也不必一笔勾销，择其善而去其恶，为此与司马光争辩，而获罪于当局。现在，回过头去看苏轼在熙宁二年《上神宗皇帝书》："陛下自去岁以来，所行新政，皆不与治同道。立条例司，遣青苗法，敛助役钱，行均输法，四海骚动，行路怨咨。"重点放在老百姓的不能承受上，并非全部否定变法，只是新法在具体落实的过程中，"皆不与治同道"，过于与民争利，层层盘剥，法令峻急，求速伤民，从老百姓深受其害这个角度，而持有异议罢了。

据宋人王栐《燕翼诒谋录》，可见实施新法中的"青苗法"，其弊何在？"上散青苗钱于设厅，而置酒肆于谯门，民持钱而出者，诱之使饮，十费其二三矣！又恐其不顾也，则命娼女坐肆作乐而蛊惑之。"本来，春季借给农户的小额低息贷款，秋后还款付息，农民国家均得利的"青苗法"，本是无可非议的事情，但在执行的过程中却变成诓骗农民的一个局。譬如保甲法，老百姓为了逃避摊派的军费和被抓壮丁去当兵的双重威胁，民间发生了多起自残事件，再譬如保马法，分户领养军马，平时自用，战时军用，王安石想得太天真，他以为马是水牛，有青草吃即可，殊不知当时大半江山都在长江流域一带，根本不适合马的生存，而把马养瘦了，养病了，或者养死了，饲马户便要受到责罚。诸多事实证明，苏轼才三次上书神宗，亟论此法之弊。

据《长鉴拾补》："诏收还司马光枢密副使告敕，仍旧职。先是上欲光置两府，王安石曰：'光虽好为异论，然其才岂能害政。但如光者，异论之人倚以为重，今擢在高位，则是为异论之人立赤帜也。光朝夕所与切磋琢磨者，乃刘攽、刘恕、苏轼、苏辙之徒而已。观近臣以其所主，所主者如此，其人可知也。'"看他在神宗面前嚼的这顿舌头，第一，量小非君子；第二，绝对容不得反对派；第三，把所有可能争取的同盟者，都推向对立面，势必要成为孤家寡人。我想，"拗相公"的"拗"，显然是从他精神上的缺陷，思维易走极端而来。我始终相信，想将苏东坡送上断头台的最致命的原因，不完全是因为他的《上神宗皇帝书》，不完全因为他是保守派的核心人物，而是文人相轻，到文人相嫉，到文人要把文人干掉的恶心理，王安石也逃不脱。从这里看到，他尤其在意苏轼，一举一动，全在眼中。因为苏是大家，王也是大家，大家之间，惺惺相惜者少，相轻相嫉者多。如果仅仅是文友的话，也许存在着一定程度的紧张，现在这两个人，既是同行，又兼政敌，那就如同荒野里两条狼相遇，必有一场较量发生。

因为苏东坡的诗词、歌赋，甚至为皇帝拟的诏书文告、道德文章，都要胜王安石一筹。清人袁枚在《随园诗话》里说："王荆公诗无一句自在，故其为人拗强乖张。"就冲王之矫揉造作，苏之坦荡率真，两种性格上的差异，也能理解人品的高下之分，文品上的高低之别，是再正常不过的事。王安石忍受不了他实际上的二流作家的地位，尤其不能忍受苏东坡根本不把他当回事的调侃。但冲他起劲反对的那些政敌，如司马光，如欧阳修，如苏轼，都是在文学上有建树的大手笔。因为文人，通常不能宽容比他稍好一些的同行，王安石是毫无疑义的大家，但同是大家，也还是存在某些素质上的差别，因此，借助于非文学的手段，将同行置之死地，便是可以理解的下作了。

读王安石未发迹时，《上欧阳永叔书》之二中，"某以不肖，愿趋走于先生长者之门久矣，初以疵贱，不能自通"。这几句话，颇有写效忠信的那股卑微口气，就像嗑瓜子嗑出一个臭虫似的，大不以为然了。接着读《宋史》，知道曾巩曾经将王安石介绍给欧阳修，欧"为之延誉"，王才渐渐得志的。可他很快把最早的牵线人抛到一边。再后，青云直上的他，连曾经鼓吹他的欧阳修，也要排挤出政坛，断情绝义。这就颇令时人为之不齿了，这其间有人建议应该留下这位有经验的政治家，"安石曰：'欧阳修附丽韩琦，以琦为社稷臣。如此人，在一郡则坏一郡，在朝廷则坏朝廷，留之何用？'"把欧阳老逐出开封，回安徽滁县去筑醉翁亭了。

　　所以，王首先是政治家，然后是文学家；苏相反，第一是文学家，第二才是政治家。政治家允许自己无耻，而文学家至多允许自己风流。能够做到彻底无耻的政治家，往往一往无前，永操胜券。王安石最后终于恓恓惶惶地回到了金陵，回顾他为相八年，权势达到顶点，也只是把所有他的政敌，统统逐出开封而已，说到底，他还是个文学家的缘故。而作为一流文学家的苏东坡，确实风流倜傥一辈子，作为二流政治家的苏东坡，也"为小人忌恶挤排"了一辈子。还是那部《邵氏闻见录》，说到他们两人在金陵相见的情景。"子瞻曰：'某欲有言与公。'介甫色动，意子瞻辨前日事也。"他以为苏还放不下元丰二年（1079）被关进大狱，他的那些党羽李定、舒亶是如何要判以死刑的事情。但苏子瞻并不计较个人恩怨，而是说"'某所言天下事也。'介甫色定曰：'姑言之。'子瞻曰：'大兵大狱，汉唐灭亡之兆。祖宗以仁厚治天下，正欲革此。今西方用兵，连年不解，东南数兴大狱，公独无一言以救之乎？'介甫举两指示子瞻曰：'二事皆惠卿启之，某在外安敢言？'子瞻曰：'固也，然在朝则言，在外则不言，事君之常礼耳。上所以待公者非常礼公所以事上者，岂可以常礼乎？'介甫厉声曰：'某须说。'又曰：'出在安石口，入在子瞻耳。'盖介甫尝为惠卿发其无使上知私书，尚畏惠卿，恐子瞻泄其言耳。介甫又曰：'人须是行一不义，杀一不辜，得天下不为乃可。'子瞻戏曰：'今之君子，争减半后磨勘，虽杀人亦为之。'介甫笑而不言。"

常失败的苏对王能看得透，坦然而自信，虽空间有限，但时间无穷，政治总是短期性的，而文学则长在不败，表面上的苏败了，精神上的苏并不败。显赫过的王对苏就看不大透，虽然眼前这个手下败将，曾经将他扳倒过，时过境迁，竟连一点赢的感觉也找不到，显得拘谨而戚戚，惶惶而不安，看来，清人王夫之著《宋论》一书，在神宗的这一章，将王安石定位在"小人"这一格上，也许不是诛心之论。

四

据宋人陈善《扪虱新话》："王韶在熙河，多杀伐。晚年颇悔恨，栖心空寂，冀有以洗涤之。"宋人李昌龄的《乐善录》也说过："王韶晚年频悔取熙河事。"宋神宗熙宁四、五、六年（1071、1072、1073），王韶在王安石的支持下，发动的这场与西夏的熙河之战，获胜，拓边两千余里。造就了王韶，更膨胀了王安石，由此而鼓动起来的动武狂热，导致元丰四年（1081）的灵州之战，宋军遭到惨重的损失，接下来，元丰五年（1082）的永乐之战，西征宋军基本覆灭。熙河之役的获胜捷报传来，宋神宗亲自解下龙袍的玉带，赏赐给这位带引号的"大军事家"王安石；但轻启兵端，小胜以后的大败，却是这位将领永远也不能释怀的懊悔，多少将士死在了那干旱无水的沙漠孤城啊！也是一则宋人笔记，洪迈的《夷坚志》里讲了这样一个神怪故事，读来令人不胜恐怖。"王厚，韶长子，位至节度使。一日家集，菜碟内萝卜数十茎，忽起立，须臾行案上。众皆愕然。厚怒，悉取食之。登时呕吐，明日死。"而王韶之死，更怪异，死于疽，疽腐烂到洞见肺腑，那就更离奇了。

王韶是一位优秀的将领，若生在汉、唐，是大有可为的。而生在弱宋，你就不得不考虑收复这块失地之后，如何守得住？那些桀顽不逊的吐蕃、西夏异族，如何管得住？你出其不意地打赢了第一回合，在以后的交手中，你还能屡试不爽吗？整个国家不给力，主张动武者王韶也好，怂恿动武者王安石也好，纵使三头六臂，也是回天乏术的。

王夫之在《宋论》里说，"王韶请击西羌，收河湟，以图夏，王安石称为奇策而听之。诚奇矣。唯其奇也，是以进无尺寸之功，而退有邱山之祸也。以奇用兵而利者有之矣。正不足而以奇济之，可以暂试，不可常用，可以脱险，不可以制胜，可乘疲寇而速平，不可御强敌而徐效。如其用之，抑必有可正而后可奇也。"接着，这位史学家批判王安石："舍正用奇，而恃奇以为万全之策，此古今画地指天之妄人，误人家国者所以积也。"

王韶也许至死都未明白，他的熙河之役，只不过给王安石解围而已。神宗熙宁四、五、六年，正是王安石实施新法，遭遇强大阻力之际，他需要进行这一场冒险的战争，胜了，证明他一切的一切是对的，败了，也怪不得他，如同推广新法所引起的抵抗，全归罪于朝野上下反对派，彻头彻尾的不合作上。

然而，王夫之却断然结论王安石是个"妄人"，何谓"妄人"？说白了，就是嚣张到不进盐酱的得志小人。

王夫之对君子和小人的区别，有着精彩的分析。"君子之道，有必不为，无必为；小人之道，有必为，无必不为。"为，就是做，就是行动，所谓"听其言，观其行"，怎么为，怎么做，才是最重要的观察指标。他认为：君子做事情，一、有绝不可做的事情；二、没有绝对要一定做成的事情；而小人做事情，则不同了，在他们看来，一、不但有必定要做成的事情，不达目的，誓不罢手；二、而且没有不可以去做的事情，什么都敢干，什么都不在乎，什么后果都不在话下。这就是说，君子有能够约束自己的定力，能做多少事，就做多少事，量力而行，不可做的事，就坚决不去做，界限很清楚，不越雷池一步。而小人当道得志的话，他们就无顾忌，无制约，无法度，无规矩，想做什么，就做什么，想干什么，就干什么，哪怕是不可做，不该干的，也敢去做去干。

也许因为王船山是太重要的史学家，这个着实不客气的结论问世之后，三百多年，没有一位为王安石辩诬者出来质疑或者反对过。

一个有分量的人说了一句有分量的话，尽管事实并非完全如此，王安石最后之被丑化，应该说，很多皆为过甚之词，不足为凭。但驳诘的异议终于被这位大师的盛名远誉给盖住了。虽然近年来，王安石重新被认识，被高置到了大政治家，大改革家，大思想家，大文学家的位置上，甚至因熙河之战，又加上一顶大军事家的光荣头衔。中国文人要是神化起一个人来，涂脂抹粉不够，还要遍体贴金，也真是令人匪夷所思。这其中，以梁启超嘴巴最大，调门最高，言辞之夸张，达到骇人听闻的程度。1908年，梁启超著文赞美，认为王安石"其德量汪然若千顷之陂，其气节岳然若万仞之壁，其学术集九流之粹，其文章起八代之衰，其所设施之事功，适应于时代之要求而救其弊，其良法美意，往往传诸今日莫之能废"。

梁启超所以如此推崇王安石，为尧舜禹之后的唯一完人，一是引为改良派的志同道合之荣，二是同为失败者惺惺相惜之亲，三应该说是大人物心底里不甘寂寞的自况。这位饮冰室主在提醒各位，别忘了公元1898年6月11日至9月21日，史称"戊戌变法"的一百天里，他和康有为，或康有为和他，在光绪皇帝心目中的地位，与王安石在宋神宗面前说一不二的架势，是画等号的。因此，王安石有多伟大，他就有多伟大。而王安石被鼓吹得多么了不起，他也水涨船高跟着了不起。历史的最深刻之处，就是不厌其烦地让人类犯同样的错误，上一个人挖坑，掉了进去，下一个人接着挖坑，仍旧掉了进去，第三个人、第四个人继续如此，这是最令人哭笑不得的。光绪二十四年五月，被光绪视为"国师"的康、梁二位维新派领袖，以"四品卿衔在军机章京行走"的维新派，谭嗣同、康广仁、杨锐、林旭、杨深秀、刘光第等人，其雷厉风行，其迫不及待，以光绪的名义发出一道道诏书，连宋朝的改革家王安石也自愧不如。这几位新贵，暴得权力，浪得大名，就忘乎所以，就不知自己吃几碗干饭，这就是中国文人成不了气候的致命伤了。维新派脑袋一热，不但忘了可能的友军洋务派，也忘了退缩到颐和园里，围着老太太转的保守派。其行事之急峻，处置之仓促，决策之轻易，政令之草率，以至诏书频出，一日数通，国策废举，莫衷一是。与王安石和他的变法大本营三司条例司，不停地颁布变法措施，不停地制造社会混乱，简直就是一对暹罗双胞胎。如此肆无忌惮，毫无顾忌的大动作，实际上也是将自己推上宣武门外菜市口的断头台。

王安石这个政治人物，在宋以后，一直延至清末，从来是作为一个负面形象出现在历史读物里面，也是差不多所有的普通中国人心目中的共同观感。虽然王夫之也说过，"安石用而宋敝，安石不用而宋亦敝"。宋朝的敝与用不用王安石没有什么关系，北宋王朝的最后灭亡，是一种必然趋势，但王安石在短短三五年内所推出的一系列让老百姓目不暇接的改革大法，诸如青苗、方田、均输、手实、市易、经义、保甲、免役、保马……还不包括轻启边衅，动兵打仗，收复失地，进行军事活动，任何一个国家的中央政府，都不敢一个早晨起来，立刻实施全面彻底的变革，马上进行简直是颠覆性的剧变，并要求立竿见影，万象更新。

因此，我们在评断一个历史人物时，不能就其动机之善良，愿望之真诚，初衷之美好，言辞之动听，而作出他伟大或者了不起的结论，而是看其实践，观其结果，察其后效，视其对于历史所起到的推进作用，才能得出比较实事求是的准确看法。我始终认为，即使最伟大的人物，也有其不足之处。何况，王安石离伟大尚远，根本没有什么了不起，所以，王夫之对他的定位，还是具有很强的说服力。姑且不论王安石的新法，其政策究竟在多大程度上为群众接受，其推广究竟有多大程度的可行参数，其实施究竟有多大程度的认知可能，其组织究竟有多大程度的实效治理，这一切都在未定之前，就匆忙地在数年间，简直来不及地颁布全国，强制推行。这对积弱的北宋政权来说，犹如沉疴在身，奄奄一息的病人，已经禁受不起峻急的药石，剧烈的手术，越是折腾得厉害，越是不停地为之开膛破肚，切肺换肾，割胃易心，搭桥支架，这个王朝也就灭亡得越快。

> 故王安石之允为小人，无可辞也。安石之所必为者，以桑弘羊、刘晏自任，而文之曰周官之法，尧舜之道。则固自以为是，斥之为非而不服。其必不可为者，起大狱以报睚眦之怨也，辱老成而奖游士也，喜谄谀而委腹心也，置逻卒以察诽谤也，毁先圣之书而崇佛、老也，怨及同产兄弟而授人之排之也，子死魄丧而舍宅为寺以丐福于浮屠也，若此者，皆君子所固穷濒死而必不为者也。乃安石则皆为之矣。抑岂不知其为恶而冥行以蹈污涂哉？有所必为，骨疆肉愤，气溢神驰，而人不能遂其所欲，则荆棘生于腹心，怨毒兴于骨肉；迨及一蹶，而萎缩以沉沦，其必然者矣。

接下来，王夫之谈到王安石匆匆忙忙强推新法之败因："夫君子相天之化，而不能违者天之时，任民之忧，而不能拂者民之气。思而得之，学而知其未可也；学而得之，试而行之未可也，行而得之，久而持之未可也。皆可矣，而人犹以为疑则且从容权度以待人之皆顺，如是犹不足以行，反己自责，而尽其诚之至。诚至矣，然且不见获于上，不见信于友，不见德于民，则牵身以退，而自乐于天。唯是学而趋入于异端，行而沉没于好利，兴罗织以陷正人，畏死亡而媚妖妄，则弗待迟回，而必不以自丧其名节。无他，求之己者严，而因乎人者不求其必胜也。唯然，则决安石之为小人，非苛责之矣。"

王安石之败，就在于他不明白改革是一个缓慢渐进，徐图发展的过程，是一个日复一日，年复一年的水滴石穿的过程，也是一个面对最顽固最保守最害怕变化的小农经济，需要说服和示范、需要等待和耐心的过程，历代中国的改革家无一取得成功的原因，与王安石同样，就在于常用革命的手段来进行改革。殊不知革命和改革是用截然不同的手段来推动社会变化的。通常，我们对革命的理解，最直接也是最深入人心的一句话便是："革命不是请客吃饭。"这就是说，在革命的过程中，暴力的因素，强迫的因素，专政的因素，武装的因素，是少不了的。改革虽然也不是请客吃饭，但对被改革的普通群众而言，得不到实惠，尝不到甜头，也就是王夫之所说"人犹以为疑"，那就"且从容权度以待人之皆顺"。

在王夫之看来，北宋神宗熙宁二年（1069）王安石用革命的手段强行变法，属于非君子而是小人的行为。

中国历史上的维新、变法、改良、改革，从王莽、桑弘羊起，到康梁、谭嗣同止，未获成功的原因，非常复杂，但重要一条，这些领袖人物，往往缺乏真正的治国才能和足够的人格魅力，坐而论道者多，浮躁偏激者多，而且这些人中，多多少少具有精神上的缺陷。所以，一个个挖坑不止，明知是坑，也往里跳，精于谋划的张居正如此，乱来一气的王安石尤如此，至于康梁，那就更不足道哉，所以，王比张的政治寿命更短。几年之内，把宋朝搞得一团糟以后，回南京赋闲去了。

南宋的朱熹感慨系之："安石以文章节行高一世，而尤以道德经济为己任。遭遇神宗，致位宰相，世方仰其有为，而安石乃汲汲于取熙、河、洮、岷以恢疆宇，遂以财利兵革为先，躁迫强戾，使天下之人，嚣然丧其乐生之心。卒之群奸嗣虐，流毒四海，至于崇、宣之际，而祸滋极矣！"

敬劝学界大老，别再狂热吹抬王安石了，那会误人子弟的。

文人的较量
——苏东坡和王安石

苏东坡殡丧完他的父亲，并守了三年的丧，终于在北宋神宗熙宁二年（1069）的二月，从家乡四川回到阔别已久的都城开封。

也是这年，也是这月，王安石被宋神宗赵顼任命为谏议大夫，参知政事。这就是说，新登基的年轻皇帝决定赋予他足够的权力，来掌控国家，以推行新法。

中国历史上最著名的一次变法，就在这年，这月，大张旗鼓开展起来的。中国历史上有过多次改革，不过，成功者少，失败者多。从商鞅、王安石、张居正，到康梁百日维新的改革失败来看，商鞅败于贵族夺权，张居正败于死后清算，康梁败于保守势力，对立面都是坏蛋；只有王安石的失败，是个异数。他的支持者，基本上都是声名狼藉之徒，他的反对派，无一不是正直高尚之士。试想，这样一台戏，王安石再蹦再跳，再吼再叫，能唱得下去吗？苏东坡，就是建议他拉倒吧、歇手吧的众人中的一个。

也许这是巧合，也许这是命运的安排，他回来得一是恰逢其时，一是恰逢对手。从此，按《宋史》所说，他就"为小人忌恶挤排，不使立于朝廷之上"，一直走下坡路。说句良心话，虽然王安石是他命运中的第一个克星，但王先生只是防着他成为自己的劲敌而已，对他尽管火大，收拾过他，打击过他，倒也并不想置他于死地。不过，后来，那些尾随王安石而扶摇直上的新贵，则是恨不能将他送上断头台的，民间谚语中所谓"阎王好见，小鬼难搪"，就是这个意思了。

开封的二月天，蔡河尚未解冻，初春的风吹在脸上，确有一点点冷冽。不过，年年如此，岁岁相同，中原地区总是这样送走寒冬，迎来春天。也许文人的神经细胞发达，也许他们很容易表现出敏感，事隔三年，苏东坡重又回到这座城市，忽然觉得有一股寒飕飕的气氛，裹挟着他，好一个不自在；王安石呢，也如此，自打上年七月来到东京，居住了大半年光景以后，这位长年生活在金陵的人，还是不能适应北方初春的冷意，背脊有些发冷，一种瑟缩感在压迫着他，与苏相似，同样好一个不自在。如果说，苏东坡的冷，只是因为他注意到一小部分人，那眼神变得严峻起来，甚至有意对他回避；那么，王安石的冷，则是他发现这座城市的大多数人，对他的猜忌，对他的拒绝，一如他刚来到都城那样，依旧寒气袭人，毫无变化。

历史，大概是个有趣的老人，很爱开玩笑，就在北宋王朝大变化的前夕，非要在这个凄凄寒寒的二月天，将名列"唐宋八大家"的这两位掰过腕子、赛过高低，针锋相对，互不相让，绝说不上是朋友，但也说不上是敌人的两位，硬碰硬撞在皇城丹凤门前的通衢大道上。

那场面，两人有点不知所措，因为平素间没有私谊，也就没有来往，属于"敬而远之"，属于"河水不犯井水"，属于"道不同不相与谋"的泛泛之交，甚至连"泛泛"也谈不到。不期然地在此相遇，不免一番尴尬。开封作为宋朝的首都，那制度是前朝政府厘定的，后周的世宗柴荣是一位英主，气魄很大，志向很远，所以这条北至玄武门，南至朱雀门，再到南薰门，纵贯全城的长街，长而且阔，宽加之广，相当壮观。只是由于黄河多次决口，如今早沉积湮没在城市地底下了。这两位完全可以大路朝天，各走一边的。但世事偏是这样蹊跷，你想他俩碰头，也许凑不齐，你想他俩回避，却歪打正着。一是王安石向来不讲究礼仪，轻车简从，信步走来；一是苏东坡刚刚由蜀返京，没带随从，无人招呼。于是，抬头不见低头见，只好抱拳作揖，寒暄两句，随后，各走各路，扬长而去。

王比苏年纪大，身份高，按理，应该先开口，对他老爹的辞世，表示一点哀悼之意，对他守丧归来，说几句慰问的话，节哀顺变啦，化悲痛为力量啦，也是情理中事。但王安石是个伟大的人物，从梁启超誉他为三代以下，中国唯一的完人起，到批林批孔，评儒评法，将他捧上法家的尊位止，越来越伟大了。可是，不管多么伟大的人物，往往也有其渺小之处。伟人要思考大事，关注宏观，自不免忽略细部，疏失碎微。其实，他的同时代人，也说他是一个"好学泥古"，"狷狭少容"的有相当呆气的先生。估计王安石未必会对苏轼的殡丧归来，多么在意，也不会对苏老泉当年与他的芥蒂，抱有成见。此时此刻，除了变法大计外，任何事物，都不在王安石的视野之中。虽然，苏洵早年对其进行人身攻击的《辨奸论》，很多资料证明系伪托之作，但后人为什么要假借他的名义，由此推断，苏洵跟王安石的有所不协，而王安石因此对苏氏父子存在抵牾，当非一朝一夕之事。这也是他们两位宁肯少说一句，决不多待片刻的深层原因，西方有句名言，性格即命运，或性格决定命运，再没有比在这两位文人的身上，得到最完整的体现了。

苏洵死于英宗治平三年（1066）的四月，苏轼上书，为父求官。此事，南宋邵伯温的《闻见后录》说，载于《英宗实录》的说法，为"苏洵卒，其子轼辞所赐银绢，求赠官，故赠洵光禄寺丞"。而载于欧阳修《志》的说法，为"天子闻而哀之，特赠光禄寺丞"。邵氏认为，所以有此差异，《英宗实录》为王安石撰，他对苏洵、苏轼父子不感冒，故而直书"求赠官"。欧阳修与三苏交往密切，通家情谊，笔下遂有"哀之，特赠"的衍溢之辞。其实，王安石大可不必赤裸裸地，狠呆呆地说得这么白，这么直，来出苏东坡的洋相。苏轼请求英宗恩赐其父一个稍微响亮一点的官位，人子之情，无可厚非。看来，王安石对苏东坡之耿耿在怀，除了政治上的异同，情感上的隔膜，文人之间的较量，也是他与苏轼始终相左的根本。

明人茅坤倡"唐宋八大家"说，苏门父子三人均在其中，可见苏洵的道德文章，学问著作，不但为时人所崇，后世亦颇具影响。但他仕途不顺，多次应进士和茂材试，皆不中，遂绝意功名，自托于学术。这也是中国许多文人，在功名上碰壁以后不甘沉沦的出路。问题在于你找到了自己，你活着的时候，可以倚靠学术成就，从此傲岸于世，不买谁的账；可你死了以后，就由不得自己了。你的儿子，你的家属，就得按传统礼教，世俗常规来办理后事。苏洵终身未第，唯有"试秘书省校书郎"和"霸州文安县尉"这样官卑位低的衔头，实在拿不出手，上不得台面。中国人之死要面子，是出了名的，于是，苏轼向英宗张嘴，请求给予这点哀荣，也是完全可以理解的苦衷。老实讲，"光禄寺丞"算个狗屁？即使实授活着的苏洵，也是一个无职无权的散官。何况死后追赠，纯系顺水人情，大家心里明镜似的，大宋王朝别的不多，这种有名无实的官，多如牛毛，谁稀罕？只不过王安石先生偏要咬文嚼字罢了，至少在这一点上，王欠缺一点厚道。

有什么办法呢？这就是文人根深蒂固的劣根性了。一部文学史，不管厚如城砖，还是薄如蝉翼，上面记载着的，都是文人看不起文人的相轻史。因为中国文人，大度者寡，是非者众，胸怀宽广者少，小肚鸡肠者多。表面上，温文尔雅，彬彬有礼，挺能装蒜；私底下，孰高孰低，谁强谁弱，猴精猴精，无时无刻不在盘算之中。王安石这样写，我们叫现实主义，欧阳修那样写，我们叫浪漫主义，都没有错。话说回来，为苏轼设想，他有非这样行事不可的道理，将其父骸骨从开封运送到四川老家眉山，舟船辗转于江河川汉间，千里之遥，若得不到沿途地方官员的帮助，不知该如何耽搁时日？因此，只有讨了这个"特赠光禄寺丞"的虚名，才有"敕有司具舟载丧归蜀"的谕旨，他之迟迟未行，就为等这张派司，尽管如此，经水路扶柩回乡的他，还是用了十个多月的行程，直到次年的四月，才抵达眉山。

接下来，当然就是安葬；再接下来，当然就是"丁忧"。

封建社会，强调忠孝，父母死后，子女要守丧，三年内不做官，不嫁娶，不赴宴，不应考，名曰"丁忧"。也就是说，苏东坡要守丧三年后方可复职。这种"丁忧"制度，有时会弄得当事人很扫兴，很尴尬。第一，噩耗传来，二话不说，立马辞掉差使，回籍泣血稽颡，寝苫枕块，工作没了，饭碗丢了。第二，守丧三年，不上班，不做事，隔绝官场，远离同僚，顿成一个虽然还顶着乌纱，但已是有名无实的官场植物人。整整三年，该走动的，该联络的，该鞠躬致意的，该磕头烧香的，这些为官必做的基本功，统统放下不练，且不说经济上的损失，守丧以后，继续回到原来的位置上，其可能性还有多大？尤其大宋王朝，冗官为其积弱不振的原因，你还没有站起来离开这把椅子，就有好些竞争者觊觎你出缺的位置，所以"丁忧"，常常成为官场倾轧的一种手段。

不过，苏轼，是位天生的乐观主义者，他倒没有太多往这方面想，因为他心里有底。治平二年学士馆试策后，入直史馆，是宋英宗赵曙的特意安排。按皇上的意思，"即欲便授制诰"，要重用和大用，被宰相韩琦拦住了，认为拔擢过快对年轻干部不利。宋英宗让了一步："知制诰既未可，且与修起居注，可乎？"韩琦还是不同意："记注与制诰为邻，未可遽授，不若且于馆阁中择近上贴职与之，他日擢用，亦未为晚。"所以，苏在史馆中，实际是接受皇帝差遣的贴身秘书，属于能够出入内廷的特殊人物。因此，握有出入内廷腰牌的他，才不在乎别人借丁忧之事来挤对他。

熙宁元年（1068）的七月，正式除丧，在原籍又滞留到这年的十月，才动身回京。一是他入值史馆，在别人眼睛里看来的良好前景，二是他诗词文章，在别人心目中留下的响亮名声，如此一个红人，一个名人，走到哪里，会少了旧雨新知的迎来送往呢？何况苏东坡又特别地爱吃这一套，受用这一套呢？就像如今那些大红大紫的文化明星，到处招摇，骗吃骗喝，快活得不行一样，浑身上下，每个细胞都处于亢奋状态。再加之粉丝的包围，慕名者的崇拜，狗仔队的跟踪，那感觉真是好极了。所以，这次行程，走的是陆路，本想图快一点的，但应接不暇的他，竟"优哉游哉"地逛了四个多月，直逛到熙宁二年的二月，才回到京师汴梁。他的一行车骑，满载着朋友的馈赠，沿途的特产，在其开封寓所南园的院前停下，尚未完全卸下，估计他的家人，他的亲友，马上就会告诉他离京三年期间，在首都发生的大事小情。虽然，千头万绪，说来话长，但总结起来，无非四条：一、英宗死了；二、神宗接位；三、王安石来了；四、马上实行变法。这四大变化，让苏东坡有兜头一棍之感，心底里多少有点发毛。

南宋人李焘，用力四十年，据第一手资料，也就是帝王的起居注，著《续资治通鉴长编》。不知为什么，独缺神宗熙宁二年的这一卷。因此，苏轼回到都城，循例请求复职的报告，递上去以后，迟迟不见复文，在此书中找不到任何记载。在元人脱脱主编的《宋史·本传》中："熙宁二年，还朝。王安石执政，素恶其议论异己，以判官告院。"也看不出什么周章。不过，从他一封给友人子明的信中："轼二月中，授官告院，颇甚优闲，便于懒拙。"可想而知，苏轼的职务虽然恢复，薪俸如数照领，但三年前那样进出掖庭，奉承圣意，或草诏书，或拟敕令，时刻待诏于英宗陛下的荣幸和特权，随着大行皇帝而一去不再。这种"优闲""懒拙"的牢骚，反映出他交出腰牌的失落感，看出他远离天颜的闹心程度。

在所有的帝国体制里，上自王公大臣、皇后贵妃，下至百官佐僚，太监宫婢，能够得到帝王宠幸者，无不费尽心思固宠，无不竭尽全力排它，让皇帝老子永远爱他，而且只爱他一个。在当代社会里，哪怕一个科长、一个村长、一个小老板、一个下三烂的评论家，都会有他们的亲信、马仔、跟屁虫和狗腿子的。一个个也是虎视眈眈，生怕别人挤进来的。王安石是伟人，这一点，毫无疑问，然而，伟人也是人，他怎么能够允许苏轼进入神宗的视线之中呢？第一，此人年纪轻；第二，此人名声大；第三，此人在朝野的朋友多；而王安石更为在意的，是第四，也是最主要的，他觉得这位后起之秀，有点轻狂，有点嚣张，若是给他出入宫禁的方便，若是给他左右天聪的机会，能指望这个在学问上看不起自己，在文学上胜过了自己的苏东坡，对他的改革，对他的变法，唱赞美诗吗？

那年，苏东坡三十四岁，王安石五十一岁，相当于今天"80后"作家与知青代作家的年龄差距，按理说，基本不搭界，也就不会太计较。可是，从二月起，宋神宗几乎将整个大宋王朝，托付给这位改革家，由着他大展拳脚。藉此权高位重，如日中天之际，可以想象他很忌讳他与神宗皇帝之间，出现第三者的。作为政治家、思想家的王安石，应该是一个高明的谋略家，精明的权术家才是，冲他把苏东坡放在心上，证明他还不完全是。因此，他首先介意的是与他平级而且资深的司马光，其次是韩琦、富弼、文彦博这些曾做过"平章事"，也就是相当于宰相或副宰的重臣，至于欧阳修，至于苏东坡，自郐以下，统统不在他的眼中才对。苏轼若放在今天，其地位，充其量不过相当于文联、作协的副主席或者主席团委员而已，哪怕享受国家特殊津贴，哪怕出入有小车代步，哪怕人五人六，像模像样地出现在公众场合，眼前有闪光灯啪啪作响，手中有麦克风可供开讲，那也无法与职务相当于国家总理、副总理级别的王安石相比。

已经成了神宗的教父，兼指导，兼国策顾问的王安石，为什么总是不放过比自己小十七岁的苏轼呢？

这就是文人无法超脱的较量情结了。在文学史上，苏的名声要高于王，苏首先是文学家，其次是政治家；与其说他是政治家，还毋宁说他是一辈子搅进政治是非之中的倒霉蛋，更为确切。而在中国政治史上，王的名声要大于苏，因此，王第一是政治家，第二是文学家。可这两人都是唐宋八大家之一，虽然熙宁二年尚未出现这种说法，但王安石并不认为自己文学家的身份，排在第二位，就是第二流。所以，一流文学家的王安石，自然要把一流文学家的苏东坡，视作较量的对手。反过来，苏东坡也不能承认他首先是文学家，其次是政治家，因而他就是一个二流政治家，一个不成熟的政治家。当他被逼到墙角，有什么理由不与这个一流政治家王安石，进行旗鼓相当地角斗呢？丁忧三年回来，这样轻易地被王安石从牌桌上拖下来，逐出于权力游戏之外，当然不能善甘罢休，当然不能咽下这口气。抗争图存，改变劣势，是人类进化的物竞天择之道，更是那些人在官场，身不由己的官员们，在其位谋其事的必然规律。他会想，如果英宗在，当是我踹你王安石到桌子底下去。如今，龙椅上坐着天纵聪明，圣心独运的神宗陛下，也不是只许你一个人巴结，而再无别人趋前的份儿？

有压迫就有反抗，这是当代的政治口号，然而也是古已有之的汉子精神，苏轼以他自己的方式，从这年的五月份起，连续上书，如《谏买浙灯状》，如《议学校贡举状》，终于得到神宗的召见。在其随后的《上神宗皇帝书》一文中，说到这次与赵顼的对话，两人似乎交谈得很融洽。这年，神宗二十一岁，年龄段接近于苏轼，趋同的可能要大些，也许这是王安石担心的因素。果然，赵顼很开明，很开放，"上谓臣曰，方今政令得失安在，虽朕过失，指陈可也。"据此，"臣即对曰，陛下生知之性，天纵文武，不患不明，不患不勤，不患不断，但患求治太速，进人太锐，听言太广。"苏东坡逮到这样一个进言的机会，自然也是毫不客气，直奔主题。虽然，没点出王安石的名姓，神宗不是糊涂蛋，明白他"三不""三太"的锋芒所指，不得不"额之曰，卿所献三言，朕当熟思之"。

说到官场斗争，只要是这种你背后整我，我背后整你的小动作，就不能以正义或非正义，善良或不善良这些通常的道德标准来衡量。因为其中所夹杂着的个人意气，嫌隙是非，私衷隐情，偏颇怨尤之类见不得阳光，上不得台面的货色，很难以好、坏、对、错来判断。苏东坡是否还给神宗说了一些未便在这篇文章里和盘托出的东西，后人自然无法了解，但王安石显然获悉一些情况，才赶紧跑到神宗那里去消毒。现在回顾这位大改革家，大思想家，也有其可爱可笑之处，只要一碰上苏轼，就捺不住地神经质，就捺不住地肝火旺，就捺不住表现出文人的气质来。

看来王安石虽是伟人，更是常人，他还真是急了，据《长编拾补》卷四，此人进宫，直捅捅地就问神宗："'陛下何以召见轼？'上曰：'见轼议学校贡举，异于诸人，故召见之。'对曰：'陛下如此错矣。人臣以得召见为荣，今陛下实未知臣何如，但以臣言事即召见，恐人争为利以进。'"王安石也不在意这种教练训斥球员的口吻，神宗听了能否受用，幸好这位陛下指着他变法图强，来挽救这个帝国，也不好太在意这个说话不拐弯的参知政事。不过，还是建议王安石："轼宜以小事试之，何如？"没想到，本来面孔赭黄的王安石，越发黑沉下来，一脸墨色地说："陛下用人，须是再三考察，实可用乃用之。今陛下但见轼之言，其言又未见可用，恐不宜轻用。"神宗此时需要王安石大于需要苏轼，也就不再坚持起用先帝重用过的才子。

过了不久，六月二十七日，朝廷命举谏官，张方平举李大临与苏轼，神宗估计王安石会亮红灯，干脆压下。

王安石一而再，再而三地阻难，如果苏轼聪明，适可而止，这位同行也许会高抬贵手，给他一条出路。可苏东坡属于那种比较在意人格，在意自尊的文人，点头可以，鞠躬办不到，问好可以，请安绝不会。你可以说苏很傲岸，你也可以说苏有骨气，中国文人患软骨症者固多，但也不全部都是鼻涕虫。王屡次三番用行政手段压苏服，想让苏服，苏还就偏不服。八月十四日，苏轼担任国子监举人考试官，虽然这是一次临时差使，他还是利用这个机会，表现了他对王的反抗。这种文字游戏式的反抗，根本不顶屁用，但是，一个人连这点不顶屁用的声音，也发不出来，岂不是太窝囊，太孬种？这是一道极具反讽意味的策论题目："晋武平吴以独断而克，苻坚伐晋以独断而亡，齐桓专任管仲而霸，燕哙专任子之而灭。事同功异，何也？"试题一发到考生手里，无不会心而笑，连贡院的兵卒都看出名堂来了，王安石哪里能忍受这样公开的挑战，大冒其火。

所以，接下来的十月初七，司马光上书，举荐苏轼为谏官，这本是极有可能的安排，火大的王安石，对与他平级的同僚提出来的方案，照样也给毙了。

十一月初六，蔡延庆、孙觉并同修起居注，神宗想起用苏轼，无论如何，苏轼是他爷爷宁仁宗选拔的才俊，是他老爹宋英宗赏识的才子，但王安石跳出来反对，把他对苏东坡的不满，大大地宣泄了一通。据《长编拾补》云："王安石曰：'轼岂是可奖之人。'上曰：'轼有文学，朕见似为人平静，司马光、韩维、王存俱称之。'安石曰：'邪检之人，臣非苟言之，皆有事状。作《贾谊论》，言优游浸渍，深交绛灌，以取天下之权。欲附丽欧阳修，修作《正统论》，章望之非之，乃作论罢章望之，其论都无理，非但如此，遭父丧，韩琦等送金帛不受，却贩数船苏木入川。此事人所共知。司马光言吕惠卿受钱，反言苏轼平静，斯为厚诬。陛下欲变风俗，息邪说，骤用此人，由士何由知陛下好恶所在。此人并无才智，以人望，人诚不可废。若省府推判官有阙，亦宜用。但方是通判资序，岂可便令修注！'上乃罢轼不用。"他的这番怨言，既有不实之词，也有道听途说，但更多地让我们窥见其内心深处，撇开政治之外的那种文学家的较量。他提到的苏作《贾谊论》，是与他作的《明妃曲》，皆以汉朝历史为背景的文章和诗词。嘉祐年间，这两篇东西轰动一时。相隔十年之后，王说起来还是咬牙切齿，因为曾经抢了他的风头。从计较这等小事，本是政治家的王安石，一下子成了完全的文学家王安石了。

熙宁三年（1070）的二月，新法推行一年以后的弊端，逐渐显现，举国上下，苦不堪言。应该是绝对文学家的苏轼，成为公开挑战王安石的政治家，再次上书神宗皇帝，坚论新法之不可行。据《长编拾补》卷七，"轼又尝上疏曰：'陛下自去岁以来，所行新政，皆不与治同道，立条例司，遣青苗法，敛助役钱，行均输法，四海骚动，行路怨咨。'又作《拟进士对御试策》，上以轼所对策示王安石。安石曰：'轼才亦高，但所学不正，今又以不得逞之故，其言遂跌荡至此，请黜之。'曾公亮曰：'轼但有异论耳，无可罪者。'他日，安石又白上曰：'陛下何以不黜苏？岂为其才可惜乎！譬如调恶马，须减刍秣，加箠扑，使其贴服乃可用。如轼者，不困之使自悔而绌其不逞之心，安肯为陛下用！且如轼辈者，其才为世用甚少，为世患甚大，陛下不可不察也。'"这段君臣之间的对话，完全暴露王安石在文学上压不倒对手，在政治上却可将对手打趴在地的嘴脸。

最后，王安石竟然怂恿他的亲家谢景温检举苏轼，诬告他"丁父忧归蜀，往还多乘舟，载物货，卖私盐等事"。神宗当真了，立案调查。好在那时没有双规这一说，苏东坡心里坦荡，照吃照喝不误。最后，查无实证，王安石也只好黑着脸，两眼一抹煞，不了了之了。

　　钱穆在《国史大纲》里评论王安石："是有伟大抱负与高远理想的人。"但也说："安石的最大弊病，还在仅看重死的法制，而忽视了活的人事。依照当时情况，非先澄清吏治，不足以宽养民力。非宽养民力，不足以厚培国本。非厚培国本，不足以遽希武功。""安石未免自视过高，反对他的，他便骂他们不读书，说他们是流俗，又固执不受人言，而结果为群小所包围。""所以当时人说他性情执拗，不晓事。又说他只能做翰林学士，不该做宰相。"大师的这些论断，归纳为一点，最好做翰林学士的王安石，实际上还是脱不了文人本色。王安石的理想主义，感情用事，偏执人格，任性而为，说明他血液中终究是文人的禀赋居多，所以他给中国人留下来的宝贵遗产是文学，而不是加速北宋灭亡过程的熙宁变法。

　　虽然，将王安石神圣化，光环化，是近年来一种时髦。王安石在他被污名化的将近九百年间，他几乎无一是处，差不多被描绘成臭大粪，这当然是很大的偏见。而在近一百年间，王安石的历史价值重新被认识，被肯定的时候，中国人的浅薄和偏激，又朝着相反的方向，把所有反对王安石变法的同时代杰出人物，统统扔进恶水缸，这就更不足为训了。实事求是地说，做任何攸关全民生计的大事大情，任何一个领袖人物，不能因为其道德之高尚，品格之完好，动机之纯洁，愿望之善良，就以为自己有权可以驱使广大人民陷于水深火热的没顶之灾中，为其政治实验做牺牲品，那是绝对不可忍受，不可允许，也不可原谅的。王安石最大的错误，就是他根本不把反对者的意见当回事，更不把当时的大多数老百姓的意志当回事。他开着那辆快要散架的帝国破车，只顾踩着他的油门，加速度地向前冲去，口中还念念有词：同志们哪，老乡们哪，我可是一心一意，全心全意，为了你们才这样干的。清人王夫之在《宋论》中说："安石用而宋敝，安石不用而宋亦敝。"苏东坡看着这位黑脸车夫，心想，算了吧！尽可能地离你远些，求个安生吧！于是，他给神宗打了个报告，陛下，你还是恩准放我外任，到杭州做太守去吧！

于是，在这场表面很政治，其实还是很文学的较量中，两位文人，说不上谁输，也说不上谁赢，双方打了个平手。

文人的较量，最佳状态为实力的较量，才能的较量，智慧的较量，创造力和想象力的较量，谁是半斤，谁是八两，是骡子是马，拉出来遛遛。一切都在公平公正公开的竞争之中，那么，赢也赢得安心，输也输得甘心。但有的文人，他只能赢，不能输，他又没有本事赢，可他不想认输。怎么办，只有借助于文学以外的手段，或站在明处，或躲在暗处，取得压倒对手的优势，拿着奖牌，捧着奖杯，数着奖金，披着奖带，面不改色心不跳，气壮山河冲斗牛，那才是文坛上最令人气短齿冷的丑恶现象。

苏东坡饮酒

其实，苏东坡并不善饮酒。

他在《题子明诗后》说："吾少年望见酒盏而醉，今亦能三蕉叶矣！"蕉叶，是一种浅底酒杯，容量不大。何况，宋代的酒，酒精度不是很高的，武松过景阳岗，喝了十八大碗酒，居然还有力气打虎，足见苏东坡这三小杯酒，量是很有限的了。但他爱酒，而且越老越酷嗜此物，"饮中真味老更浓"，这就是他的爱酒铭。后来，他倒霉的日子里，流放岭南惠州，甚至自己酿酒呢！

人之喝酒，有数种状况：一是嗜好，对杯中物情有独钟，自斟自饮，自得其趣；一是应人之邀，坐在席旁，杯在手中，盛情难却，不得不饮；别一种则是意在酒外，以酒浇心中之块垒耳。凡天下饮酒人，无非喜爱，应酬，解愁三道，才端起酒杯来的。但东坡先生饮酒，却与众不同。他说过："余饮酒终日，不过五合，天下之不能饮，无在余下者。然喜人饮酒，见客举杯徐引，则余胸中亦为之浩浩焉，落落焉，醋适之味，乃过于客。"(《书东皋子传后》)他还说："吾饮酒至少，常以把杯为乐。往往颓然坐睡，人见其醉，而吾中了然，盖

其能名其为醉为醒也。在扬州时，饮酒过午辄罢，客去解衣盘礴终日，欢不足而适有余。"（《和陶诗二十首序》）

他所追求的杯酌之娱，不是自己的陶陶然，飘飘然，而是愿意看到别人在饮他的酒时的那份快乐。这种自己喝得并不多，但愿朋友喝得多的饮酒之道，实在是很特别的。朋友喝得舒服，畅快，尽兴，欢乐，他也得到了淋漓酣畅的由衷喜悦。甚至比来喝他酒的朋友，还觉得开心些。所以，"闲居未尝一日无客，客至未尝不置酒，天下之好饮，亦无在余上者。"饮酒达到如此境界者，古往今来，大概是不太多的。

"若仆者又何其不能饮，饮一盏而醉，醉中味与诸君无异，亦所羡尔。"（《东坡题跋》）求其醉味，而不在盏数，这里我们不仅看到诗人饮酒的潇洒，也看到东坡先生信奉的人生哲学。"我有一瓢酒，独饮良不仁"，他一生追寻的真正快乐，是一种精神世界的完善，这和酒囊饭袋，沉湎于物欲的满足之中，是不可同日而语的。

在这个世界上，并不是所有的人，都能像东坡先生这样，愿意与别人同享快乐的。而且，从给予别人物质的快乐中，去追求自己精神上快乐的人，那就更少更少了。世俗的功利之心，严酷的竞争行为，小市民的现实主义，以及快乐的不可多得，势必造成这样的紧张状态：如果有一杯酒，宁可独饮自斟；如果有一口饭，不希望出现第二张嘴；如果是快乐，最好不要有人分享。

假如，酒只有一壶，饼只有一块，快乐也只有那么一点点，独自慢慢地受用，也并无可以指摘之处。可有些人常常不满足于个人有酒可饮，有饼可餐，有快乐可享的局面。总想得到自己得不到的，本属于别人的一份，胃口大一点的，那阴暗的灵魂，占有的心理，攫取的欲望，以及伸得很长的手，这就是与苏东坡的人生哲学恰恰相反，以夺取别人物质的快乐，来获得精神上的快乐，那就实在不足为训了。总之，在说起来颇不雅的动物本能的趋使下，不仅夺了他人的酒，抢了他人的饼，还把快乐建筑在他人痛苦的基础上。于是，人世间的厮杀争斗，卑污龌龊，就由此而生了。在他们眼中，人和人之间，只剩下赤裸裸的商业交换关系，除了利害得失外，别无其他。活在这种血腥味很浓的人群中，人生的全部目的，就是咬人与被咬，只要有一副食肉类动物的坚牙利齿就行了，这样的人，真是"异于禽兽者几希"了。

其实，苏东坡的一生，称得上是跌宕沉浮，命途多舛，也是血风腥雨的一生。是不断地被剥夺杯中酒，手中饼，和并不多的快乐的一生。颠沛流离，天南海北，旅途驿站，奔波不歇，但他无论在怎样的处境中，都能营造出他的快乐氛围。诗文之娱，酒食之味，声色之美，山水之趣，比之他的政敌和文敌，那位拗相公王安石，过得要充实丰富，生动有趣多了。应该说，他享受了诗情画意的一生，心灵自由的一生，也是在炼狱中，获得了大自在的一生。这很大程度上得益于他的这种自己快乐，更愿从别人快乐中，追求精神上大快乐的人生哲学。

现在，撇开宋神宗时代的政治上的变法运动，姑且不论其是非曲直，公道人心，仅就这两位文学大家的争端而言，弄不清王安石是否受冷落二十多年以后，心理有一点变态？

是否由于比他年晚的苏轼，那如日中天的名声，使他按捺不住难以名状的嫉妒？一般来讲，人是有着复杂心理的动物，文人也难能例外。韶华已逝，便仇恨一切来日方长的人，风光不再，便嫉妒所有姹紫嫣红的美丽，寂寞冷落，自然怨绝窗外传来的繁华热闹的声音，江郎才尽，便对文场的新鲜举止，视若仇敌，非咬牙切齿不可了。也许从这里能理解王安石上台以后，对于司马光啊，苏轼啊，那种绝不手下留情的打击了。

文人的嫉妒情结，是挺可怕的。所以，历朝历代的文人，要动手整起同类来，是不怎么斯文的，而且，要抓辫子，戴帽子，打棍子的话，更是行家里手。尤其从文字中寻找破绽，上纲上线，鸡蛋里都能挑出骨头来。何况苏轼写了那么多的诗文，还能找不出一个错。所谓文祸，其实在中国历史上，是小菜一碟，不算什么稀奇的。没错尚且难逃文网，更何况东坡先生的正直，不合时宜，对于这位前辈而握重权的同行，在政治上，文学上的不买账呢！于是，王安石的爪牙，那些御史们，那些妒火中烧的小文人，就抓住了他的诗，参了好几本，押赴京师，坐了大牢。

他被关押，被流放，被远谪，倒并非他的酒害的。不过他写过，"醉里狂言醒可怕"，他的酒给他带来了"把酒问青天，不知天上宫阙，今夕是何年"，"酒困路长惟欲睡，日高人渴漫思茶"，"惟有当时月，依然照杯酒"的灵感，甚至连书法，也因酒而出神入化。"仆醉后辄作草书十数行，觉酒气拂拂从十指间出也"。但他由酒而诗，由诗而祸的人生际遇，飘泊半生，至死也并不悔酒悔诗，依然我行我素。甚至他的朋友，他的弟弟，都郑重劝他戒诗。当然，嗜诗和嗜酒是一样的，只要成了瘾，就不大容易戒掉，不过，更重要的，是他信奉自己快乐，也与人快乐的人生哲学，怎么能教他罢笔断诗呢？该怎么着，还怎么着，岂肯随便改弦易辙呢？

一个坚信自己的人，也是不肯臣服的人，尽管他因写诗写进了狱中，可在班房里仍旧继续写他的诗。被关狱中一百三十日，后来释放了，出狱当天，忍不住还是要饮酒，要写诗。"百日归期恰及春，余年乐事最关身。出门便旋风吹面，走马联翩鹊啅人。却对酒杯疑是梦，试拈诗笔已如神。此灾何必深追究，窃禄从来岂有因。"虽有一肚子不满，而不计较，虽受到不公平待遇，而不深究，这一百天的牢狱之灾过后，春风拂面，鹊报平安，酒杯琥珀，诗笔纵横，我还不依然故我？这首诗要是让王安石和他的党羽看到了，恐怕眼珠子都得气绿？

一个人能够为自己的追求和理想活着，不改初衷，哪怕在最糟糕的情况下，"数亩荒园留我住，半瓶浊酒待君温"，也坚持与人快乐，自己快乐的作风不变，"天公用意真难会，又作春风烂漫晴"，只要素心不变，本真不灭，快乐总是属于我们的。

他在《纵笔三首》里写过，这大概是他晚年的笔墨了："寂寂东坡一病翁，白须萧散满霜风。小儿误喜朱颜在，一笑那知是酒红。"可见一直到他衰迈之年，对于酒和诗的钟情，仍不减当初的，由此可知，他信奉着他的人生哲学，一直享用到最后，结束了他光辉的一生。所以，从东坡先生的饮酒之道，足以佐证，获得，固然是一种快乐，给予，也未尝不是一种快乐。要是大家多一些东坡先生所追求的快乐，那么这个世界上，岂不是更温馨，更美满吗？

苏东坡戒诗

有戒烟者，有戒酒者，当然更有戒毒者，都因沉湎其中，深受其害，而苦于不能自拔，才有戒之一说。

然而，戒诗，则是闻所未闻。诗是天籁，诗是灵感，诗是真情的流露和思想的升华，诗是这个世界上最美妙的以文字形式表现出来的音乐，为什么要戒呢？岂非太荒唐了吗？

在一部中国文学史中，独独有这样一个例外，那就是宋代的苏轼。这位大诗人，就因为吃了他自己写的诗的苦头，他的家人，他的弟弟苏辙，他的老前辈文彦博，都奉劝他戒诗，不要再为诗惹无妄之灾了。他在《次韵答邦直子由四首》里写道："欲吐狂言喙三尺，怕君嗔我却须吞。"句下自注："邦直屡以此为戒。"他的一位至交，就是擅画竹的文与可，得知他从开封到杭州来做官，送了他一首诗，其中有"北客若来休问事，西湖虽好莫吟诗"句，也是提醒他切莫做诗了。由此可以看到苏轼的朋友们，都不愿他再为诗而身陷缧绁了。

据南宋洪迈《容斋随笔·四笔》卷一载："先是东坡公在馆阁，颇因言语文章，规切时政，（毕）仲游忧其及祸，贻书戒之曰：'孟轲不得已而后辩，孔子欲无言，古人所以精谋极虑，固功业而养寿命者，未尝不出乎此。君自立朝以来，祸福利害系身者未尝言，顾直惜其言尔。夫言语之累，不特出口者为言，其形于诗歌，赞以赋颂，托于碑铭，著于序记者，亦言也。今知畏于口而未畏于文，是其所是，则见是者喜，非其所非，则蒙非者怨。喜者未能济君之谋，而怨者或已败君之事矣。天下论君之文，如孙膑之用兵，扁鹊之医疾，固所指名者矣。虽无是非之言，犹有是非之疑，又况其有耶。言非谏臣，职非御史，而非人所未非，是人所未是，危身触讳以游其间，殆由抱石而救溺也。'"这是 1070 年，北宋熙宁三年间事。大概是最早向苏东坡提出来戒诗、戒文、戒言的有心人。苏轼"得书耸然，竟如其虑"。然而，这最初的劝告，对他虽有惊悚的效果，但好像他并未引以为戒。到了 1072 年，北宋熙宁五年，据刘克庄回忆，有一位叫梁师孟的苏轼的知友，"劝坡戒言语时，诗祸未有萌也。自密守徐，自徐守湖，自湖逮赴御史狱，坡聪明了不自知，子由亦未之知，而醇之独先知之，可谓见远察微之士矣。"

由此可知，一下子会有这么许多朋友、家人，一起来劝苏轼戒诗，连同戒文章，戒语言，就差戒放屁了呢？肯定事出有因的。

中国有文字狱的历史，却也早了，通常都是皇帝才起劲做这种事情。但苏东坡这次入狱，虽因文字起，倒不是皇帝要整他，而是皇帝身边的人不放过他；相反，皇帝本人，甚至皇帝的母亲，还在为他大说好话的一次奇特的文字狱例。这和莎士比亚时代的宫廷审查官，对他的剧本挑剔备至一样，甚至在被枪毙了的剧本手稿上，写上"小心自己脑袋"诸如此类警告他的话。与宋神宗相似，伊丽莎白女王和继位的詹姆士一世，却对这位剧作家倒相当宽容，优礼有加，那位来自苏格兰的瘸腿国王，还曾因《麦克白》的成功演出，给了他三十镑赏金。那时的英镑，可比今天值钱多了。苏轼虽然无此好运，但最后，宋神宗还是没有按照御史的意见杀他的头，而是从轻发落，把他谪放黄州，自然也是皇恩浩荡的事。如果这位皇上一时糊涂，对臣下上报的处置意见，随随便便画了个圈的话，那我们今天，就怕读不到前后《赤壁赋》和《念奴娇·赤壁怀古》了。

回忆这一段多少有点类似的东西方历史事实，是饶有兴味的。应该看到，英国的这两位君主，是有相当艺术修养的，伊丽莎白女王，本人就是一位多才多艺的，鉴赏力很高的女人，像《温莎的风流娘儿们》这出喜剧，某种程度上说，是她启迪莎士比亚写成的。相比之下，她手下的只会威胁杀头的宫廷审查官，就是一群饭桶了。而坚持变法的宋神宗，也是个比较有头脑的皇帝，所以，他比臣下高明，把这个案子由御史处理改由内廷更亲信的人责办，这才使莎士比亚和苏东坡成为文学史上不朽的巨人。

多亏南宋的陆游，还有一位朋九万，因为当时的中央政府，各部衙门，从开封逃到临安，好多官方文档资料散落人间，他得以从内档中，整理出版了一本"乌台诗案"，使我们知道这宗迫害大师的史实。这书中收录了苏轼被捕入狱的全部文件，包括审讯记录、口供和所谓的诗文证据。也看到那些反对他的政客，智商是如何的低。而越是智商低的人，一旦有权，整起智商比他高的人，是越发的起劲。但唯其脑细胞缺乏，才有种种低劣的发难，愚蠢的中伤，笨拙的攻讦，和没有多少水平的责词。他们兴高采烈地抓住了他诗中的两句话："根到九泉无曲处，世间惟有蛰龙知。"和其他一些叙述民众苦难的诗，以及奏章里的只言片字，告到了宋神宗那儿去，控他一个大逆不道。

在中国封建社会里，有什么罪比反对皇帝的罪还大呢？别看这些人智商极低，但在关键时刻整人，并一下子上纲到极限，又显得很有天才。"龙就是陛下您啊，蛰龙，就是恶毒攻击陛下您已经入土为安了呀……"这时，既要有慷慨激昂和满腔义愤，还要有眼泪鼻涕和满脸忠诚。所以，无限上纲和隐射法，努力往皇帝身上牵强附会过去，便是所有低能儿用来打倒对手的有效套路。

在中国历史上，宋朝的皇帝在文化素质上，要高于他朝。赵姓皇帝对于文化人的使用、信任、提拔、尊重，也比他朝要好得多。像范仲淹、晏殊、司马光、文彦博、欧阳修、曾巩、梅圣俞，包括王安石和苏轼的弟弟苏辙，直到南宋末年的文天祥、谢枋得、陆秀夫等等，都做了很大的官，而且都是诗文大家。在中国当皇帝的几百人之中，曹操是算得上一位真正的帝王级作家，和他差不多等级的南唐中宗和后主，应该是懂得作家和创作规律的皇帝，但他们也不能像宋朝皇帝那样给作家这么高度的信任。神宗甚至把王安石请出来当他的当朝宰相，这在别朝别代，绝不可能的事情。皇帝高看作家者不是没有，不过绝大多数是当个消闲解闷的玩意儿罢了，不会在政治上多么重用的。南朝的谢灵运就是一个例子，皇帝对他亲近，不过是闲时想同他谈谈诗文而已，但谢诗人却想染指权力，给他一个官当又不好好干，结果，皇上一不开心，就把他给杀了。所以，像宋朝这样起用文人，在政治上的信任，在工作上的支持，也是中国历史上的一次罕见的文化现象，确实是值得研究的。

这位宋神宗，接英宗位后，一方面，支持新派王安石的变法，很想发愤图强一番，来扭转积弱之势。一方面，也很欣赏保守派苏轼的才华，表明了一个皇帝的文化品位，决定了他对待作家和作品的态度。从这里可以看出，他是懂得艺术归艺术，政治归政治，不是眉毛胡子一把抓，不是有人打个小报告，马上就要作家好看的主子。赵顼每次读到苏轼奏章的文采处，便对臣下赞不绝口。读到他反映民间疾苦的词章，连吃饭都不香的。

他当然不能相信这个诗人会反对朝廷，用诗文来诽谤他。但是，现在控制朝政大权的那班官员，很害怕苏轼从地方回到开封的中央政府里来做事。只要他回来，就必然得到皇帝的重用，就必然要妨碍他们的仕途，也许外调，也许落职，使他们存在这样的危机感，必然要抱成团地置苏轼于死地了。于是，告他反对皇帝，便是让他在眼前消失的最佳之计，这也是历来一部分文人求诸最高权力，来收拾同行的简直可以说是无师自通的绝妙手段。

所以，在皇帝的周围，一旦有一批这样的小人，而且他们又联合起来，那也是很能左右局面，甚至左右皇帝的一股可怕势力。他们"抓住一点，不及其余"的凌厉攻势，竟使得宋神宗也无法不按照他们的意见，把苏轼抓起来押解京师审问。曾参的母亲，听到有人告诉她儿子杀人的信息，一次，不信，二次，还不信，到了第三次，她不得不信了，在纺车上坐不住了。赵顼是皇帝，但也是人，人是很容易被重复灌输的信息而改变观点的，至此，能不将信就疑吗？

苏轼在写给这位文彦博的一封信里，说起过他家人对他写诗而受牵连的恨绝心情，读来令人心酸。"某始就逮赴狱，有一子稍长，徒步相随，其余守舍皆妇女幼稚。至宿州，御史符下，就家取书。州郡望风，遗吏发卒，围船搜取，长幼几怖死。既去，妇女恚骂曰：'是好著书，书成何所得？而怖我若此。'悉取焚之。"所以，他的家人不希望他写诗，"你可别再写诗了，拜托你了！"要他戒掉写诗的"毛病"，也是很自然的了。"要是你不写诗，哪会来抄家呢？"看起来，"抄家"一法，倒是早已有之的老古董了。其目的无非一是收集罪证，二是掠夺财富，三是打倒威风。对苏东坡这个一介书生来讲，一无油水二无威权，不过想从他的诗文里，再多找些证据，可置他于死命罢了。

社会公众对于天才，从来就是两途，一种是希望他成为巨人，一种则是努力把他践踏，化为乌有，而无其他。就在他被逮捕，被拘留，被审判的时候，杭州城里的老百姓，专门为他做了一场法事，祷祝平安。当他关在牢房里，狱卒敢替他把写好的诗，偷偷传递出来，可见真正的作家，即使在最阴暗的日子里，也不会孤独的。哪怕一些作品狗屁加之卑鄙小人式的作家，动用全部花花肠子，想出一切办法，费尽吃奶力气，来整苏东坡的话，也不是所有同行都会跟他站在一条战线雪上加霜的。甘心为狗的作家，为虎作伥的作家，不是没有，但这种败类在作家队伍中终属少数，大部分作家的良知，还是有黑白是非的判断，他也许会沉默，但绝不苟从，更不会阿附。

几百年后，我们重读欧阳修《与梅圣俞书》中这几句话："取读轼（即苏轼）书，不觉汗出，快哉快哉！老夫当避路，放他一头地也！"是多么让人感动啊！从这里我们不但看到前辈的礼让之情，爱重之心，击节赞赏之意，而且，还看到一种保护精神。前辈司马光在苏轼出守钱塘，临行来向老先生辞行的时候，"公曰：'愿君至杭少作诗，恐为不相喜者诬谤，再三言之'"这番叮咛，言外之意，劝他别再为诗惹祸了，难道不是爱护他吗？另一位资深政治家，也是文人的文彦博，同样劝他戒诗，虽是不得已言之，但其好意，无非让他以后在诗文里，切记不要再授人以柄，再倒霉了。这些政治家，久经宦海，深知苏轼的对手，抓不住他别的把柄，自然要从他的诗文中找碴儿挑毛病，置他于死地的。

但那些深文周纳，无所不用其极的文化小人，出于对才华的嫉妒，出于对巨人的畏惧，也出于一种职业打手的本能，必然要使出决非常人所能防范的卑污手段。而对付作家，最有效的一手，就是从字里行间，望文生义，找出破绽，然后，牵强附会，无限上纲。在封建社会里，骂皇上是最大逆不道的，所以，也就从这里向苏轼开刀了。

由于这些无耻文人，更多是不学无术之徒，他们深知要在艺术上和大师较量出一个高低的话，是很费力气的。就不如用告密的办法来得快捷了，只消在皇帝耳朵旁嚼嚼舌头根子，或者在奏折里诬陷一笔，或者递一份无头折子，也就是匿名信什么的，或者说里通外国，与番邦来往，有间谍之嫌，等等。于是，对手给抓起来，关起来，天下就剩下他，那他不就老子天下第一了吗？

而真正的作家，被存心挑碴儿的小人抓住把柄的机会，简直比比皆是。从古至今有几个文学家是关在自己的象牙之塔里，对世事不闻不问呢？尤其苏东坡是位十分关心民瘼的作家，要他保持沉默是办不到的。他在《次子由诗相庆》里写过："春秋古史乃家法，诗笔离骚亦时用。但令文史还照世，粪土腐余安足梦。"因此，从一个正直作家的作品里，找到他们认为反动的东西，还不容易吗？只要他们想找的话。

尤其当时那场变法斗争，苏轼站在了王安石的对立面，那么，在"乌台"里坐着的那些御史，十之八九是附庸巴结王安石的一帮小人，自然更要加紧收拾这位大诗人了。如今，他们咬住了这首咏古柏的诗定罪，用现代语言来说，就是告他一个影射和恶毒攻击了。那不罪该万死？苏轼即使浑身长嘴，也难以辩解。而且所有这类文字狱，从来都是检察官兼法官，被告只有等待宣判的权利。看来上纲上线这一招，发明权也不是后来人的专利，倒是古已有之的。纲已经上到了皇帝这儿，除了皇帝说话，苏轼也就只有等死了。

其实苏东坡这首歌颂柏树顽强不息的诗，任何一个具有正常思维的人，都不能作出诬蔑皇帝的结论。"乌台"办事官员的这种说法，自然是十分拙笨的，可笑的，而且是荒谬的。但他们反复地在宋神宗面前控诉苏轼，一方面透出这帮小文化人，或者是半文化人，对于有才华的苏东坡的仇视心理；一方面也看出他们本着看家狗的哲学，在行事中的有恃无恐的精神状态。因为一条狗在吠叫什么的时候，吠叫的对象是无所谓的，吠对了，还是吠错了，是无关紧要的。关键在于吠的本身，能够使主人看到它的尽责和忠诚，也就够了。

幸好这位皇帝，不是绝对的昏君，还算明白事理，没有被他们这份捍卫的忠心所感动，而且，他也不像时下一些人好自我对号入座。他认为苏轼尽管写了龙，这龙也不是他。诸葛亮还叫卧龙呢？那又怎么理解？

最后，到底把苏轼关在大狱里四个多月，才作出谪配黄州的决定，这一点，还真是亏了宋神宗的理智。其实仁宗的皇后去世时，国丧是要大赦的，但是这帮小人生怕苏轼在赦宥之列，还在和皇帝争，非说苏轼有反心，不但要杀他，甚至连司马光、范缜等反对新政的人，都开在建议要斩首的名单里。由此可以看到一心要整人的人，具有那种冥顽不化，不把人整倒整死，不肯罢手的坚决性。如果，对这些人抱有任何幻想，以为他们会在变化了的形势面前，而有所悔悟，那就太天真了。所以，大家才劝他戒诗，免得这些人找他的麻烦。有的人，劝他戒诗的同时，还向他讨诗，也真是让他哭笑不得。他在给《广西宪曹司勋书》里写过："公劝某不作诗，又却索近作。闲中习气，不免有一二，然未尝传出也。今录三首奉呈，看毕便毁之，切祝千万。"便可知道，让诗人戒诗，无异于要他放弃生命一样。

他不是不想戒诗，也不是不知道别人想在诗里抓他的辫子，他自己写过："饮中真味老更浓，醉里狂言醒可怕。"甚至关在大狱里，"恶衣恶食诗更好，恰似霜松啭春鸟。"诗兴也是压抑不住的。《狱中寄子由二首》最为脍炙人口了。

诗前有题："予以事系御史台狱，狱吏稍见侵，自度不能堪，死狱中，不得一别子由，故作二诗授狱卒梁成，以遗子由。"

诗云，其一："圣主如天万物春，小臣愚暗自亡身。百年未满先偿债，十口无归更累人。是处青山可埋骨，他时夜雨独伤神。与君今世为兄弟，又结来生未了因。"其二："柏台霜气夜凄凄，风动琅珰月向低。梦绕云山心似鹿，魂惊汤火命如鸡。眼中犀角真吾子，身后牛衣愧老妻。百岁神游定何处，桐乡知葬浙江西。"

兄弟情，生死缘，心似鹿，命如鸡，满腔悲愤，深夜惊魂，看来诗人不但戒不住诗，而且忍不住还是爆发出来。你可以说他恶习不改，你也可以说他故态复萌；其实，他更应说是精神不死，也无妨说是英气不败。虽然因写诗而入狱，因写诗而流放，因写诗丢官落魄，远走他方，因写诗妻离子散，流落天涯，然而，只要他的诗情常在，他的诗兴浓烈，他的诗境深远，他的诗品高蹈，他就戒不了诗。这也许就是诗人的天性，永远的率真吧？

他到底也没戒成诗，但他吃诗的苦头，却不仅仅是这一次。

1086 年，哲宗继位，他重新起复，但他仍旧为他写的诗，倒了一次大霉。他忘了，天才是不大见容于小人的，尤其文化界，是小人很容易滋生的地方。小人一多，就要作耗了。旧时如此，现时不也如此吗？君不见没有一册书者，可以当作家，没有一篇代表作者，可以称为著名作家，根本谈不上传世，也不是著作等身者，便封为大师，也是肉麻得很有趣的。还有更怪哉的，那些来自农村，或和土地因缘较深的作家，也许受到乡下修庙建祠的传染，来不及给自己建纪念馆，活着就给自己上香，盖棺论定了，也是蛮有黑色幽默之举。所有这些老不足吊的，少不经事的没有多大起子的作家，最大的起子，便是瞪着一双嫉妒的眼，诅咒比他强的同行，揣着一颗小人之心，把别人整治下去，好让他一手遮天，独霸天下。

这一年，苏轼到扬州竹西寺小游，在墙上写的一首"此生已觉都无事，今岁仍逢大有年。山寺归来闻好语，野花啼鸟亦欣然。"他没想到小人是墙缝里的蝎子，逮机会就要蜇人的。尽管小人自己是写不出好文章的，但这些是非之徒，绝对有本事在别人的文章上大做文章。其中"闻好语"三字，被认定是对三月里神宗的驾崩，表示出一种幸灾乐祸的情绪云云。对死了的皇帝大不敬，也是死罪，这个帽子扣得够大的，满朝人都为他捏了把汗。

可谁都看得出"闻好语"系对上句的"大有年"而言，是对五谷丰登的喜欣。而且写这诗时，已是五月初一，所以，他在给皇帝的《辨谤札子》里申诉："臣若稍有不善之意，岂敢复书壁上以示人乎？又其时去先帝上仙已及两月，决非山寺归来始闻之语。事理明白，无人不知。"虽然他请求皇上对这种"挟情公然诬罔"，要"稍正国法，所贵今后臣子，不为仇人无故加以恶逆之罪"。

对立面当然不会放过他，幸而由于太后的干预，这件案子给搁置不问了，但指望皇帝公正，那就是诗人的天真了。没有诗人，皇帝是无所谓的，可失去了这些没有问题，也能够嗅出"问题"来的鼻子，皇帝的觉便睡不安生了。

所以，诗人戒诗，正如要鸟儿不歌唱一样，是难以办到的。苏东坡到底还是在汴京待不住，给发配了。不过，这一次可比黄州远得多多，先谪岭南，后放琼岛，真是到了天涯海角，在那里度过了他的晚年。等到再想起这位伟大的诗人，他已经无法再回到京师了。半路上，这位大师永远离开了人间。

　　他给这个世界留下了诗，但他为这些诗，却付出了整个一生。

文人美食好文章

　　会吃，懂吃，是一种天分；会吃，懂吃，而且有可能吃，那是一种幸福。

　　当年住在北京西郊的破屋茅檐里，撰写《红楼梦》时的曹雪芹，"满径蓬蒿老不华，举家食粥酒常赊"，已经贫穷到了"茅椽蓬牖，瓦灶绳床"的地步。这位毫无疑问是"美食家"的他，再去回味那些曾经吃过的美食，可想而知，舌上的味蕾该是怎么一个苦涩感受了。大师在失落的怅惘，追忆的痛苦之中，在追悔失去的一切，在遗憾中补缀那张烟消云散的记忆之网时，空空荡荡的嘴巴，该是多么煎熬了？

　　我发现，这位文学大师，在他笔下，一旦写到金陵那条街上，钟鸣鼎食之家，宴游饮乐，大吃二喝时，凡与嘴巴有关细节，无不特别的来劲，抖精神，倾情不已。那次携蝗大嚼，那次螃蟹宴，那次寿怡红群芳夜会，那次刘姥姥吃茄鲞，那次白玉钏亲尝莲叶羹……他在叙述过程中的陶醉之情，追悔之意，碧落黄泉，伤心往事，尽管不着一字，却是我们在读这部不朽之作时，能够充分感受到的。

　　也许，美食和美文有些什么必然的联系？

是不是由此类推，不能领会美食之美的作家诗人，怕也难以写出美文之美？

由此，我在研究东坡先生的全过程中，始终纳闷，此公好吃喝，善啖肉，能下厨，会烧菜，胃口奇佳，口福极好，是否因此他才写出千古传唱的诗词，淋漓尽致的文章，风流妩媚的书法？

有这种可能吗？

在中国，一般人的所谓"口福"，重点有二：一是有得吃；二是吃得下。明代权相张居正，从北京南下，经冀、鲁、苏、皖到湖北江陵老家，给他老爹办丧事，一路所过州府衙门，为他准备吃喝，可谓煞费苦心，山珍海味，水陆毕陈，以讨得这位首辅欢心。谁知张居正对着眼前桌面上数十道菜肴，皱着眉头，埋怨道，竟没有我想下筷子一尝的。

没得吃，自然没有口福，有得吃而吃不下，也算不得有口福，只有苏东坡，除了有得吃，和吃得下之外，还要加上两条，一条是即使没得吃，也要想法满足自己的口福，一条是他把吃当作其乐无穷的事。确实如此，苏东坡一生，放浪形骸之外的潇洒豁达，吃得快活，是他文章写得千古不朽的基本要素。

读宋人笔记，载东坡先生口福享受事，颇有启发：

费衮《梁溪漫志》："东坡一帖云：'夜坐饥甚，吴子野劝食白粥，云能推陈出新，利膈养胃，僧家五更食粥，良有以也。粥既快美，粥后一觉，尤不可说，尤不可说！'"

袁文《瓮牖闲评》："苏东坡一帖云：'予少嗜甘，日食蜜五合，尝谓以蜜煎糖而食之可也。'又曰：'吾好食姜蜜汤，甘芳滑辣，使人意快而神清。'其好食甜可知。至《别子由诗》云：'我欲自汝阳，径上潼江章，想见冰盘中，石蜜与糖霜。'嗜甘之性，至老而不衰。"

何远《春渚纪闻》："先生在东坡，每有胜集，酒后戏书，见于传录者多矣。独毕少董所藏一帖，醉墨澜翻，而语特有味。云：'今日与数客饮酒，而纯臣适至。秋热未已而酒白色，此何等酒也。既与纯臣饮，无以侑酒，西邻耕牛适病，足以为肴。饮既醉，遂从东坡之东，直出至春草亭，而归时已三鼓矣！'所谓春草亭，在郡之城外，是与客饮私酒，杀耕牛，醉酒逾城，犯夜而归。又不知纯臣者是何人？岂亦应不当与往还人也。"

俞文豹《吹剑录》："齐王蠋言，'晚食以当肉，安步以当车，无罪以当贵。'东坡云：'未饥而食，虽八珍犹草木；使草木如八珍，惟晚食为然。'文豹谓三者固处约之道，然必老成之人，始能造此。嗜欲少则能晚食，筋力衰则能安步，血气定则能无罪。"

一个文人要不懂得口福，大概写不出好文章，一个作家没有一个好胃口，估计难以产生杰作。苏东坡所以成其为苏东坡，和他一生追求口腹享受不无关连的。在一部文学史上，凡大家巨匠，都是美食主义者，或曾经是美食主义者，或赞成鼓吹美食主义的人。曹雪芹在北京西郊，穷得只能喝粥就咸菜，并不妨碍他在《红楼梦》里写出那么多精致刁钻的吃食来。果戈里在《死魂灵》里对俄罗斯人那连王水也奈何不得的肠胃，是如何的赞叹不已啊！

就东坡先生而言，大多数中国人可能未必背得出他的诗词，但没有领教过，或者索性不知道"东坡肉"和"东坡肘子"者，恐怕为数甚少。在中国荤荤大端的菜系食谱中，能以一个作家诗人的名字冠之为名的珍馐，这光荣只有苏东坡享有，实在是使得一向上不得台盘的文人扬眉吐气的。有宫保肉，有叫化鸡，有谭家菜，有李连贵大饼，要不是苏东坡给文人争光，吃文化这个领域里，作家诗人就要剃光头了。

会吃，懂吃，有条件吃，而且有良好的胃口，是一种人生享受。尤其在你的敌人给你制造痛苦时，希望你过得悲悲惨惨，凄凄冷冷切切，希望你厌食，希望你寻死上吊，你像一则电视广告说的那样，"吃嘛嘛香"，那绝对是一种灵魂上的反抗。应该说：苏东坡的口福，是他在坎坷生活中的一笔精神财富。如果看不到这点，不算完全理解苏东坡。

苏东坡一生"忠言谠论"，刚直不阿，从来不肯苟且妥协，他在《湖州谢表》里，公开向神宗表示自己的态度，绝不陪这班小人玩无聊的官场戏："愚不适时，难以追陪新进"，压根不理会这些握有权柄的小人之辈。他哪里晓得小人不可得罪的道理，率意而行，任情而为，照讲他想讲的话，照写他想写的文章，锋芒毕露，略无收敛。于是，他就一而再，再而三地遭受到政治上的迫害。外放，贬官，谪降，停俸，这也是历史上的统治者，要收拾作家诗人时，还不足以找到说词杀头掉脑袋之前，常用的一套令其不死不活的做法。

现在回过头去看，古往今来的作家诗人之所以挨整，很大程度上是由于小人作耗的缘故。有小人密告在先，皇帝才发怒于后。日理万机的九五之尊，有一点空余时间，还得应付三宫六院七十二嫔妃，要一一摆平那些性饥渴和性苦闷的后宫里的女人，不会有多少时间去读小说诗歌的。这样，一班小人式的文人，或文人式的小人就有事情可做了，检举告密，出首揭发，深文周纳，罗织罪名。苏东坡是文人，置文人于死命的最好办法，莫过于在他的文章的字里行间，找出足以上纲上线的把柄，于是寻章摘句，见缝下蛆，到底把苏东坡一口咬住，倒了大霉。

所以，小人对于团体群落的危害，犹如胆固醇附着于血管壁，要发生栓塞梗死现象一样，小人愈多，社会便愈腐败。在历史上，凡大兴文字狱的朝代，总是政治上最窒息，小人最繁殖，正人君子最倒霉的时期。尤其像苏东坡这样处于巅峰状态的文学大师，更是他们的嫉恨对象。因为这些文人中的小人，一旦写不出或写不好作品，无不产生狠毒的咬人之心，是恨不能对同类食肉寝皮的。所以，东坡先生数十年间，三落三起，先是被贬黄州，后是谪往岭南，最终流放到海南岛，都是小人们不肯放过他的结果。

他们以为这样可以使他噤声、沉默、低头、困顿，以至于屈服、告饶、认输、投降。但小人们完全估计错了，苏东坡无论贬谪到什么地方，都能写出作品，都能吃出名堂，都能活得有滋有味。这就非我们那些或神经脆弱，或轻浮浅薄，或经不起风风雨雨，或摔个跟头便再也爬不起来的同行，所能望其项背的了。于是，你不能不佩服他的文章，你不能不羡慕他的口福。无论文章，无论胃口，都充满了他对权势的蔑视，对小人的不屑，对生活和明天的憧憬和希望，以及身处逆境中的乐观主义。

可庆幸的是，他在颠沛流离的一生中，却有着难得的好口福，实在使那些整他的人气得发昏。

"你让我死，我就会按你说的去死吗？我且不死呢，只要我这张嘴还能够吃下去，我这支笔就能够继续写下去。"假如以这样的潜台词，来理解在苏东坡全部作品中，竟会有如此多的笔墨谈到他的吃喝，他的口福，他的开怀大饮，或放口大嚼的酣畅淋漓的快乐，也许可以稍许理解大师心理一二。后来，读宋代朱弁的《曲洧旧闻》，明白了，其实他志不在吃。"东坡尝与刘贡父言：'某与舍弟习制科时，日享三白，食之甚美，不复信世间有八珍也。'贡父问三白，答曰：'一撮盐，一碟生萝卜，一碗饭，乃三白也。'贡父大笑。"由此看来，他在吃喝的要求上，是可以自奉甚俭的。

同在这部宋人笔记中，我们还可看到他大事渲染吃喝的豪情，那不言而喻的伏枥之志，跃然纸上。"东坡与客论食次，取纸一幅，书以示客云：'烂蒸同州羊羔，灌以杏酪食之，以匕不以筷，南都麦心面，作槐芽温淘，糁襄邑抹猪，炊共城香粳，荐以蒸子鹅。吴兴庖人斫松江鲙，既饱，以庐山康王谷帘泉，烹曾坑斗品茶。少焉，解衣仰卧，使人诵东坡先生《赤壁前、后赋》，亦足以一笑也。'东坡在儋耳，独有二赋而已。"如此追求极致的美食，落笔却在他的文章之上，吃喝的目的性是再明确不过的了。

善良的人可能穷困，可能坎坷，可能连一个虫豸也敢欺侮他，可他心里是坦荡的，觉也睡得踏实，因为他无可再失去的了，还有什么值得挂牵的呢？而与之相反，用卑劣的手段，用污秽的伎俩，用出卖灵魂的办法，或获得了金钱，或获得了权力的小人之流，他并不因此而无忧无虑，称心如意的。为了保住他的钱，他的权，日思夜想，坐卧不安，提心吊胆，惶惶然不可终日。哪怕半夜从梦中醒来，也一身冷汗。所以说："君子坦荡荡，小人常戚戚。"快乐和痛苦，有时也只能相对而言。

在现实生活中，那些用尽心机捞到一切的胜者，其实，很累，很紧张，要不停地瞪大眼睛，窥视着四面八方，每个细胞，每根神经，都得打迸起百倍精神，或赔笑，或应付，或过招，或韬晦，像这种全天候的活法，是无法称之谓潇洒的。更有甚者，那些殚思竭虑捞不到一切的败者，就拉倒罢！不，而是更痛苦，面如丧门之神，情似斗败之鸡，恨得牙痒，气得上火，见别人有，眼馋心痒，急不可耐，见自己无，怨天尤人，愤不欲生，也是活得十分沉重。

这一点，真得向东坡先生学习。苏东坡被陷害，抓到开封坐牢，这就是有名的"乌台诗案"。宋神宗不大相信御史们构陷他的罪实，曾派两个小黄门半夜三更到大狱里，观察他的动静。回宫后向神宗汇报，说苏东坡鼾声如雷，睡得十分香甜。于是这位皇帝做出结论，看来学士心底坦然，这才睡得如此踏实。所以，那班小人要定他一个死罪时，神宗没有画圈，而是从轻发落，把他贬往黄州，让他在那小县城里，施展了一番厨艺，给中国菜添了一道东坡肉。

从苏东坡身上，我们至少获得以下三点教益，作为一个作家，第一，得要有一份坦然从容的好心胸，狗肚鸡肠，首鼠两端，患得患失，狭隘偏执，是成不了器的。第二，得要有一份刚直自信的好精神，任人俯仰，随波逐流，墙头衰草，风中转蓬，是站不住脚的。第三，恐怕得有一份兼容并蓄的好胃口，不忌嘴，不禁食，不畏生冷，不怕尝试。这个道理若用之于营养，则身体健康；用之于文章，则尽善尽美；用之于交友，则集思广益；用之于人生，则丰富多彩。

他就这样一步步达到文学的高峰。朱弁的《曲洧旧闻》记载："东坡之文，落笔辄为人所传诵，每一篇到，欧阳（修）公为终日喜，前辈类如此。一日，论文及坡公，叹曰：'汝记吾言，三十年后世上人更不道着我也。'崇宁大观间，（苏轼）海外诗盛行，后生不复言欧公者。是时，朝廷虽尝禁止，赏钱增至八百万，禁愈严而传愈多，往往以多相夸。士大夫不能诵苏诗，便自觉气索。"

如果他没有好的心胸，好的精神，特别是好的胃口和好的消化能力，能达到这样的"吾文如万斛泉涌，不择地皆可出。在平地滔滔汩汩，虽一日千里无难。及其与山石曲折，随物赋形而不可知也。所可知者，常行其所当行，常止于其不可不。""意之所到，则笔力曲折无不尽意"的文学高度吗？

他写过一首《惠崇春江晚景》："竹外桃花三两枝，春江水暖鸭先知。蒌蒿满地芦芽短，正是河豚欲上时。"就连这种剧毒的河豚鱼，苏东坡也敢一试。宋代吴曾《能改斋漫录》载："东坡在资善堂中，盛称河豚之美。李原明问其味如何？答曰：'值那一死！'"正是这种美食主义，广泛吸取人世精华，才使得他文章汪洋恣肆，得以千古流传。一个像林黛玉只能挟得一筷子螃蟹肉吃的作家，这怕那怕，我看未必能有写出大作品的气力。

公元 1094 年，他第二次被流放，到惠州，当时的岭南可不是今天的珠三角，但他和这种小人们的政治迫害，唱出"日啖荔枝三百颗，但愿常作岭南人"的反调，毫无屈服之意，还是从口腹享受上大做文章。公元 1097 年，苏东坡第三次流放，被送到当时被看作蛮荒之地的海南岛。起因又是因为他的诗，"白发萧散满霜风，小客藤床寄病容。报道先生春睡美，道人轻打五更钟。"这首诗传到京师，他的政敌章惇冷笑一声："苏子尚尔快活耶？"下令谪海南昌化军安置。这就说明一个可怕的真理：你要得罪了小人，你就准备一辈子受折磨吧！

苏东坡在海南过着十分艰苦的日子，不过，苦中有乐，他发现儋州滨海，蚝，也就是牡蛎极多。他给他的儿子苏过开玩笑地说，你可千万不要把这个消息传到北方去。到他们知道这里有如此美味，没准他们都要学我这样，要求犯错误，被发配到海南来，分享我这份佳品呢？从这番幽默的语言中，我们可以看出苏东坡的口福，从来是和他的反抗心理相关的，这也称得上是精神不败了。

吃得香，睡得着，写得出，而且写得好，斯为大家。

大师的风范

《列子·汤问》："伯牙善鼓琴，钟子期善听。伯牙鼓琴，志在高山，钟子期曰：'善哉！峨峨兮若泰山！'志在流水，钟子期曰：'善哉！洋洋乎兮若江河！'"这则"高山流水"的典故，用来形容知音之赏识和知音之难遇。

中国文人的最大毛病，从来不是"嘤其鸣兮"地"求其友声"。凡写了一点作品，凡有了一点声望的作家诗人，你按也按不住他要"诲人不倦"，要"指点众生"，要"挥斥方遒"，而"好为人师"。

这班进入大师状态的文人，嘴巴之大，嗓门之粗，脾气之长，毛病之多，遂构成当代文学的一道风景线。反观前贤，能不感慨良多嘛！

大师，是极尊崇的称呼，最早见《史记·儒林列传》："学者由是颇能言《尚书》，诸山东大师无不涉《尚书》以教矣。"看来，大师情结，可谓古今通病矣！

由此起始，中国的大师开始多了起来，什么国学大师，文学大师，美术大师，烹调大师，气功大师，干炒牛河大师，五花八门，形形色色，把这顶桂冠东送西送，已经贬值到与街上卖的臭豆腐差不多了。书无一本像样的，文无一篇称道的，也做出令人作呕的大师状，指点江山，挥斥方遒，实在是近二十年文坛怪现象之一。前人对于滥称大师，也是十分反感的，清人陈康祺在《郎潜纪闻》里说到大清朝时的情况，言辞中就颇有些不敬的口吻："二百余年来，讲堂茂草，弦诵阒如，词章俭陋之夫，挟科举速化之术，俨然坐皋比，称大师矣！"

民国初年，胡适在《国学季刊》发刊宣言里说："近年来，古学的大师渐渐死完了，新起的学者，还不曾有什么大成绩发现出来。"由此可见，在胡适眼里，学者和大师不能画等号，没有"大成绩"，而只是中成绩、小成绩，学者也不能称大师。所以，现在文坛上那些自封的大师，人封的大师，多少有些"山中无老虎，猴子称大王"的沐猴而冠的意思。证明了莎士比亚在《威尼斯商人》里说过的一句名言"发亮的东西，未必都是金子"真是一针见血之语。

在中国人的心目中，大师的"大"，是非同小可的，而这个"师"字，则分量尤其的重。

我记得旧时家家户户供奉香火的神龛上，就有写着"天地君亲师"字样的牌位。这"师"，就包含上自孔老夫子至圣先师，中至才高八斗、学富五车的各类学问的大师，下至为你启蒙，教你识字的老师。凡师，本来就应该包含扶持、提携、培养、熏陶后来人的意思在内。近读《宋史》，为欧阳修和苏东坡同道相助，奖掖后进的精神所感动，于是，体会到中国文学的进展，正是全赖这样的大师的播种耕耘，才得以造成文坛的辉煌局面，因此，要说到大师二字，只有从这个意义上说，才是名副其实的。

《宋史》载欧阳修"奖引后进，如恐不用，赏识之下，率为闻人。曾巩、王安石、苏洵、洵子苏轼，布衣屏处，未为人知，修即游其声誉，谓必显于世。"苏东坡也如此，"一时文人如黄庭坚、晁补之、秦观、张耒、陈师道，举世未之识，轼待之如朋俦，未尝以师资自予也。"

像这样的大师，庶几乎不辜负这一个"师"字了。孔夫子所以成为百代素王，就因为他拥有三千弟子，七十二贤人，形成了一门儒学。什么样的"师"，带出什么样的"生"，然后，一群什么样的"生"，又对中国文化上做出什么样的贡献，这才够资格称为大师。

欧、苏所在的赵宋王朝，在中国历史上，是个实际上只拥有半壁江山的弱势政权，但在文化和文学的成就上，丝毫不逊色于前朝的盛唐气象。人们耳熟能详的唐宋八大家，所谓"韩柳欧苏"等等，这两朝是平分秋色的。而在宋仁宗、英宗、神宗三朝，文坛一下子出现群星璀璨，蔚为壮观的局面，绝非阮籍登广武所叹"时无英雄，使竖子成其名"的只会搞一些形式主义的，只不过是过眼烟云的假繁荣，而是一个真正辉煌的，在历史上留得下来的文学高峰期。

9世纪的中期，欧阳修算得上是位顶尖的领衔人物了，"为文天才自然，丰约中度，其言简而明，信而通，引物连类，折之于至理，以服人心，超然独骛，众莫能及，故天下翕然师尊之。"接他棒的苏东坡，小他29岁，则是9世纪后期的文坛主将，宋人葛立方在《韵语阳秋》里赞叹道："东坡喜奖与后进，有一言之善，则极口褒赏，使其有闻于世而后已。故受其奖拂者，亦踊跃自勉，乐于修进，而终为令器。若东坡者，其有功于斯文哉，其有功于斯文哉！"反复论说其有功于斯文，看来真是发自肺腑之言了。

在宋南渡前的文坛，先是欧阳修与他周围的作家，后是苏东坡与他同道的文友，构成了两个极佳的文学方阵。但苏东坡在文学途程起点阶段，若无欧阳修这样的"师"，苏轼这样的"生"，也许未必如此顺利在文坛立足了。所以，按旧时风习，"师"之对于"生"，位置能够排在"天、地、君、亲"以后，虽然很具封建色彩，但也表示师生知识的传承关系，所负荷着人类进化的重任，正是有师有生，代代相传，才构成世界文化的历史长河。

当欧阳修"举进士，试南宫第一，擢甲科，调西京推官"时，早已文声卓著，名震遐迩。可苏东坡还在四川老家待着，虽然他20岁的时候，由眉山至成都，当地名流"一见待以国士"，但对偌大中国来说，盆地终究有其局限性，尽管苏轼才俊不可一世，但不为世知。大概四川作家，除了名师赏荐之外，其成长过程似乎有个隐隐的规律在，那就是必须出夔门，方成大器。

记得20世纪80年代中，写《许茂和他的女儿们》而闻名的周克芹先生，尚健在时，每年来北京开会，偶尔到舍下小坐，总是伴何士光、张贤亮等一起光临，谈及这个话题，举出不少例证。其中一，即苏轼，一出蜀则雄伯天下，以致四海之内的士子，开口不谈苏而觉气索。其中二，即司马相如，当他在西京时何其了得，长门一怨而天下知，后妃们都给他送红包，求其词赋，文采之飞扬，神情之得意，可想而知。一旦回到成都那条街上，与卓文君合开一家小铺子，整日坐在烫酒的炭炉旁，欣赏太太的美丽，从此也就了了而已。出蜀效应，自古至今，皆如此而然，或许不无道理。然而，克芹憾甚，天不假以永年，还未等他出蜀，便撒手西去了。

苏洵也许意识到，也许并非完全自觉地，只有走出盆地，方能显现天下，不去和中原文化主流契合，寻找到认识并重视他们才华的大师，至死也是坐井观天罢了。于是，至和、嘉祐年间，领着他的两个儿子，苏轼、苏辙，离开家乡四川眉山，乘舟东下，过三峡，出夔门，到了北宋的京师汴梁应试。三苏的名声，立刻被当时任翰林学士的欧阳修注意到了。"上其所著书二十二篇，既出，士大夫争传之，一时学者竞效苏氏为文章。"由于这样一位举足轻重的大人物的推荐，而且上达天听，连宋仁宗都认为朝廷得人。于是，这三位川籍作家，在首都制造了一次"轰动效应"。开封城里，立刻掀起了一阵三苏旋风。一时间，文人为文，都模仿他们的风格。

"楚蜀得曾苏，超然皆绝足，父子兄弟间，光辉自联属。"这是欧阳修"与为诗友，自以为不及"的梅尧臣，所写的《送曾子固苏轼》诗。三苏二曾，一代新人的崛起，使得这位老诗人兴奋不已。然而，他笔下所写的"光辉"，正是由于欧阳修大力提携，推荐，游说，鼓吹，苏洵与其两子轼、辙，才得以大展抱负，否则，也不是没有可能"冠盖满京华，斯人独憔悴"，历史上那种"不才明主弃，多病故人嫌"的怀才不遇的事例，不也屡屡发生过嘛！所以，发现真正有才华的人，并使其充分发挥能量，也就是所谓的慧眼识人，这才是大师的"师"，应该尽到的责任。所以，大师的伟大，除了伟大在自身的文学成就上，还伟大在知人，识人，发现人，培养人的堪为人师的这一点。

9世纪中，欧阳修是位公推的文坛领袖，那时候没有什么选举之类，也用不着拉票，也无须搞种种小动作。古代作家，至少那些真正的大师辈的作家，更讲究靠作品说话，而不把功夫用在文学以外。而时下那些追名逐利于文坛者，组织吹捧呀，花钱买好呀，央人鼓掌呀，自吹自擂呀，忙得马不停蹄，累到吐血的程度，结果如何呢？不过是《伊索寓言》所嘲讽的那只狐狸，尽管披了一张狮子的皮，也并不等于就是森林之王。即使把自己作品的每一个字，都镀上14K金，该狗屎还是狗屎。

欧阳修被"天下翕然师尊之"的崇敬，是因为他"始从尹洙游，为古文，议论当世事，迭相师友，与梅尧臣游，为歌诗相倡和，以文章名冠天下"。最后一句，若译成现代语言，欧阳修以其使人敬服的创作实力和人格魅力，才被尊之为大师，凭真货色，真本事，真学问，真文章，才在文坛上产生一呼百应的凝聚力。欧阳修也不是无原则地支持一切，欧阳修始终坚持自己的文学主张，和他一以贯之的做人风格。"知嘉祐二年贡举，时士子尚为险怪奇涩之文，号'大学体'，修痛排抑之，凡如是者辄黜。毕事，向之嚣薄者伺修出，聚噪于马首，街逻不能制，然场屋之习，从是遂变。"

欧阳修作为大师的第一成绩：纠偏当时文学积弊，创造一代新的文风。《宋史》认为他的功绩可与唐代韩愈的古文运动相比拟，"唐之文，涉五季而弊，至宋欧阳修又振起之"。作为大师的第二成绩：是他发现了一大批如苏东坡这样的文学精英，使他们脱颖而出，造成宋代文学的辉煌。从文学史的角度看，那就更应该大书特书一笔，予以充分肯定的。

看来，发生在公元1058年的这次开封城里的小小学潮，不过是考生们起哄而已，倒没有任何政治背景，只是对欧阳修改革文风的一次抗议。他们落榜了，走上街头，拦住了他的马，包围着他吵吵闹闹，连警察也没有办法制止。这位老先生并不因此而迁就，而改变初衷。该支持者绝不惜力，不该支持者哪怕闹事也绝不苟同。梅尧臣诗里提到的曾子固，即曾巩，也是受到欧阳修关注过的。《宋史》说曾巩"生而警敏，读书数百言，脱口辄诵，年十二，试作《六论》，援笔而成，辞甚伟。甫冠，名闻四方。欧阳修见其文，奇之"。

王安石就是通过他，得以受到欧阳修的教益。《宋史》的《曾巩传》和《王安石传》里都记载有这段："少与王安石游，安石声誉未振，巩导之于欧阳修，及安石得意，遂与之异。""安石少好读书……友生曾巩携以示欧阳修，修为之延誉。"从他的作品集中，有许多与这些年轻文友们的唱和，交游，思念，酬应的诗篇。欧阳修曾被他的政敌指斥，说他有朋党之嫌。他立即著《朋党论》，毫不掩饰他与同道者的亲密关系。"君子以同道为朋，小人以同利为朋"。

凡大师，其学术成就，其文化贡献，其思想深度，其智慧之光，总是能够像电光雷鸣一样，产生巨大影响，在历史的一页上留下浓墨铸成的铭记，永不磨灭，这才是胡适所说的"大成绩"。作章句儒，做老雕虫，拾人牙慧，鸡零狗碎，是算不得大师的。至于等而下之者，皇帝的新衣，纸上的冰山，厚似城墙的脸皮，吹牛皮不上税，与大师二字更相差十万八千里了。

公元 1056 年，已经头角峥嵘的苏东坡方 22 岁，他的弟弟小他 3 岁，比之现在那些后生代的作家，还要年轻些。不知道由于什么原因，古代文人早慧者多，而近代作家则偏向晚熟。且不说外国的普希金、莱蒙托夫，都在未长胡子以前，就写出了传诵一时的名篇，仅以中国的李贺为例，孩提时，就写出《高轩过》一诗，令韩愈吃惊。李长吉死时才三十出头，还不到退出共青团的年龄。可他在唐代诗坛的重要位置，已经牢固地奠定，为公认的大家。可时下许多同样年纪的后生代作家，尚在暗中摸索，不得要领。好一点的，充其量，也只处于小试牛刀的发轫期，连圈子里的人，也未必知名。

大概如今时行大器晚成，不到五十岁，或略超半百，尚冠以青年作家头衔者，不算稀奇。过了而立之年，还称之为新生代，或后生代作家者，也属正常，以此类推，苏东坡就该是儿童团作家，李贺只能算幼儿园作家。我想，造成这种现象，有许多因素。但缺乏像欧阳修这样奖掖后进，发现新人的大师级人物，恐怕是相当重要的原因。韩愈就了不起，他听说李贺那小孩子有特异才华，亲自登门。后来，李贺考试，因避父讳，取消报考机会，韩愈专门写了文章说明讳无必要，做他的思想工作。正是这些大师的关怀，李贺的禀赋才得以发挥出来，成为诗中鬼才吧！

所以，韩愈说，不怕没有千里马，而怕没有伯乐，这句话是有道理的。当然，有可能在一定的时期内，硬是没有伯乐出现，或出现了他也不干伯乐的事，尽去沽名钓誉，尽去风花雪月，尽去捞一官半职，那也只能无可奈何，就靠千里马自己去驰骋了。但千万别碰上一位非伯乐，却装作伯乐的家伙，"策之不以其道，食之不能尽其才，鸣之而不能通其意，执策而临之曰：'天下无马！'"那就该倒大霉了。

但真正的伯乐，如欧阳修者，在读到苏轼的文章以后，给梅圣俞的信中，抑制不住自己的兴奋之情，"取读轼书，不觉汗出，快哉快哉，老夫当避路，放他出一头地也。"一个在文坛扛鼎的大人物，会为一个年轻作家的出现，高兴到甘愿为他让路，这种大公无私的精神，还能找出类似的第二人吗？宋人朱弁，在他的笔记《曲洧见闻》里提到："东坡之文，落笔辄为人所传诵，每一篇到，欧阳公为终日喜。前辈类若此。一日，与其子论文，及坡公，叹曰：'汝记吾言，三十年后世上人更不道着我也。'"从这里，我们更看到他那宽大的心怀，深情的期勉，以及对于年轻人成功的喜悦。

若是能得这样大师的惠泽，岂不也是一种难得的幸福嘛！

大师的预见没有错，朱弁接着写道："崇宁大观间，海外诗盛行，后生不复言欧公者。是时，朝廷虽尝禁止（苏轼文字），赏钱增至八百万，禁愈严而传愈多，往往以多相夸。士大夫不能读坡诗，便自觉气索。"

苏东坡在北宋文坛成为举足轻重的人物时，虽然他一次坐牢，两次官司，三次流放，多次调动，最后充军到海南岛，一生之中，始终与提携过他的前辈欧阳修一样，也是以扶持年轻人为己任的。身体力行，尽最大力量去发现，支持，援助，提携文坛新人，在《宋史》中，这样的例子，简直俯拾即是。

熙宁初，举四京学官，第文为优。教授北京国子监，留守文彦博才之，留再任。苏轼尝见其诗文，以为超轶绝尘，独立万物之表，世久无此作，由是声名始震。(《黄庭坚传》)

十七岁从父官至杭州，粹钱塘山川风物之丽，著《七述》以谒州通判苏轼。轼先欲有所赋，读之叹曰："吾可以阁笔矣！"又称其文博辩隽伟，绝人远甚，必显于世，由是知名。其弟晁咏才，少有异才，晁补之以其诗文献轼，轼曰："有才如此，独不令我一识面邪？"(《晁补之传》)

见苏轼于徐，为赋黄楼，轼以为有屈、宋才。又介其诗于王安石，安石亦谓清新似鲍、谢。及死，轼闻之叹曰："少游不幸死道路，哀哉，世岂复有斯人乎！"(《秦观传》)

最令人感动的，是在邵博的《闻见录》里所说的一则故事了。"鲁直以晁载之《闵吾庐赋》问东坡，何如？东坡报云：'晁君骚辞，细看甚奇丽，信其家多异才耶！然有少意，欲鲁直以渐箴之。凡人为文，宜务使平和，至足之余，溢为奇怪，盖出于不得已耳。晁君喜喜奇似太早，然不可直云尔。非为之讳也，恐伤其迈往之气，当为朋友讲磨之语可耳。'予谓此文章妙诀，学者不可不知，故表出之。"

大师的胸怀，大师的关爱，从这一席话中，千年以后的读书写作的人，也能体会到大师的体贴和温馨。联想到时下那些加引号的"大师"，凡谀己者皆荣宠之，凡异己者皆粪土之，踏破门槛者为高足，不去磕头者为叛逆，无所谓是非，也不辨真伪，只以个人好恶而定爱憎。而真正的大师，永远是旗帜鲜明地支持应该支持的文坛新秀。也许他并不喜欢他，如欧阳修之对王安石，后来两个人甚至成为政敌，但不因此改变他对王安石文学才华的看法。

因为大师有这样足够的自信。

其实作家的自信，是和他的创作状态，紧密相关的。任何一个作家，都有其创作的始创期、鼎盛期、衰微期三个阶段。一旦到了写不出，即使写出也写不好的那一天，便不大愿意看到别人好过自己，更不愿意看到小字辈超越自己，这种类似妇女更年期的折腾现象，也是许多作家难以逃脱的病态。所以，你千万不要去向作家本人打听，"您是属于三者中的哪一期？"因为所有作家都相信自己处于良好的状态之中。即使连一个屁也放不出来了，这作家招牌也不会放下的。历史上，只有一位作家，甘于承认自己不灵的，那就是南朝的江淹，至今也不能不佩服他的老实坦白。所以，有"江郎才尽"这成语，除此以外，我们没听过有张郎李郎王郎赵郎才尽这一说，都认为自己的才华如不尽长江，滚滚而来。

实际并非如此，作家与世间万物一样，有其新陈代谢的规律，会衰老的。虽然这种老化现象与年龄并无一定的关系，有些高寿的作家，照样才华洋溢，笔力雄健；有些年纪尚轻的作家，也可能中气不足，未老先衰。问题就在于想写和能写，写得出与写得好，并非依主观意志而定。欧阳修的避路精神，我们为之大声喝彩的同时，也看到他的自信，唯其自信，敢于避路，让出一头地。而有些前辈，唯其不自信，才对年轻人，横挑鼻子竖挑眼。欧阳修虽然说，三十年后，我就没戏了，但实际上他到今天还是有戏；与时下文坛上那些以为自己将要不朽，或已经自觉不朽的作家，人还未死，作品已亡的状态相比，便知道"大师"二字，不是随随便便，像萝卜白菜一样论堆卖的东西。

现在，还有这样乐于助人，特别是助新生代一把的大师吗？当然有，这是毋庸置疑的。中国文人的人梯精神，团队意识，自会薪火相传，香烟不绝的。但在正如太史公所言："天下攘攘，皆为利往，天下熙熙，皆为利来"的特别强调物质的社会里，此风纵存，大概为数也不多了。而像欧、苏如此摩顶放踵，不遗余力为文坛新进推波助澜的大师，几乎不大能看到了。

物质时代，不大容易产生精神上的大师，但类似大师，或近乎大师，或被人捧作大师，或有可能成为预备大师、候补大师的人物，还是能够套用苏联电影《列宁在一九一八》里那句脍炙人口的"面包会有的"的台词，无妨可以自豪地说一句"大师会有的"，这也是我们的一种幸运了。

不过，在物质时代的大师，也有难能免俗的物质欲望，或忙于建造纪念自己的楼堂馆殿，或忙于保留自己有可能成为文物的故居，或忙于成立研究自己著作的学会，或忙于口授、对讲、自撰自己的回忆录等等塑造流芳百世的形象之类的工作，大师太忙，使他们无暇顾及后来者，由着文坛这班小八腊子自生自长，也就可以谅解的了。所以，像欧、苏那种大师风范，一时间竟也真成了空谷遗音呢！

"蜗角虚名，蝇头微利，算来着甚干忙？"古代的大师似乎比今天的大师要想得开，所以，他们不怎么忙，因而有时间为文学发展，培养新人，做一些事情。至于身后，欧阳修顶多也就是和梅尧臣约定，我死了以后你给我写墓志铭而已，苏东坡连这一点甚至都没有想到，他死后的纪传，只好由其弟苏辙编撰了。即使没有研究会，没有回忆录，也依然是中国文学史上的大师。

想想也真是感到遗憾，由于欧阳修处于朝廷政治斗争的旋涡中，苏东坡处于流放坐牢的颠沛生涯里，这两位大师竟没工夫，也没有想到，应该向城建部门去办理一下故居的保留权，永远不予拆迁，以供后人瞻仰。所以，至今在四川眉山没有苏轼的故居，在江西永丰也找不到欧阳修什么祖屋之类。这当然令对这些真正大师的崇敬者，多少有点儿惋惜。眉山的一处公园里，尚有一座东坡先生的塑像，永丰那里的六一居士的遗址，早就荡然无存。转而一想，没有故居留存下来，影响他们的伟大吗？我想答案是否定的。"环滁皆山也"的醉翁亭，"毕竟西湖六月中"的苏堤，不比一处两处故居，更具有文学价值吗？

写到这里，不禁生出一种杞人忧天的思虑：要是把所有活着的大师或准大师或其实也不是什么大师的故居，都保留下来的话，活人还有立脚之地吗？

放他出一头地

这是北宋的欧阳修给梅圣俞的一封信中的话：

> 某启，承惠《答苏轼书》，甚佳。今却纳上。《农具诗》不曾见，恐是忘却将来，今再令去取。读轼书不觉汗出，快哉，快哉！老夫当避路，放他出一头地也。可喜，可喜！

"当避路"，"放他出一头地"，欧阳修的这番话，可以说是奖掖后进拔擢新人的古今典范之言。要知道，这个世界上，并不是所有的文人，都会从心底里涌上来这份善意和雅量，张开双臂，去热情拥抱新生代的。"青出于蓝胜于蓝"，其中这一个"胜"字，让"蓝"比较伤脑筋，也就注定了两者矛盾的必然性。

在西方社会，人和人相见，拥抱是一份感情的流露，成为社交礼节。如果拥抱不足以表达热烈的话，还可以贴之以脸，甚至于接之以吻，都是顺理成章的事情。然而，也怪了，我们好像从未见过西方的文学大师们，相互拥抱的留影。究其根本，恐怕文人身上的磁场，相互颉颃，很难交融。所以，文人与文人，表面应酬是一回事，内心深处，总是相拒绝、相排斥，而不是相吸引、相亲和的。

在我们中国，文人相轻的传统，经过5000年的发酵，更为悠久普遍，而且根深蒂固。

所以，文坛之上，掐和咬者多，帮和扶者少，乃司空见惯之事；文人之间，离死亡越近者，对离死亡尚远者，之嫉恨倾轧，之排斥压制，也不必觉得大惊小怪、匪夷所思。因此，破土而出的文学后生，要想指望大师"避路"，要想等待大师"放一头地"，那简直就是白日做梦。

宋代苏轼碰上宋代的欧阳修，会有这样的幸运，当代的苏轼碰上当代的欧阳修，就不会有这样的幸运了。

问题就在于中国的人口，从民国的四万万五千万，发展到共和国的14亿，国土面积仍是960万平方公里，过于拥挤的人口密度，过于紧绷的人口压力，而形成的粥少僧多，或狼多肉少的生存状态，使得大师们既不敢大意，也无法大度。若是谁高风亮节地"避路"了，也就等于从此一切都没有了；若是谁德高望重地"放一头地"，也就等于从此再无立脚之地了。

因此，任何一位当代大师，要想在他的佛龛里坐得长久、坐得稳当，最佳之计，就是在视野所及的范围里，最好不要出现许多同类项。为了保持这种"蝎子屙屙独一份"的绝对优势，第一种方法，满面笑容，慈祥亲切，做弥勒佛式的宽宏大度状，表示提携，但绝不腾位、绝不挪窝、绝不"避路"。第二种方法，一脸铁青，两眼冒火，做灶王爷式的找碴儿挑刺状,这也不够,那也不足,条件尚未成熟,交班哪有可能,岂可随随便便"放一头地"?

由于现实就是这样功利、这样严峻,或者,还可以说,就是这样残酷。丸子只有一个,蛋挞只有一块,给了你,就没有他的,给了他,就没有你的。一句话,都是由于人口密度过高之故。

人多以后,毫无疑问,作家自然跟着多,诗人自然也跟着多,而附着于作家和诗人的文学评论家,便特别地繁荣昌盛起来。记得 20 世纪 30 年代,五四新文学发轫以后的第一繁荣期,作家、诗人加在一起,也就三位数的样子,评论家,充其量,两位数就打住了。文学环境也要讲究和谐,也要维系生态平衡的。犹如自然界,一定数量的花,和一定数量的蜂,要有一个合适的比例。花很多,蜂很少,不好;同样,花很少,却有太多的蜂,在那里嗡嗡个不停,也是不好的。

可是,你不让他嗡,行吗?为什么许你嗡,不许我嗡?于是,作家也嗡,诗人也嗡,领导也嗡,民众也嗡,平面媒体嗡不上去,在网络上嗡,在博客里嗡,嗡了半天,总体水平也未超过《红楼梦》里薛蟠薛大爷的"一个蚊子哼哼哼""两个苍蝇嗡嗡嗡"的"哼哼韵儿"。然而,一部中国的文人相轻史,随着总人口的增加,文人队伍的扩大超编,也就愈嗡愈烈了。

试想一下,《鲁滨孙漂流记》中的那位英国人和他的奴仆星期五,生活在荒岛上,这两个人必须相依为命,甚至亲密无间。在椰林下,在沙滩上,远眺碧蓝的大海,享受和煦的阳光,没有塞车之虞,没有按揭之苦,没有甲醛之害,没有沙尘暴之侵袭,该是多么惬意和自在啊!如果,一万个鲁滨孙和一万个星期五挤在这个不大的海岛上,估计就没有太平日子了。

还记得十年"文革"期间,全国只有一位小说作家,那可是太清静了。没有任何噉的声音,老实说,也没有任何一个人敢噉,他住在承德行宫的烟雨楼里,无干无扰,有吃有喝,过着神仙也似的日子,从事文学创作。让那些关在牛棚里、拘在干校里的同行,羡慕得眼珠都绿了。当然,来自农村、热爱土地的浩然先生,未必追求这种优渥的生活,未必热衷这份尊崇的待遇,然而,千顷地,一棵苗,中国文学的香火,当时确实就系于他一人之身,也就由不得他,不让别人把他像菩萨似的供起来。如今,在全国范围内,至少能找出一万位与浩然先生创作水平相等、甚至还要超过的小说家,一与一万之比,那意味着什么呢?银行票子发多了,就毛,作家、诗人太多了,就贬值,也就不好抱怨什么了。

比起《鲁滨孙漂流记》的主人公,没有星期五陪同的浩然先生,更为自在惬意。在烟雨楼里,奋笔直书他那名著《西沙之战》。那时举国上下,无人写小说,赤县神州,无人读小说,当这部急就章,在《人民日报》初初刊登出来时,立刻不胫而走,顿时纸贵洛阳。虽然后来,连作家自己对这种一句一行、一行一段的写法,也不以为然了。但为什么当时视若瑰宝、誉满中华呢?道理很简单,物以稀为贵。如今,年产长篇小说1000部到1500部,中国当之无愧也是这个世界上的"小说制造大国",然而,中国人不大阅读小说。因为普通的小说太多,精粹的小说太少,而从不值得费眼睛的1490

部小说之外，找到 10 部值得拿起来聚精会神一读的小说，实在不堪其苦，于是，只好放弃。

"文革"前十七年，只有"三红一创"等不足百部长篇小说，大家抢着看。"文革"期间，只有浩然的《艳阳天》等有限的几部长篇小说，大家必须看。时下的这种小说高产状态，正应了"谷贱伤农"的古训，倒无人问津了。熬灯费油，绞尽脑汁，辛辛苦苦二三十万字、四五十万字，陈列在新华书店的柜架上，能进入购书者的眼帘、付之一瞥的可能，不过是一千分之一或一千五百分之一的机会。若是不大张旗鼓炒作，若是不拜托名流嘤嘤，绝大部分作品，逃脱不了泥牛入海无消息的下场。

这一切，说了归齐，都是多之患。长篇小说丰收之日，也是长篇小说作家郁闷之时。事实上，即使那些名家大腕的书，也只是以码洋的意义，堆存在书库里，发不出去货呢，当然也就顾不上后起之秀、明日之星了。所以，古人欧阳修能说得出、做得到"避路"，而今人，那些德高望重的扛鼎之辈，那些红得发紫的栋梁之材，却说不出、做不到"放他出一头地"呢？就在于"泥菩萨过江——自身难保"的丰收成灾上。

欧阳修那时，人口不若后来之多。因此，第一，他不怕"教会徒弟，饿死师傅"，天地很宽阔，每个人有其足够的展现空间；第二，他也不怕"放虎归山"，回过头来咬死自己。自身的实力摆在那里，毫不在乎这种文学上的竞争。这就使他从容得多、潇洒得多，为苏东坡的生长、发展、成熟、前进，可以作出他能为他所做到的一切。

据史料，北宋王朝的总人口，以公元 1080 年（神宗元丰三年）为例，才 3300 万，以公元 1110 年（徽宗大观四年）为例，也不过 4673 万。虽然，那时的国土面积约等于当代中国版图的二分之一，甚至二分之一也不到。即使将如今的 14 亿，除以二，宋代的人口密度，也只有现在的十五分之一，或十六分之一。因此，负有发现人才使命的欧阳修，对于苏轼、苏辙两兄弟在全国会试中崭露头角，表示出来莫大的欣喜之情，也就可以理解了。

> 苏氏昆仲，连名并中，自前未有，盛事，盛事！
> （《与焦殿丞千之书》）

龙图阁学士，知开封府的欧阳修，受命主持这届会试，梅圣俞也是考官之一。时间为公元 1057 年（仁宗嘉祐二年），地点为当时的首都开封。苏轼、苏辙兄弟，一举中的，双双上榜。消息传到宫里，皇太后都向宋仁宗祝贺其得人之盛。

欧阳修所以连呼"快哉，快哉"，其间还有一段隐情。苏轼的考卷，显然先由梅圣俞阅核，拟为第一。宋人陈善《扪虱新话》："东坡省试论刑赏，梅圣俞一见，以为其文似孟子，置在高等。"欧阳修在为最后圈定时，留了一个心眼。因为这篇《刑赏忠厚之至论》，文章实在精彩，但生怕这份糊名的卷子，会不会为其门生曾巩所作？因之不禁踌躇，为总主考官的他，居然高中了自己的门生，居然还让他名列榜首，倘如此，必定要遭人物议，难免要被那些爱嚼蛆的家伙们拿来说事。

于是，大笔一挥，将此卷改判第二。结果，一发榜，不是曾巩，乃是名字相当陌生的眉山苏轼。令他大喜过望。由不得感慨系之，庆幸国之得人。"自古异人间出，前后参差不相待，余老矣，乃及见之，岂不为幸哉？"（《欧阳文忠公集》）

更有趣的，试后，苏轼谢师，拜谒梅圣俞。"苏子瞻自在场屋，笔方豪驰，不能屈折。于作赋省试时，欧阳文忠公锐意欲革文弊，实未之识，梅圣俞作考官，得其《刑赏忠厚之至论》，以为似《孟子》，然中引'皋陶曰杀之三，尧曰宥之三'事，不见所据，亟以示文忠。大喜，往取其赋，则已为他官所落矣，即擢第二。及放榜，圣俞终以前所为疑，遂以问之。子瞻徐曰：'想当然耳，何必需要有出处？'圣俞大骇。然人已无不服其雄俊。"（宋·叶梦得《石林燕语》）

宋朝赵令畤《侯鲭录》也载："东坡先生召试'直言极谏科'，答'刑赏忠厚之至论'，有云'皋陶曰杀之三，尧曰宥之三。'诸主文者皆不知其出处，及入谢日，引过，谐两制模次，欧公问其出处，东坡笑曰：'想当然尔。'数公大笑。"

那年，苏轼才20岁，而欧50岁，梅55岁，这些近乎父执之辈的文学大师，对苏轼为自己杜撰之典故，那种毫不觉得有什么差错的堂皇神气，一笑了之。古人之厚道、之宽容、之海量、之理解，着实令人敬佩。如果落在那些"魑魅喜人过"者的手里，还不得大做文章，以逞己能，而大噱特噱。

现在回头去看1000年前的宋朝，经过五代十国的相互残杀，狼烟四起，兵匪肆虐，天下大乱，终于得以弭平战祸，政求清明，休生养息，民生安宁。也许那时的文学大师们，处于辽阔宏大的日月天地之间，心胸要自由开阔许多，处于疏朗宽松的人际环境之中，襟怀也就要坦荡赤诚一些。因此：

一、他们从心底里欢呼这种新人辈出的大好形势。

二、他们有足够的自身实力，能够坦然面对新生力量的挑战。

三、他们不是唯恐别人超过他，为使华夏文化得以薪火相传、永续长存，他们愿做推手，甘当人梯，做促进派，开展良性竞争。

由于梅圣俞的竭力推荐、欧阳修的欣然相应，遂有了推诚相与的这段佳话。

在中国文学运动史上，欧阳修所起到过的拨乱反正作用，与唐代"文起八代之衰"的韩愈，是差不多的。苏轼在《六一居士集叙》中这样评价他："自欧阳子出，天下争自濯磨，以通经学古为高，以救时行道为贤，以犯颜纳说为忠，长育成就，至嘉祐末，号称多士。欧阳子之功为多。"

由于他任过翰林学士、枢密副使、参知政事的政治上的高位优势，由于他在文学创作上的超常成就，由于他倡导的平实文风，由于他不遗余力、拔擢后进的精神，让贤避路、甘为人梯的态度，使得王安石、曾巩、苏洵、苏轼、苏辙等才华之士，得以脱颖而出，恐怕是北宋文学得以辉煌的原因之一。

所以，嘉祐二年的这次会试，对于宋代文风的扭转纠偏，影响至大。

苏轼是这样评价欧阳修此次文学革命的："天下之事，难以改为。自昔五代之余，文教衰落，风俗靡靡，日以涂地。圣上慨然太息，思有以澄其源，疏其流，明诏天下，晓谕厥旨。于是招来雄俊魁伟敦厚朴直之士，罢去浮巧轻媚丛错采绣之文，将以追两汉之余，而渐复三代之故。士大夫不深明天子之心，用意过当，求深者或至于迂，务奇者怪僻而不可读，余风未殄，新弊复作。大者镂以金石，以传久远小者转相摹写，号称古文。纷纷肆行，莫之成禁。盖唐之古文，自韩愈始。其后学韩愈而不至者为皇甫湜。学皇甫湜而不至者为孙樵。自樵以降，无足观矣。伏惟内翰执事，天之所付以收拾先王之遗文，天下所待以觉悟学者。恭承玉命，亲执文柄，意其必得天下之奇士以塞明诏。"(《谢欧阳内翰书》)

这次会试，因为举子中精于时文者被黜，勤于古文的入闱，还引发过一次不大不小的学潮，那时倒没有游行示威一说，但跑到贡院门口，聚众闹事者有之，鼓噪不公者有之，颇弄得执政当局，穷于应对，难以平息。后来，当历史掀过这一页，欧阳修之子欧阳发，在其《先公传略》中，还特别提及此次考试风波。

> 嘉祐二年，先公知贡举，时学者为文，以新奇相尚，文体大坏。公深革其弊，一时以怪僻知名在高等者，黜落几尽。二苏出于西川，人无知者，一旦拔在高等，榜出，士人纷然惊怒怨谤，其后，稍稍信服。而五六年间，文格而变而复古，公之力也。

欧阳修坚持主见，绝不退让，就因为他看到，从公元907年到公元960年，为五代十国的半个世纪，从公元960年到公元1056年，为北宋太祖、太宗、真宗、仁宗四朝的近一个世纪，持续 150 多年，这是中国文人交了白卷的时代，也是中国文学佝偻病和软骨症的时代。若不改弦更张，恐怕只能是死路一条了。

近人钱锺书先生在谈到唐、宋两代文人的传承衔接时，有过这样一番精辟的见解。他说："据说古希腊的亚历山大大帝在东宫的时候，每听到他父王在外国打胜仗的消息，就要发愁，生怕全世界都给他老子征服了，自己这样一位英雄将来没有用武之地。紧跟着伟大的诗歌创作时代而起来的诗人准有类似的感想。当然，前人占领的疆域愈广，继承者要开拓版图就得配备更大的人力物力，出征得愈加辽远，否则他至多是个守成之主，不能算光大前业之君。"（《宋诗选注》）

自古以来，大师级的文人，导引着文学潮流，左右着文学运动，非大师级的文人，只能为文学潮流所导引，被文学运动所左右。绝大多数的文人，像候鸟一样，说飞，一窝蜂地朝同一目的地飞去；说落，一古脑儿地向同一栖息地扎下。爱随大流，爱赶风头，爱凑热闹，爱追时尚，成为血液里流动着的基因。由于这种胎里带的习性，也就注定了这些文人的命运，大多数人怎么活，他就怎么活，大多数人怎么死，他也不能不同一样地死去。

回过头去看前些年，20 世纪 80 年代新时期文学起步以后，没有人喊立正看齐，没有人在发号施令，然而，你简直想不到，作家也好，诗人也好，评论家也好，文学编辑也好，如同列兵那样，一二一，齐步走，心往一处想，劲往一处使，大多数人怎么写，他几乎不能例外，也不敢例外地，踩着大多数人的脚印，亦步亦趋地写去。

看一个作家，便知道全部作家，读一篇作品，便知道全部作品。伤痕文学流行，每个人都眼泪一把，鼻涕一把；反思文学兴起，每个人都目光如炬，眉头紧锁；新潮文学登场，每个人都言必拉美，屁皆洋味；等到裤裆文学泛滥，每个人都聚焦脐下，性腺贲张，就是最好的资证。

继承与发展，改革与创新，便是放在一代一代文人面前的考卷，看你怎么来交给历史一个完美的答案。现在来评价五代十国，加上宋初的 150 年间的中国文人，便集体缺席，或者是集体失语于那个历史转型期的大时代了。

从五代的花前月下、缠绵悱恻、男欢女爱、醉生梦死的《花间集》，到宋初的无病呻吟、空洞苍白、华而不实、文字游戏的《西昆酬唱集》。文学这条路，便越走越萎靡，越走越狭窄，越走越无聊，也就越走越不通。既然盛唐已是大家跨不过去的巅峰，既然无法超越，而且上帝也没有给我们力量来超越，那还折腾个啥呢？何不就在谷底的泥淖里，沉沦也好，沉溺也好，沉没也好，自得其乐呢？

这就是宋人韩琦所说的"自唐室之衰，文体隳而不振，陵夷至于五代，气益卑弱"的可悲状况了。欧阳修改革文风的意义，就在于他重新振作宋代文学史的崭新一页。"自汉司马迁没几千年，而唐韩出。愈之后又数百年，而公始继之，气焰相薄，莫较高下，何其盛哉！"（《故观文殿学士太子少师赠太子太师欧阳公墓志铭》）

从他"奖进人物，乐善不倦，一长之得，力为称荐"的知人识人，从他不畏"怨仇纷纭，文格终以复古"的拨乱反正，从他"天资不群，光辉古今，左右典坟"的高超成就，从他"平生笃于朋友，襟怀洞然，无有城府"的真诚性格，从他"惟视奸邪，嫉若仇敌，直前奋击，不问权贵"的抗争精神，我们可以相信，这位文坛领袖，他既然要"当避路"，"放他出一头地"，为苏轼推开未来之门，我想他一定会不遗余力的。

文学，只有这样，才能兴旺发达，年轻人，只有这样被前辈呵护，才能突飞猛进，前程似锦。

欧阳修和那些端着大师的架子，目空一切；拿起前辈的派头，摒斥后进；横挑鼻子竖挑眼，面目可憎；霸着茅房不拉屎，尸位素餐的文坛大腕，是绝对不同的。这班人，凡谀己者皆荣宠之，凡异己者皆粪土之，踏破门槛者为高足，不去磕头者为叛逆，无所谓是非，更不辨真伪，只以个人好恶而定爱憎，唯以一己之私而权利害，说白了，不过是加引号的"大师"而已。

中国当代文学所以出现这种黄钟毁弃、瓦釜雷鸣的现象，很大程度上，在文学运动前后承接、上下相继的转型期中，尚未出现登高一呼、力挽狂澜的，像欧阳修这样提携后进、改革文风的人物，这不能不说是一大憾事。

钱锺书先生在《宋诗选注》的序言里，就设想到这样一种败家子的后果："前代诗歌的造诣不但是传给后人的产业，而在某种意义上也可以说向后人挑衅，挑他们来比赛，试试他们能不能后来居上，打破纪录，或者异曲同工，别开生面。假如后人没出息，接受不了这种挑衅，那末这笔遗产很容易贻祸子孙，养成了贪吃懒做的膏粱纨袴。"

因此，我们从宋代这位文学改革家身上，学习到一些什么呢？他相信后生可畏，相信新陈代谢，相信青出于蓝胜于蓝，相信世间万物，无不以长江后浪推前浪的运动形式，在进展着，在变化着，这才使他敢于承认现实，能够放下身段，坦然平视后辈，感到自己不足，甚至"不觉汗出"。同时，又为这种新人涌现的文学现状，为之欣慰，为之喝彩，举起双手热烈欢迎，大呼"快哉，快哉"。这等言，这等行，绝非那些狗肚鸡肠者，说得出、做得到的。

宋人朱弁，在他的笔记《曲洧见闻》里提到："东坡之文，落笔辄为人所传诵，每一篇到，欧阳公为终日喜。前辈类若此。一日，与其子论文，及坡公，叹曰：'汝记吾言，三十年后世上人更不道着我也。'"从这一席他与儿子的私下谈话，哪怕是千年以后，我们也能够体会到欧阳修对于苏轼的赏识和关爱，体贴和温馨。

除了老绝户，没有人不期待后来居上的。一个真正的大师，永远是旗帜鲜明地支持应该支持的文坛新秀。

西京旧事

洛阳在汉唐时，一般称为东都，只是在北宋时期，都城设在开封，洛阳便叫西京了。读宋人周辉的《清波杂志》，我们知道欧阳修中了进士以后，第一次出任公职，就曾调洛阳来任西京推官一职。他以试南宫第一名，擢甲科的成绩就任，到洛阳后，又得到顶头上司钱惟演的赏识，可见其才华横溢，年轻气盛。

河南府驻洛阳的首席长官通判钱惟演，是一位很有名气的贵族、一位很有学问的文人，还是一位很有才华的诗人。他是吴越王钱俶的第七子，随父降宋，历任右神武将军，知制诰，翰林学士，工部尚书，枢密使。参加过编修《册府元龟》，还作为"西昆诗派"的代表人物，与杨亿、刘筠齐名，他们互相唱和的诗，辑为《西昆酬唱集》，诗词精工稳切，文章真切清丽。

但他在官场中，趋炎附势，巴结讨好，排挤构陷，固权恃宠，可说得上名声不佳。第一手，赖其妻妹的关系，得以攀附皇族，第二手，用与名门联姻的手段，裙带权贵，都一直是御史和舆论的攻击对象。在中国文人中间，这种人品与文品的悖背现象，他不是最初一个，也不是最后一个，倒是经常可以见到的。

此公最差劲的，是在洛阳任上，做了一件特别拍马屁的事情，留在历史上，便永远被人诟病了。他来西京为官，而西京有什么可以让他得以表现讨好的呢！也就只有牡丹了。当然，他这样做，也是怕东京遗忘了他这位贵族子弟，竟仿效唐代以驿马传送荔枝的办法，每到洛阳牡丹花季，一定要大动干戈地将各色名贵品种，如姚黄魏紫之类，兴师动众，快马加鞭，送到开封供内廷赏玩。同时代的苏东坡，写过《荔枝叹》一诗，结尾两句："洛阳相君忠孝家，可怜亦进姚黄花"，诗人自注，"洛阳贡花，自钱惟演始"，就是明明白白嘲讽他的。在《东坡志林》里也提到过此事："钱惟演留守洛阳，始贡花，识者鄙之。"

可能在钱惟演看来，送花是一件雅事，一个贵族，而且又是一个官僚，显然不会把给老百姓造成的骚扰麻烦当回事的。尽管他的人品为世不屑，但也有值得称道的另一面，他是一位极好读书的文人。欧阳修晚年著《归田录》，这样描写过他的老领导："坐则读经史，卧则读小说，上厕则阅小词，盖未尝顷刻释卷也。"《宋史》也称他："于书无所不读，家储文籍侔秘府。"还说他"尤喜奖励后进"，像欧阳修、梅尧臣这些名士，未出道前都受到他的推重。

当时，北宋政权面临着从河北方向而来的契丹入侵，形势比较吃紧，而西北方面，由于范仲淹做陕西经略时，较好地处理了西夏和羌族的关系，外部压力，相对来讲，就不是很紧张的了。可想而知，这样一个宽松的环境，这样一位爱才的领导，自然会招徕一群风流倜傥的文人，聚集在他周围，谈诗论文，丝竹唱和，当时洛阳所营造出来的文化气氛，一定是非常浓厚的。《清波杂志》就记叙了他们的一次远游："一日，群游嵩山，取颍阳路归。暮抵龙门，雪作。登石楼，望都城次，忽烟霭中有车马渡伊水者。既至，乃思公（即钱惟演）遣厨传、歌伎，且致俾从容胜赏毋遽归之意。"

我想，这也许是人的多重性格了，这位钱思公，在官场斗争中，人品不高，可在文人中间，一旦放下官架子，那诗人气质，倒显得十分可爱了。他不但不叫他的这些部下，赶紧回府，签到上班，奉公办事，否则的话，面孔一板，要扣奖金，扣工资。还兴致勃勃地从洛阳城里，派来了做饭的厨子、唱歌的歌女，过伊水，登龙门，让他们在大雪天里，尽情地玩个痛快，这样一位领导，实在是令人对他要刮目相看的了。

故事到这里并没有终结，不久，此公又倒霉了，"思公既贬汉东，王文康公晦叔为代"。领导换了，欧阳修等年轻人好像没有改变他们的快乐生活，以致这位新上任的王文康公大为不满："讶幕客多游，责曰：'君等自比寇莱公（即寇准）何如？莱公尚坐奢纵取祸！'"大家愣住了，一时语塞，不知如何应对，只见年轻的欧阳修站起来，侃侃而论，从这时起便显出他后来终于要不同凡俗的气势。"众不敢对，欧公取手板起立曰：'以某论之，莱公之祸，不在杯酒，在老不知退尔。'四座伟之。是时，文康年已高，为之动。"

年轻时意气用事的一句话，到欧阳修老年时，也没有忘却，而且身体力行，退出权力中心，这实在是了不起的。"故欧公六十五即休致，门生或有言：'公德望为朝廷倚重，且未及年，岂容遽去？'公答曰：'某平生名节，为后生描画尽，唯有早退以全晚节，岂可更被驱逐乎？'以是知公未老先退，盖以文康公为戒，且践畴昔之言也。"欧阳修的回答，可谓字字掷地有声。老实说，该退则退，恋栈何必，晚节不全，一生英名都玩儿完的话，那倒更不划算了。

通过《清波杂志》的这则小故事，使我们从古代文人的长长短短中，多少得到一点启发，也算有所裨益了。

红杏出墙

李白是个狂放的诗人，他很少敬服谁，独对谢朓，始终如一地尊崇。清人王士禛说他"一生低首谢宣城"，是说到了点子上的。李有一首《金陵城西楼月下吟》，其中的"解道澄江静如练，令人长忆谢玄晖"句，甚至将谢朓诗《晚登三山还望京邑》中，"余霞散成绮，澄江静如练"，嵌入自己的诗中。这种既是认同，又是共鸣，也是时空转换中艺术生命力的延续、张扬和创新的笔法，可以视作大师对大师，一种心灵上的折服。

老实说，只有小师对小师，才鸡一嘴，鸭一嘴，互不服气地在比高低，这也是近年来在文坛上经常看到的戏码。

类似李白与谢朓的例子，在文学史上，颇不乏见。南宋诗人叶绍翁，脱胎于陆放翁的那首《游园不值》，好诗脍炙人口，韵事也千古流传。叶的名气不是很响，但这首诗，一直挂在人们口边。

应怜屐齿印苍苔，小扣柴扉久不开。

春色满园关不住，一枝红杏出墙来。

"红杏出墙"，后来被作为妻室外遇的隐喻词，倒是诗人始料未及的。但叶绍翁这首诗的创意，肯定受到南宋大诗人陆游《马上作》的启示。

平明小陌雨初收，淡日穿云翠霭浮。
杨柳不遮春色断，一枝红杏出墙头。

后两句的意境，何其相似乃尔。陆游生前，就亲自编校诗集出版，其人、其文，知名度很高。作为后进，从他写的这首诗得到悟解，大有可能。但是，一、叶用得坦然；二、当时的读者和后来的读者，也读得坦然；三、似乎陆游也不觉得这种蹈袭，有什么不当的地方，处之坦然。这就是大师之间的豁达了。

在文学世界中，无心的雷同，有意的借鉴，不幸的撞车，难得的巧合，是常见常有的事。我想，宽宏一些，谅解一些，大度一些，应是君子之风。你写出了一，人家在你一的基础上写出了二，对于丰富文学的可能性来讲，岂不相得益彰吗？至于拙劣模仿之徒、无耻抄袭之辈，一个赖剽窃为生的文学小偷，是又当别论的。

鹰飞得再低，它也是属于天空的，鸡蹦得再高，难逃一辈子在后院的垃圾堆里觅食的命运。

宋人蔡宽夫的《诗话》中，写到宋初诗人王禹偁，"元之本学白乐天诗，在商州尝赋《春日杂兴》云：'两株桃杏映篱斜，装点商州副使家。何事春风容不得？和莺吹折数枝花。'

其子嘉祐云:'老杜尝有"恰似春风相欺得,夜来吹折数枝花"之句,语颇相近。'因请易之。元之忻然曰:'吾诗精诣,遂能暗合子美邪。'更为诗曰:'本与乐天为后进,敢期杜甫为前身。'卒不复易。"

我赞成这种自信的大家风度,只有那些长于相轻、短于相敬的小文人,才会把自己与别人的不谋而合、别人与自己的不约而同,当作天大的事,告状之,诉讼之,官司之,判决之。后来我也渐渐明白,越是一瓶子不满、半瓶子晃荡的同行,小本生意,现趸现卖,肚皮瘪瘪,腹中空空,你要抢了个先,他只好喝西北风,难怪是大方不起来的。像陆放翁,一生写诗近万首,如海一般汪洋恣肆,自称:"平生诗句传天下,白首还家自灌园。"一首半首诗,被年轻人用来再创造,三千弱水,不过取一瓢饮耳,他会当回事儿,跑到法院去敲登闻鼓,鸣冤叫屈吗?

日本作家川端康成在《临终的眼》里说过:"我以为艺术家不是在一代人就可以造就出来的。先祖的血脉经过几代人继承下来,才能绽开一朵花。"

懂得文学是一个积累和发展的长过程,谁也不是文学发现的终结者,想到这里,君子风度,也就有了。

"我亦平生伤偏迫"

叶绍翁所著《四朝闻见录》，是让朱门弟子最感到头疼的一本书。

因为其中提到朱熹生前诸多不端之事，如虐待老母，不孝其亲；与尼偕行，诱之为妾；儿女嫁婆，利在揽财；开门授徒，厚索束修；"四方馈赂，鼎来踵至，一岁之间，动以万计"；乃至"冢妇不夫而自孕；诸子盗牛而宰杀"，"据范染祖业之山以广其居，而反加罪于其身；发掘崇安弓手父母之坟以葬其母，而不恤其暴露"……

无论哪一条，要细究起来，都够呛。

朱熹（1130—1200），字元晦，号晦庵，江西婺源人，元、明、清三朝，为官方册定的圣人，尤为后世做八股文的生徒所宗奉。因此，怎么能有那些狗皮捣灶的糗事呢！于是，到了明代，有一位姓朱的孝廉，当系朱熹后裔，遍觅江浙一带书肆，将所有能搜罗到的这部宋人著作，统统购下，然后，付之一炬。这种为存祖宗体面的焚毁行径，倒有点儿"此地无银三百两"了，这位理学家，大概确有被人訾议之处，否则，何必如此心虚胆怯，来不及地灭口遮羞呢？

清人纪晓岚在《四库提要》中，对此书评价不错，认为"所论颇属持平"。从叶绍翁对于朱熹的那个不成才的儿子朱在，叹其"尽根尽骨卖了武夷山"，辱没先人名声看，叶并不是在出朱的丑。只是在记述有关朱的"庆元党"和"伪学案"时，不得不引用告讦者的文书而已。如果纯系不实之词，我想叶当有驳诘，既然未置可否，可能朱的对手们指证揭露之事由，也不全是空穴来风，无中生有。朱熹本人也坦承自己"聩眊"，"罪多擢发"，"至于众恶之交归，亦乃群情之共弃"。看来，这位仅次于孔孟的二等圣人，所作所为、所行所止，恕不敬，想必是有一点儿伪君子味道的。

其实，朱门弟子大可不必做此手脚，在敝国，不伪君子者，又有几何？即是比朱圣人大得多的孔圣人，也不能例外。

有一次，一号圣人到了卫国，国君灵公的夫人南子，邀他同坐在一辆车上，穿街过巷，招摇过世。这大概是孔丘一生中少有的浪漫行径，一位香喷喷的、相当性感的女人，同他保持着零距离的接触，作为一个"食色性也"的鲁国男子，有没有足以自持的定力，坐怀不乱，那且当别论。不过，这位把持朝政、作风淫乱的寡小君，声名十分狼藉，他老人家的门生子路，很看不惯他为南子骖乘。如果你老人家要解决荷尔蒙过剩的问题，哪怕随便在桑间濮上，找一个良家妇女，也比这骚货强。因而对老师在车上"弗洛伊德情结"的举止，大不满意。孔夫子急了，对学生赌咒发誓，"如果我做了不正当的事情的话，上天厌弃我吧！上天厌弃我吧！"（见《论语》）

夫子死乞白赖地拼命辩解，很难说不是做贼心虚的缘故，谁能保证老爷子守着如花似玉的美人，而不心旌荡漾呢？因之，时下一些具有献身精神的年轻女作家，欲登文坛，必先把评论家搞定。因为她也吃准了，任是铁石心肠，也经不住一脱，圣人尚且想吃南子的豆腐，何况性腺发达的评论家呢！

所以，在这个世界上，绝对透明纯净的、无遮无掩的、不藏不盖的、三点成一线、直来直去的真君子，又有多少？凡人必伪，几成定律，只是在伪的恶劣程度、坏（动词）人程度上的有所区别罢了。一般而言，伪君子，是有其三部曲的过程。第一，说一些并非自己想说的话，做一些并非自己想做的事，是为初级阶段。第二，那些不想说的话，说得顺溜起来，那些不想做的事，做得顺手起来，渐渐地入港了，是为中级阶段。第三，不想说的话，说到严丝合缝的地步，泰山崩于前色不变，不想做的事，做到滴水不漏的程度，面不改色心不跳，是为高级阶段。到达这个台阶上，便是有资格"立德立言"的社会贤达、国家栋梁。数千年来，中国的大人先生们，哪一个不是这样历练过来的呢？

不过孔丘之伪，估计尚在初、中级阶段，还不得不向学生发毒誓以自辩。而朱熹之伪，就伪得坦然自如，不动声色，显然，青出于蓝而胜于蓝，孔夫子当自惭弗如。看他在收拾那个色艺双绝的台州营妓严蕊时，眼都不眨一下，盯着那漂亮女郎的美妙胴体，一鞭一鞭地抽得皮开肉绽，心中好不快活的同时，嘴上却在义正词严地评判，得到弗洛伊德性虐狂的大满足，又做出正人君子的冠冕堂皇状，说明朱的伪，是上了层次的非同小可的伪。所以说，这部记叙朱熹行状的《四朝闻见录》，是研究此人的重要著作。幸好他的后人不是"焚书坑儒"的秦始皇，否则，我们就看不到圣人背后其实更近乎人的原生态的一面了。

很遗憾，关于作者叶绍翁本人的史料，却所知甚少。不过，有一首脍炙人口的七绝，千年传唱下来，几乎被大多数文人雅士所熟知。

你绝有可能背不出朱熹的诗，但这首，你一定有印象。

应怜屐齿印苍苔，小叩柴扉久不开，春色满园关不住，一枝红杏出墙来。（《游园不值》，见《靖逸小集》）

诗写得很精彩，至少在朱熹的《南山集》里，很难找到这样动感十足的诗句。朱的诗，乏灵韵，多呆板，好议论，少情趣，这恐怕与他害了后人，也误了自己的理学有关。叶诗的最后一句，想不到成了港台地区经常用来形容妻室外遇的隐喻词，这自然不是诗人的原意。若以文衡人，似可想象这位诗人，是既风流，又浪漫的，不像朱熹，一副布道面孔，一副教父神气，让人很讨厌的。

据杨和甫《行都记事》："朱晦庵为仓使，某郡太守颇遭捃摭，几为案治，忧愁万端。未几，晦庵为节他路，喜可知也。有寄居官者，因招守饮，出宠姬，歌大圣乐，末句云：'休眉锁，问朱颜去了，还再来么？'太守为之起舞。"他离任，大家开庆祝会，他调走，众人如释重负，一个人，混到大家恨不能送瘟神似的盼他滚蛋，这张"朱颜"，至少要在冰箱里冻了一些时日，才有这种令人望而生畏的凛然之气。

小诗小词写得很俏皮的严蕊，应该是个生性活泼的女子。尽管她操的职业，很近乎时下女作家小说中，召之即来，来之能战的女主角，但她的诗词，倒还追求风雅。她有一首《如梦令》，即席赋成，倒也不俗。

道是李花不是，道是杏花不是，白白与红红，别有东风滋味。曾记曾记，人在武陵微醉。(《赋红白梅花》)

唐宋间，有专门侍候官老爷们宴游娱乐、吹拉弹唱、席间陪酒、夜晚伴宿的官妓，直到明代，才由朱元璋禁绝。严蕊虽是营妓，但酷爱文学。她出卖身体，可作品离裤裆很远。我们知道，在封建社会中，一个女性，只有不专属于某个男人，成为每个男人都可以占有的公众人物，她才能拥有知名度，知名度愈高，其相对的自由度也愈大。因此，严蕊以其才女的身份，倾情于赏识她的知州唐仲友，是可以理解的。正如《巴黎圣母院》里的爱丝梅拉达，宁可接近卡西莫多，也要离那个克洛德副主教远些，是她的自由。

虽然，新任浙东提举的朱熹，也是遐迩皆知的文人，但戴着理学家面具，披着道学家衣冠的他，那张一本正经的"朱颜"，可能使她举步趑趄。也许她像夜总会小姐，将不想服侍的客人放了鸽子，曾经惹得朱大人不悦过。加之，唐仲友讥弹朱熹，相当冒犯，朱的这一肚子的火，发不出去，于是，先将唐的相好严蕊，捉将官去。

朱晦庵以节使行部至台，欲摭与正之罪，指其尝与蕊滥。系狱月余，蕊虽备受箠楚，而一语不及唐。然犹不免受杖，移籍绍兴，且复就越置狱，鞫之，久不得其情。狱吏因好言诱之曰："汝何不早认，亦不过杖罪。况已经断，罪不重科，何得受此辛苦邪？"蕊答云："身为贱妓，纵是与太守有滥，科亦不致死罪。然是非真伪，岂可妄言以污士大夫，虽死不可诬也。"其辞既坚，于是再痛杖之，仍系于狱。两月之间，一再受杖，萎顿几死，然声价愈腾，至彻阜陵之听。（周密《齐东野语》）

后来，朱和唐的官司，一直打到宋孝宗那里。"寿皇问宰执以二人曲直，对曰：'秀才争闲气耳。'仲友眷营妓严蕊奴，晦庵系治之。后晦庵移官，提刑岳霖，行部至台，蕊乞自便。岳问之曰：'去将安归？'蕊赋《卜算子》，岳笑而释之。"（邵玄同《雪舟脞语》）

这首《卜算子》，写得也颇有风致。

> 不是爱风尘，似被前缘误，花开花落自有时，总赖东君主。　　去也终须去，住也如何住，若得山花插满头，莫问奴归处。

朱熹报复不了唐仲友，那小女子严蕊被他无端地收拾以后，成了高风亮节的圣女贞德，着实让他血压升高，两眼发黑。其实，朱熹生前，仕途上起起落落，文场上名大实虚，并不十分得意，尤其晚年被扣上一个"伪学"帽子，名誉扫地，很灰头土脸一阵。他是死了以后才逐渐风光的。这就是老百姓所说的高灯远亮的道理了，距离越近，灯下越黑，距离越远，不关痛痒的后代之人，通常都采取模糊哲学了。凡

"以一眚而掩大德"者，都是太近、太了解、太知根知底而带有感情色彩的看法。庆元六年（1200），朱去世，又隔了七年以后，好运才来临。嘉定元年，中宗谥曰文，封信国公，绍定年间，理宗改封徽国公，从祀夫子庙，这时已是宋末。

宋亡，他继续走红，由元而明、而清，逐步升值为圣人，被彻底神化起来。每朝的最高统治者，都要颁行诏书，确定他对"四书"解读的垄断地位。于是，他的《四书集注》一书，说是中国儒生的《新约全书》，是不过分的，而这位朱文正公，被追捧得比耶稣教徒所信奉的使者，或者先知，还要圣明些。四时八节，孔孟之徒要向他三牲上供的，哪怕穷乡僻壤，也不成敬意地要端上一盘煮得半生不熟的冷猪头，请他老人家享用。

在旧中国科举取士时代，"四书"，是"学而优则仕"的敲门砖。《红楼梦》一书中，那位也属伪君子一族的贾政，对家塾的教育方针，发表意见时讲过："你去请学里老爷安，就说我说的，什么《诗经》、古文，一概不用虚应故事，只是先把'四书'一齐讲明背熟，是最要紧的。"这一番话，便可了解"四书"的重要性。而要"讲明"这部儒家启蒙典籍，朱熹的《四书集注》，便是首选的"教辅"。朱的书，有点类似新中国成立后的"干部必读"，也有点类似"文革"期间的"红宝书"，属于 ABC 的入门读物，是封建王朝认定的标准诠释本，是中国的读书人，从开蒙入塾，到进场应试，到上京赶考，到对策御殿，几乎一生都应手不释卷的书。旧时的莘莘学子，启蒙那天，磕过孔子、孟子、颜回、曾参的头以后，就要磕这位"峨冠博带"的朱熹的头。

然而，中国人后来的全部不幸，与朱熹的理学，与"二程"兄弟的道学，有相当大的关联。清初思想家颜元对宋儒的批判，有过一针见血的说法："千余年来，率天下入故纸中，耗尽身心气力，作弱人，病人，无用人者，皆晦庵为之也。"（《朱子语类评》）

　　这位集伪君子、假道学、正经面孔、花花肠子于一身的朱晦庵，在思想领域中所起到的长期的消极作用，是为害甚广、流毒甚远的。如果说，汉唐时期的儒学，多少还有一点生命力，而宋以后，至明、至清，儒学，已是一块毫无墒情和养分，毫无生机和活力，只有板结和僵硬，只有迂腐和迂执的死土。只能起到窒息中国人思想、压迫中国人自由的作用，都是朱熹和宋儒的罪孽。可怜数百年来，那些不能够、也不允许、更无胆量去冲破桎梏、追求人性的知识分子，不作八股文，不作假道学，不作伪君子，何以为计？

　　于是，唐和宋，在中国历史上，便是一个在思想上是放还是收的分界线。

　　英国历史学家汤因比，有一次，与日本国池田大作谈起华夏文明。这位日本学者政治家忽发奇想，问道："阁下如此倾情古老的神州大地，假如给你一次机会，你愿意生活在中国这五千年漫长历史中的哪个朝代？"汤因比略略思索了一下，回答说："要是出现这种可能性的话，也许会选择唐代。"

　　他为什么选唐而不选宋，因为自汉至唐，中国人的基本主张，为放，向外看。自从程朱的儒学系统出现以后，自宋至清，中国人的大政方针，是收，向内看。虽然，元曾地跨欧亚，明曾屡越重洋，清曾大拓疆界，但绝无汉唐向全世界祖露胸怀的盛世气度。汤因比，这位伦敦皇家国际关系协会的雇员，更愿意居住在唐代，因为唐比汉，更是中国历史上胡汉混杂，种族融合，与世界交往频密，在文化、经济、政治、宗教各方面更敢往外看的时期。中土人的大度和器识，西域人的剽悍和浪漫，所凝聚起来的这股敢想敢干、敢作敢为的气度，恐怕是汤因比心向往之的。

一个男人，有这份气度，显得豪迈。一个女人，有这份气度，显得美丽。一个民族，有这份气度，显得宽容。而一个国家，有这份气度，必定显得气象万千的发达。

汉以这份气度，做大事业，唐以这份气度，有大格局。然而，到了宋朝，休想再有这等大作为、大手笔了。为什么？就是因为有了这些理应躺在太平间里，却大摇大摆的、吆五喝六的、煞有介事而狗屁不是的、坐在尊位上的腐儒。

大师多了，本来就是痛苦，假大师多了，则绝对是灾难。而假大师兼僵尸者多了，神州就该陆沉了。

颜元说得好："秦汉以后，千百余年，气数乖薄，求如子路冉有亦不可得。何独以偏缺微弱，兄于契丹，臣于金元之宋，生三四尧孔，五六禹颜，后之南渡也，又生三四尧孔，五六禹颜，乃前后有数十圣贤，上不见一扶危定倾之功，下不见一可将可相之才，拱手以玉玺投海，以少帝与元矣，多圣多贤之世，而若是乎？"（戴望《颜氏学记》）

朱熹，这位道学先生，对其本朝究竟有何贡献，真是大可怀疑。除了偷鸡摸狗，拐骗两个丽尼，心怀鬼胎，收拾一位艳妓外，别无任何裨益。所以，鲁迅先生1934年给一位日本朋友的信中所写："我为了写关于唐朝的小说，去过长安。

到那里一看，想不到连天空都不像唐朝的天空。"

呜呼哉！不用说民国初年的长安天空，迥异于唐代，就连紧挨着唐代的赵宋王朝，那天空也被程朱理学的乌烟瘴气，弄到令人窒息的程度。从那开始，中国人不但失去了汉唐的大气、生气、灵活之气、壮伟之气，而且从此多了些要不得的犬儒气、迂腐气、伪君子气、小家子气，以及更要不得的阳痿之气、阉寺之气、苟且之气、羼头之气。以致直到今天，以我所熟知的文学领域而言，阳刚之气，大雅之音，振聋发聩的黄钟大吕，汪洋恣肆的壮丽史诗，也是可遇而不可求的鲁殿灵光了。

因此，朱熹，包括"二程"，以及一切腐儒，对于中国文化的负面影响，其后果实在是很缺德、很缺德的。

话说回来，这位圣人，跳出他自己挖坑埋葬自己的理学陷阱，仅仅作为文人的那一刻，他也不是一味迂执、一味僵直、一味跟鲜活的人过不去，要大家都朝木乃伊的方向奋斗，成为死的活人，或者，活的死人的。有他的诗为证——

其一，是他眼中的自己：

> 长言三复尽温纯，妙处知君又日新。我亦平生伤偏
> 迫，期君苦口却惇惇。

其二，是他眼中的世道：

> 十年浮海一身轻，归对梨涡却有情，世上无如人欲
> 险，几人到此误平生。

他不是不明白，不是不清楚，但是，那张已成正果的伪君子和假道学的"朱颜"，要改也难。正如近半个世纪里，我们充分领教过的"左"派伪君子、"革命"假道学一样，只好由他们顶着花岗岩脑袋，去见上帝了。

"细雨骑驴入剑门"

南宋孝宗乾道八年（1172）十一月，陆游由南郑赴成都，经剑门关，写了这首无人不知的小诗。

衣上征尘杂酒痕，远游无处不销魂。

此身合是诗人未？细雨骑驴入剑门。

虽只四句，但剑门之美、羁旅之情、战士之心、诗人之思，跃然纸上。古往今来，堪称绝唱。

蜀道天险，剑门关隘，历来都是名流雅士、骚人墨客，忍不住要赋诗一首的地方。这种中国式的表现欲，也是中国文人说来颇有些可怕的职业病。好像过剑门关，不诌出两句诗来，对不起自己似的。心就抓挠，手就技痒。但有唐人卢照邻、李白、杜甫的诗在前，更有宋人陆游的这首诗在上，知道难以超越，通常也就罢手。与其丢丑，无如藏拙，这就是聪明人了。

不过，在中国，能够明白自己吃几碗干饭者，好像不多。

近人某氏，居高位，享盛誉，著书立说，其作等身，好不风光。因而具有强烈自信，终其一生，保持着极其良好的自我感觉，不愧为一种本事。此公游兴高，诗情盛，我琢磨他在世时，不把中国的名山、名水、名景、名胜，走遍、写遍，是不肯罢手的。大有生命不止、题词不已的壮烈。所以，在神州大地，他的墨宝，比比皆是。无论什么事物，再好，多了就要贬值，多了就会令人起腻。

他在剑门，也曾留下过一首五律：

> 剑门天失险，如砥坦途通。
> 秦道栈无迹，汉砖土欲融。
> 群峰齿尽黑，万砾色皆红。
> 主席思潮壮，人民天下雄。

对这首纲举目张、无懈可击的诗，好就好在政治上，"思潮壮"的"主席"，"天下雄"的"人民"，比肩并立，谁敢摇头说个不字？但应景文章的弊端在于应景，一旦走出剑门关外，在旗亭里喝杯茶，也就会忘个干干净净。在人们的记忆里，还是陆游那句神来之笔，"细雨骑驴入剑门"，那是怎么也磨灭不了的。

好诗，是心田里流出来的，这是陆游的诗歌得以不朽的缘故。

身居要位，官列枢机的某公，与报国无门、屡遭窜逐的陆游，不尽相同。同过剑门，同赋词章，一位临池砚墨，挥笔龙蛇，掌声雷动，笑脸殷勤；一位霏霏细雨，驴蹄橐橐，形单影只，茕茕独行，岂能同日而语？一位，如此大幸，一位，如此大不幸，正是这幸与不幸之分，写出来的诗，也就有了天壤之别。

这是谁也不能违背的文学规律：一个太快活的人，太满足的人，太神气飞扬的人，太想达到政治目的，达到了还嫌不够，还想锦上添花的人，心田里塞满了欲望、野心、金钱，以及恶，即使有诗，通道堵塞，也流不出来了。古人云，"穷而后工"，还是很有道理的。

脑满肠肥、肉食者鄙之辈，声色犬马、蝇营狗苟之徒，尽管在文坛招摇过世，在儒林张牙舞爪，在市场签名售书，在报纸抛头露面，但那些不是自心田流出来的，而是从腋窝、从肛门，或从其他什么部位排泄出来的文学，无论怎么炒作、怎么畅销，那来路不正的味道，总是遮掩不住的。

陆游早年，就声名鹊起，被时人目之为"中兴之冠"，为南宋诗坛的领袖人物。这位爱国诗人，不仅写不来那类形迹可疑的作品，连敞开大嘴，自吹自擂，或拿大，或倚老，或卖乖，或作秀，也不符合他的诚实做人原则。所以，他的一生，除了文学的辉煌成就外，个人事业，官场业绩，爱国情怀，杀敌抱负，可谓不甚得意。这一次，过剑门，折翅断羽，尤为沮丧。

陆游（1125—1210），字务观，号放翁，越州山阴（今浙江绍兴）人。他出生那年，适逢北宋亡国的"靖康之耻"，从此，这种"准亡国奴"的身份，对诗人来讲，是他终生摆脱不了的厄运。据说，他死前三呼"渡河"而后气绝，说明他一生就以"横扫虏廷，雪我国耻"为其终身的奋斗目标。

诗人还在幼年，就蒙异族侵略之害，不得不由原籍淮北，辗转逃难至江浙。成年后，又"亲见当时士大夫，相与言及国事，或裂眦嚼齿，或流涕痛哭，人人自期以杀身诩戴王室，虽丑裔方张，视之蔑如"(《跋傅给事帖》)，"未尝不相与流涕哀恸，虽设食，率不下咽引去"(《跋周侍郎奏》)。在如此深刻的抵抗潮流影响下，以雪耻报国、抗敌御侮为其生命基调的诗人，想让他具有当代文人的那些苟且勾当、下流做派，是学不来，更做不到的。

精神时代，出精神斗士，物质时代，出物质庸奴，这就是时代赋予文化群体的总体特色。

乾道七年（1171）他在夔州任上，分管教育、农业，甚不如意。正好，枢密使王炎宣抚四川，聘他为幕宾。他终于如愿以偿，到了南郑幕府。并有机会巡行汉中一带，在接壤金兵的最前线，施展其军事才能。栉风沐雨，驰骋沙场，霜凝铠甲，奔走边关，终于实现其"恨不以此劳，为国戍玉关"(《雪后苦寒，行饶抚道中有感》)的理想。

然而，这个世界，是个绝对偏心眼儿的世界。好人想做好事不成，坏人想做坏事必成，已是一种规律。在王炎幕下，任干办公事兼检法官的这位诗人，主张抵抗，也在说服长官抵抗。"为炎陈进取之术，以为经略中原，必自长安始，取长安必自陇右始。当积粟练兵，有衅则攻，无则守"(《宋史》)。

这当然是给主张不抵抗的皇帝添堵，是给主张不抵抗的投降派好看。于是，两者沆瀣一气，联手出来镇压。第一着，将王炎调回临安，闲置起来；第二着，长官一走，幕宾自然也就只好作鸟兽散，各谋出路。我们这位诗人，灰溜溜地离开南郑，经剑门到成都去，再豁达，再想得开，这心情也好不起来。

在中国历史上，凡统治者对外孬种之际，必是对内凶恶之时，对金人，他们称臣称侄，忍辱蒙羞，纳币强虏，苟且偷安；对抗金将士，他们排挤之、打击之，排挤、打击还不行的话，则杀戮之、屠灭之。中国人这种在狼前为懦弱之羊、在羊前为狠毒之狼的劣根性，是不是我们这个民族，在人种基因上出了什么问题？否则，为什么几千年来，始终不断出汉奸、出卖国贼、出假洋鬼子、出民族败类呢？

从南宋当局与北方强敌金国所签订的"和议"，便可知道当其时也的诗人陆游，该是怎样地义愤填膺了。

公元 1141 年，宋金签订的"绍兴和议"，南宋向金称臣，每年要向金输纳"岁贡"银 25 万两、绢 25 万匹。

公元 1164 年，宋孝宗又和金世宗重新签订了"隆兴和议"，规定南宋皇帝对金朝皇帝不再称臣，改称侄皇帝。

公元 1208 年，宋宁宗和金章宗再次签订"嘉定和议"，双方规定，金宋的"叔侄之国"改为"伯侄之国"，"岁币"由原来的银、绢各 20 万两、匹增加到银、绢各 30 万两、匹。

一腔热血，换来一盆凉水的陆游，在郁闷中、在惆怅中，无法写出那"思潮壮""天下雄"的时代最强音。爱国有罪，何"壮"之有？抗敌有过，"雄"从何来？一直到乾道九年（1173），他的一首《三月十七日夜醉中作》，仍可读出诗人被剥夺了爱国权利的愤懑，失去了杀敌机会的激愤。

当年脍鲸东海上，白浪如山寄豪壮。去年射虎南
山秋，夜归急雪满貂裘。今年摧颓最堪笑，华发苍颜

羞自照。谁知得酒尚能狂，脱帽向人时大叫。逆胡未
灭心未平，孤剑床头铿有声。破驿梦回灯欲死，打窗
风雨正三更。

不过，从这首诗看，时在成都任参议官的他，仍是壮志
未泯，仍是精神不死。屡遭挫折，收复山河之心不变，远离
前线，憧憬鼙鼓之声依旧。可是，生在这个极不争气的王朝，
碰上这些极不争气的皇帝，他一生历经高宗、孝宗、光宗、
宁宗四朝，一个比一个窝囊废，又能有什么作为？

不是他不想为国效劳，而是这个国家说，谢谢你，你不
必效劳，你最好的方式，就是不作为，你要不识相，非要作
为不可，那我就要收拾你。诗人不由得对天大呼，"至今磊落
人，泪尽以血续"（《闻虏乱次前辈韵》），手脚被捆绑起来的
陆游，任由心头滴着鲜血，那岁月也太痛苦了。

有时，我替这位诗人想：他怎么就不可能像今天的文人，
稍稍灵活圆转一些呢？

如果相信外国的月亮比中国圆，如果相信外国的菩萨比
中国灵，如果见到洋人来临，马上立正，骨头收紧，如果听
到老外讲话，立刻敬礼，如聆纶音；倾倒之而数典忘祖，膜
拜之而手舞足蹈，信仰之如醍醐灌顶，陶醉之如狐魅附体，
也许陆游就不存在这些爱国烦恼了。

说不定解脱了、觉悟了以后，在新"左"派刊物或非主
流网站上，发表《试论金兀术的绝对霸主权威及不可惹论》《谈
女直国的绝对军事优势，以及绝对打不过，既然打不过，莫
如趁早归顺》等文章或帖子，也可增加一些到大金帝国设在

淮、泗边上的领事馆，办理出国签证的资本。

然而，古人多古道心肠，而古道心肠之人，多古板，古板的性格，难免认死理，难免一根筋，陆游，对于这个破碎的半壁河山，那根深蒂固的爱，对于异族侵略者，那斩钉截铁的恨，倒也不是说变就变，说改就改的。"逆胡未灭心未平，孤剑床头铿有声"（《三月十七日醉中作》），他是很把这个不怎么样的国家，当回事的。

不像我的某些作家同行，前脚到得外洋，后脚回脸骂娘，转眼忘掉曾经遮过风雨的老屋，唾弃之，敝屣之，也未免势利得太快。所以，像陆游这样与处于生死存亡关头的这个民族，血脉相连，心气相通，而对那些与自己所认知的文化传统精神相背的"妖氛""胡尘""夷音""逆虏"之类，格格不入，难以认同；那些努力使自己眼珠绿起来、头发黄起来、皮肤白起来的朋友，是无法理解的。

这就是两千三百年前那位漆园吏所说的了。

　　井蛙不可以语于海者，拘于虚也；夏虫不可以语
于冰者，笃于时也；曲士不可以语于道者，束于教也。
（《庄子·秋水》）

那些同行，甚至还会将一顶"爱国贼"的帽子，加诸陆游头上的。这有什么办法呢？其实想想也就不奇怪了，端谁的碗，服谁的管，啖饭，本难，啖洋饭，尤其难，而啖外国主子嗟来之食，更是难上加难。在人家需要他讲什么，而必须讲什么的时候，不这样也难以生存。于是，也就谅解这种

讨好主子的谋生之道了。

如果读一读陆游乾道九年（1173）写的一首《金错刀行》，就知道两种不同价值观点的差异了。

> 黄金错刀白玉装，夜穿窗扉出光芒。丈夫五十功未立，提刀独立顾八荒。京华结交尽奇士，意气相期共生死。千年史策耻无名，一片丹心报天子。尔来从军天汉滨，南山晓雪玉嶙峋。呜呼，楚虽三户能亡秦，岂有堂堂中国空无人！

一个心中有中国的中国人，和一个心中只有外国的中国人，是没有共同语言的。

饮恨一生，爱国不成，这八个字，便是诗人的生平概略，这也是中国历来士大夫说不尽的哀史。谁教他偏偏生在鼻涕虫统治的时代，偏偏赶上不是奸佞当道，小人得势，就是脓包蛋掌权的时代？于是，空有满腹韬略，万卷兵书，徒有爱国热忱，杀敌壮志，也只能在无可奈何的岁月里，销蚀殆尽，付诸东流。

尽管如此，悲壮的诗人仍旧将自己命运，与这个衰微的王朝维系在一起。因为这是他的国家，也是他父母亲和他儿女的国家，母亲是不可替代的，祖国是不可更迭的。甚至到了开禧二年（1206），他82岁时，还把自己喻为一匹老马，等待着祖国的征召。

老马虺尵依晚照，自计岂堪三品料？玉鞭金络付梦

想，瘦稗枯其空咀嚼。中原蝗旱胡运衰，王师北伐方传诏。一闻战鼓意气生，犹能为国平燕赵。(《老马行》)

如果，再读他写于嘉定三年（1210）春天的绝笔诗：

死去元知万事空，但悲不见九州同。王师北定中原日，家祭无忘告乃翁。(《示儿》)

对于中国知识分子的这份痴心孤诣，你也不由得动情的。

在中国，他算是较少见的高寿，同时又是高产的诗人，活了86岁，一辈子未曾辍笔，"六十年间万首诗"，这实在是中国文学史之壮观。中国为五千年之久的古国，也是五千年之久的诗歌王国。诗人之多、诗作之多，在这个世界上也是数得着的。作诗万首或数万首的诗人，当然并不只有陆游。但是能以高数量和高质量，在中国文学史奠定其崇高地位者，唯他一人而已。

他的爱国诗歌，激励着一代又一代的中国人。

鲁迅在《豪语的折扣》一文中，提到这位伟大诗人，他说："南宋时候，国步艰难，陆放翁自然也是慷慨党中的一个。"这"慷慨"二字，点出了他爱国篇章的总的精神所在，也是构成他卓著诗名，千古传诵的力量所在。

要知道，中国，实在是太多灾多难的国家，中国人的全部历史中，称得上"国步艰难"的时候，也太多太多。特别是公元1884年鸦片战争以后，中国人成为列强的俎上肉，全部记忆蒙上了"耻辱"二字。所以，能给中国人一分悲壮、一分义愤、一分忧思、一分抗争的放翁诗词，确实是那阴霾岁月中的一线阳光啊！

也许，没有当过亡国奴，不知亡国是怎么一回事。没有见识过外国军队在中国国土上耀武扬威的场面，不懂得被践踏、被蹂躏是个什么滋味。公元 1945 年的冬天，在上海，作为中学生的我，第一次见到打着白旗投降的大队日军。那感受很奇怪，不是欢欣，不是庆幸，而是想起在沦陷区拿着良民证，路过鬼子盘查岗口，朝皇军的膏药旗鞠躬的情景。同样，公元 1952 年的冬天，在朝鲜，作为志愿军的我，第一次见到被押解去后方俘虏营的大批美军，仍旧是那种奇怪的感受，不是复仇，不是自豪，而是想起抗日战争胜利后，美国大兵开着吉普车，搂着中国女人，在上海的南京路、外滩横冲直撞的情景。而在那种做一个悲哀的中国人的日子里，只有陆放翁的诗词，能让我读得热血沸腾，读得慷慨激昂，让我感到不那么悲观，不那么绝望。

他那天马行空的洋溢诗情，他那振聋发聩的激越文字，鼓舞着中国人的御侮精神，催生着中国人的抵抗勇气，这是陆游的了不起处。所以，他的爱国诗歌，永远是中华民族的宝贵财富。

其实，陆游本也可以在朝廷里，当一位御用文人的。

陆务观，农师之孙，有诗名。寿皇（高宗赵构）尝谓周益公（周必大）曰："今世诗人亦有如李太白者乎？"益公因荐务观，由是擢用，赐出身为南宫舍人。（宋·罗大经《鹤林雨露》）

孝宗（赵昚）即位，迁枢密院编修官兼编类圣政所检讨

官。史浩、黄祖舜荐游善词章，谙典故，召见，上曰："游力学有闻，言论剀切。"遂赐进士出身。(《宋史》)

在封建社会里，能跟帝王谈诗论词，讨论文学，那是挺不错的差使，位高官崇，吃香喝辣，只要顺杆儿爬，只要嘴甜舌绵，遵守不添乱、只唱和，不吭声、只喝酒，不问政治、只为帮闲，不义愤填膺、只逍遥自在的四不原则，陆游肯定混得比那个伪君子朱熹要强。但他太诗人气了，太文人化了，太把爱国、抵抗当回事了。

对不起，放翁先生，只好请君自便了！即使皇帝不撵他走，皇帝跟前那帮宵小，也容不得他。

尽管，一位皇帝，将他当作再世李白那样抬举，一位皇帝，将他当作文学顾问那样高看，然而他，到底还是当他浪迹天涯的诗人去了。

清明上河图

每逢清明，就会想到杜牧在安徽池州写的诗。"清明时节雨纷纷，路上行人欲断魂。借问酒家何处有？牧童遥指杏花村。"据说，此诗一出，全国范围内至少有七八个名叫杏花村的地方，声称杜牧所写的，即是他们的村子。其实，这首诗是否为杜牧所写，尚存疑问，不过，大家都来认领这首诗，除了商业和旅游的考虑外，也是因为这首平白如话的诗，实在是好，好在内涵隽永，好在韵味悠长，好在末句的"牧童遥指"，给读者以很大的想象空间。正因为是好诗，才千古流传，脍炙人口，正因为是好诗，才争着抢着，为乡土增光吧？

写清明的诗很多，写清明的好诗也很多。但是，画清明的画很少，而像北宋时期张择端的《清明上河图》那样宏大题材的作品，只此一幅，绝无仅有，那就更属难能可贵。因此，人们在清明时节，很容易想起来杜牧的这首清明诗，却很少想到珍藏在北京故宫博物院的张择端的这幅清明画。这幅画和这首诗，同写清明时节，清冷与火热，沉重与喧嚣，抑郁与亢奋，低调与昂扬，给人留下的感受，绝对是截然不同的。

也许因为所有写清明的诗，由于寒食的缘故，由于祭扫的缘故，更由于暮春天气乍暖还寒的缘故，诗人的笔下，难免要流露出来淡淡的哀愁、浅浅的伤感，这就是"路上行人欲断魂"的精神状态了。然而有可能一睹这幅以北宋首都汴梁为背景的《清明上河图》，那就是另外一种极阳光、极欢畅的清明，不但绝不会"断魂"，而且会全身心被吸引到这个宋代的开封城里，投入简直是嘉年华式的节日盛会中来。诗和画，同为清明，冷和热，却生出不一样的感情，这大概就是艺术的魅力了。

画卷长 5 米，高 0.24 米，现藏北京故宫博物院，为稀世珍本。画家积十年之功，以高度的艺术概括力，将这座经济发达、物阜民丰、江山鼎盛、繁花似锦的北宋首善之区，全盘烘托在你眼前。其构图之错落有致，布局之疏密得当，画面之复杂变化，场景之更迭自如，让你目不暇接，让你赞叹不已。画家张择端，我们只知道他曾供职于翰林图画院，字正道，为东武（今山东诸城）人，至于其他行状，则一无所知。然而他的这幅画，使他不朽于千秋万代。

最可敬者，张择端作为皇家画师，却将眼光落在时值清明的开封街头，跳出宫廷的繁文缛礼，走进市民的平凡世界，不能不说是一种别具慧眼的革新创举。他以众多人物为主线，以城市生活为脚本，以河流船舶、路桥车轿、集市游人、商铺摊贩、茶楼酒馆、当铺作坊、居房院落、林木花草为背景，将骑马、坐轿、挑担、赶驴的各色人等，卖茶、沽酒、算命、打卦的三教九流，组合成这样一幅内容丰富、规模宏大、形态逼真、场面壮观的史诗般画面。

顺着这幅画的卷轴打开，从春日的郊区景象，到繁忙的汴河码头，再到热闹的市区街坊，一路上，我们不但听到船工和纤夫奋战激流的呼喊声，骡马和骆驼行走在街市的嘚嘚声，还可以听到商贩和店面里传出来的叫卖声，饭店和酒铺里猜三划五、掷色饮酒的吆喝声，我们不但看到行人和看热闹者的交头接耳，探亲访友和走亲串戚的男女老少，还可以看到驮炭毛驴和行脚僧人匆忙走过酒肆、脚店、肉铺、茶坊的情景。因此，这幅画的历史价值，就在于它为后人提供了一千年前中国社会生活的生动写照。无论在中国，还是世界的绘画史上，都是独一无二的珍品。

　　宋朝的开封老百姓，是怎么过日子的？我们可以从宋朝孟元老的《东京梦华录》、明朝李濂的《汴京遗迹志》书中略知一二，但文字记载远不及张择端的这幅画为你所提供的直观形象。多亏了这位画家，使我们得以目睹 11 世纪至 12 世纪北宋鼎盛时期的东都汴梁的面貌，也是最鲜活、最灵动、最真实的蒙太奇画面。于是让我们领教当时的世界级大城市，人口破 100 万的开封城，是如何的富庶、繁华、发达和文明。

　　文学艺术的目的性，从来就有"为大我"和"为小我"（或"为自我"）之区分。虽然，"为大我"和"为小我"（或"为自我"）并无高低贵贱之别，但"为大我"者，通常先着眼于时代的沧桑变化、人生的复杂多端、社会的诡谲难测、世界的进展退化，然后才是自己的喜怒哀乐。而"为小我"（或为自我）者，总是先考虑到个人的悲欢离合，或一部分人的爱爱仇仇，然后才会涉及身外事外。由于主次的差异、用力的轻重、视野的阔窄、追求的不一，"为大我"者的时空观念比

宋 | 283

较开阔宏大，唯其开阔宏大，所以能够登高望远，唯其登高望远，所以能够继往开来，因此，"为大我"者的作品总是会给我们带来灵魂上的震撼。"为大我"者的这种大气、豪气、勇气和朝气，是"为小我"（或"为自我"）者所不具备的。同样，"为小我"（或"为自我"）者的精致、精细、精美和精巧，通常都能给我们带来情感上的共鸣，这些地方也容易是"为大我"者顾及不到、推敲不够的薄弱环节。

《清明上河图》则是全壁式的作品，它既是全景式的大制作、大场面，具有史诗气魄的宏伟之作，又是在细部上的精心雕琢，细节上的力求真实，细枝末节上的不遗余力，是一部达到尽善尽美的作品。据百度百科引齐藤谦《拙堂文存》统计，《清明上河图》中共有各色人物 1659 人，动物 209 头（只），比古典小说《三国演义》的 1195 人、《红楼梦》的 975 人、《水浒传》的 785 人，要多得多。而且无不栩栩如生，皆惟妙惟肖。所以，千百年来，一直被国人视为中华文化的瑰宝。

杜牧《清明》诗，其优雅优美，其感伤感动，固然是文学不可或缺的一部分；不过，张择端《清明上河图》，其强烈的时代感，其深厚的历史感，则更是这个具有文化底蕴的古老中国所需要。应该说，一个国家，一个民族，从文学史的角度衡量，总是花花草草，而无干城梁栋，总是浅吟低唱，而无黄钟大吕，总是鸡毛蒜皮，而无怒发冲冠，总是卿卿我我，而无家国良知，那后果恐怕真是值得担忧的了。

洪迈说人君寿

中国历代的人君，加起来，一共有300多位。有人作过统计，皇帝长寿者并不多。宋代的《容斋随笔》，这是毛泽东生前最后爱读的一部书籍；在这部书里，洪迈专门写了一篇《人君寿考》，来研究皇帝的寿命问题。

据他的记载，在宋以前的皇帝，也就只有五位是高龄者。余下的，平均年龄也就三十几岁。有的小皇帝继位时才七八岁、十来岁，有的是在襁褓中登基的。这些儿童皇帝，早殇者就更多了，因为皇位争夺战中总是十分严酷的，动不动成为政治斗争的牺牲品。对任人摆布的这些幼帝来说，那命运是蛮可怜的。

大多数帝王短命的原因，无非两点：一是皇帝这个职业的安全系数实在太不高了，觊觎王位者总是很多，而且总是采用暴力手段，一点儿也不客气地来夺取帝位。所以，当皇帝者，非正常死亡甚多，被砍头、被鸩杀、被幽闭处死，在历史上是屡见不鲜的。二是当上皇帝以后，十之八九太过劳累，日理万机是一累，纵情享乐也是一累，对付三宫六院七十二嫔妃和后宫三千佳丽，则尤为一累。《金瓶梅》里的西门庆先生，就那么六七位妻妾，最后还是因为纵欲身亡，何况皇帝有比他多几十倍的女人，需要他去努力奋斗呢！这种催命行为，也在加速帝王的死亡进程。所以洪迈叹息道：皇帝能活到"五六十者亦鲜"矣！

他提到这五位宋以前的高龄帝王，分别为汉武帝刘彻（69岁）、吴大帝孙权（70岁）、梁武帝萧衍（85岁）、唐高祖李渊（69岁）和唐玄宗李隆基（77岁）。都差不多活到了古稀之年以上，可以称得上是帝王中的老寿星了。

但洪迈对这五位长寿皇帝，是很不以为然的，他说："即此五君而论之，梁武召侯景之祸，幽辱告终，旋以亡国；玄宗身致大祸，播迁失意，饮恨而没。享祚久长，翻以为害，固已不足言。汉武末年，巫蛊事起，自皇太子、公主、皇孙皆不得其死，悲伤愁沮，群臣上寿，拒不举觞，以天下事付之八岁儿。吴大帝废太子和，杀爱子鲁王霸。唐高祖以秦王之故，两子十孙同日并命，不得已而禅位，其方寸为如何？"

洪迈说："然则五君者虽有崇高之位，享耄耋之年，竟何益哉？"言下之意，这几位皇帝活这么长久，其实是老而不死，贻祸后人，究竟有什么用处呢？但平心而论，这几位倒都曾经是英年有为之君，都曾经有其历史上光辉的一面。即以刘彻来说吧，他即位后，采用董仲舒的"罢黜百家，独尊儒术"议，控制思想言论，加强封建统治；采用主父偃的"推恩"策，削弱侯国和地方势力，巩固中央集权；采用孔仅和东郭咸阳的冶铁、煮盐、酿酒官府专卖法规，增加朝廷的财政收入；而且开凿漕渠，大力发展农业生产；同时对侵扰不已的北方匈奴，改变汉初所使用的和亲政策，用卫青、霍去病、李广等名将，大规模出击，赶走匈奴，收复失土，开通西域。汉武帝时的中国版图，疆域之大，在历史上是少有的。

其他几位长寿皇帝，握权早期，也都是很有一番作为的。譬如孙权在魏、蜀、吴三国争雄中，是个头角峥嵘的领袖人物。周瑜在赤壁之战中，打败曹操，陆逊在夷陵之战中，打败刘备，都是和孙权的英明决断、果敢行事分不开的，他能据有江东一隅五十二年，"国险而民附"，南辟疆土，北御强敌，碧眼儿的英武，连曹操都佩服得恨不能生这样一个儿子。譬如萧衍，那是一个博学多才的皇帝，与著名文人沈约是唱和的文友，他还精通乐律，雅善书法，非一般附庸风雅者写两句臭诗、题两笔孬字可比。他当了皇帝以后，也曾勤勉政事，巡郡恤狱，劝课农桑，禁抑豪强，而且躬行节俭，连他儿子都笑话他过于寒酸。至于李渊，要不是他削平了隋末各地的武装割据势力，也无法统一全中国，创立伟大的唐王朝。而李隆基在人们心目中，虽然几乎成了个恋爱至上主义的风流天子，其实他在位前期，头脑清醒，英武明断，选贤任能，励精图治。开元之治，也是著之于史册，一直被称道的。

这些皇帝后来就渐渐地走向了自己的反面，这说明生理、心理的衰老的同时，久握权力的腐化结果，也就随之而来。由于事不躬亲、偏听偏信，自然拒绝直言、喜爱奉承、好大喜功、宠用非人，这也是老人政治的特点，再加之纸醉金迷、声色犬马、深闭后宫、嬖幸用政，最后必定是胡作非为、昏聩愚蒙，倒行逆施，祸国殃民。有的驾崩了，还贻害无穷，得后人为他付出代价。

孙权清醒时，认识到无论如何不能重蹈袁本初、刘景升废长立幼、兄弟厮杀的覆辙，但他到了晚年，对太子的或囚或废，比袁、刘还要严酷，造成了他死后继承人的大屠杀，在魏、蜀、吴三国中，吴国宫廷里的血腥记录，最骇人听闻的了。李隆基当年为了提倡节俭，甚至烧毁宫内奢侈品，令后妃以下不服珠玉锦绣，罢去两京织锦坊。可他到了晚年，为杨氏姐妹所进行的奢靡淫侈的活动，与他早期的廉政行径，判若两人。萧衍老了以后的糊涂程度，也真令人吃惊，任何一个明智的人都认为侯景的狼子野心，决不可信，他却信之不疑，至死不悟。这位引狼入室、咎由自取的老人，最后饿死在他的宝座上，也是活该了。

洪迈在他的文章最后说，"若光尧太上皇帝之福，真可于天人中求之"。这位被吹捧的太上皇，就是宋高宗赵构。罢李纲、用秦桧为相的是他，给岳飞发去十二道金牌的是他，"卑词遣使，屈己通和"，缔结割地、称臣岁贡的耻辱条约是他，置长江以北于不顾，只求偏安的是他。完全不像洪迈所捧的那么了不起。他根本无法和前面五位帝王相比，洪迈非议他们而肯定赵构，是没有道理的。高宗从一接位起，就打定主意不去收复失地，从心底里不主张对金抗战，他的以和立国的国策，实际是他一个极其卑劣的心计，因为他十分害怕被金人俘走的他父亲徽宗、哥哥钦宗回来，那样一来，他的皇帝就当不成了。他为了保住自己的帝位，甘心父兄为虏，身死他乡，陷半壁江山于水深火热之中，偏安一隅。

这一切，参与《四朝国史》修撰，在国史馆供职的洪迈，当然不会不一清二楚，但一定要来一句光明的尾巴，也属难言之隐。看来，本朝人说本朝事，尤其那位告老的皇帝，还在德寿宫里颐养天年，作家难免有一点儿违心之言，自是情有可原的事了。

知不足

《容斋随笔》，为南宋洪迈所著。据说，毛泽东临终前 13 天，也可说是几近弥留之际，还向身边工作人员提出来，要求重读这部书，可见他是多么珍视这部古代的文史笔记了。

洪迈是位家学渊源、博览群书、勤于治学、著述甚富的大学问家。官也做得很大，为中书舍人兼侍读，直学士院，等于是皇帝身边的贴身秘书，宋孝宗赵眘相当信任他，"讲读官宿直，上时召入，谈论至夜分"（《宋史·洪迈传》）。一个文人，能够熬到这个份上，也就够意思了。

学士宿直，也就是住在内廷，随时要秉承皇帝的旨意，起草文件，制定规章，以及发布官员的任免文书等事宜，是一个很令人羡慕和眼红的差使。北宋时的苏东坡，也曾担当过这个角色，至今在《苏轼文集》里还能看到他代拟的北宋政府发布的红头文件。到底因为出自文人之手，文采斐然，不同凡响。看来，肚皮里没有真才实学，很难捧这个饭碗。所以，实至名归的洪迈，有一点点矜持自负心理，也属正常。

某日，洪迈值班，宋孝宗赵眘不停地布置下来有关内政、外交的急件，他从清晨一直忙到下午，连吃饭的工夫也抽不出。那时一无电脑，二无打印机，全凭他倚马可待的才华，伏案疾书，赶将出来。等到交卷以后，累得腰都直不起来。

于是，走出办公室，在院里活动活动筋骨，因为杭州的冬天，潮冷的屋内往往不如屋外有太阳时暖和。见到一位老爷子坐在树下"负暄"，也就是晒太阳。原来老人家早年也曾在学士院当差，政府南渡后，他的子孙仍在这里担任管理员之类的职务，所以，这位80多岁的老人，也就随后辈在此颐养天年。于是，洪迈便同他攀谈了起来。

老人告诉洪迈，他年轻当差时，曾见过元祐间诸位学士，如欧阳修，如司马光，还有苏氏父子。然后，他说："我看到今天发出的文书很多，想来够学士劳神的。"洪迈听到这里，便不无得意之情："你说对了，今天皇上旨意下得特多，总共交办20多个文件，总算不负圣望，一口气圆满完成了。"

这位老公务员自然要恭维洪迈的了："我从前在学士院做事多年，还很少见到像先生您这样才思敏捷的快手呢！"洪迈自诩地问他："你说你在元祐间的开封待过，苏学士笔头子快，想来也就不过如此吧？"老人点点头，"您说得对，东坡先生当年也就这个水平。不过——"这位老爷子吮了吮牙花子，加上一句："苏学士不总去翻阅书籍，也不用查找资料，好像都在他肚子里现成装着呢！所以，他不像学士您这样费劲用心！"

这是明人姜南在《风月堂杂识》一书中，所讲有关洪迈的一则逸事。听老人讲这段古后："洪为赧然，自恨失言。尝对客自言如此。且云：'人不可自矜，是时使有地缝，亦当入矣。'"

虽然，姜南写道："夫文人夸诞，高自称许，以惊世骇俗，自古通病。"但是，洪迈究竟是大学问家，知道此刻在临安的他，与当年在开封的苏东坡，是没法相比的。事后，才深悔自己的肤浅和孟浪，恨不能找个地缝钻进去。

一个人，能够知道自己不足，承认自己不足，这就是值得赞赏，并应弘扬的优秀精神了。不过，洪迈要是生在文坛市场化、作品商品化的今天，那就得另说了，不但不会有什么羞愧感，而且，肯定会在作品研讨会上，大谈他如何超越苏轼的，如何走向世界的，并且拉直领带，摆好姿势，让记者们拍照留念了。

白衣秀士

猛一听王伦这个名字，怕未必马上意识到是谁，但一加上"白衣秀士"，立刻就明白，而且会在脑海里跳出一个气量偏狭、容不得人的人的形象。"白衣秀士"，原指尚未及弟的士子，从字面推敲，本无贬义，但经《水浒传》一用，就成了带有否定意义的专属词汇，一是专指《水浒传》中的王伦，二是泛指类似王伦式的人物。

这就是文学的力量，文学要给你鼻子上抹块白，千秋万代也洗不干净。一提奥赛罗，便是嫉妒的同义词，一提麦克白夫人，便是欲望与恶的代表，一提葛朗台，最好别同他谈钱，一提奥勃洛摩夫，便意味着躺在床上，什么事也不去干了。《水浒传》里有许多反面人物，王伦是着墨最少，却是很成功的一个负面典型。因此，我们常说的不朽，很重要的方面，就包括这些大师所塑造出来的一个个人物形象，能够长期地、活生生地在人们口头上存在着。当前有许多名作家，看来准定不朽无疑，研究会、纪念馆，在活着的时候就建立起来，供人瞻仰了。但大多数读者，并不记得他写了些什么作品，而即使记得一部两部作品的书名，又想不起来写了些什么内容，这种带引号的"不朽"，基本上属于自得其乐的事情了。

现在，文坛上很有一些人，被这种自得其乐的"不朽"陶醉，加上三五知己的熨帖，情人挚友的偎抱，便飘飘然不可一世，恨不能把文坛荡平了。当然，世界之大，无奇不有，也不怕多几个自以为了不起的狂徒。但一定要以王伦为师，对同行采取排斥而不是宽容的态度，就大可不必了。

文坛并非梁山泊，就那么方圆八百余里的一块地盘，完全可以你写你的，他写他的，是一个各不相干，或各自相安的局面。各人自扫门前雪，休管他人瓦上霜，其实倒是写作人的一条基本守则。但此等好汉，只许他好，容不得别人好，别人一好，他就受不了。总是要跳将出来，露出胳膊上的刺青，胸脯上的黑毛，不练自家功夫，偏好去管别人的闲事。他们甚至不敌王伦，至少这位白衣秀士，在他的既得利益未受到威胁前，也还是安居山寨，不在江湖上自封大师、自我加冕、自夸不朽、自吹传世的。

王伦，在历史上确有其人，要是细细考究起来，不完全是《水浒传》里描写的那样一个人。

宋人蔡絛在他的笔记《铁围山丛谈》（卷第一）里，提到了他。"当宝元、康定（约1041）之时……会山东有王伦者起，转斗千余里，至淮南，郡县既多预备，故即得以杀捕矣。"这和《宋史》（二十二）载徽宗宣和三年（1120）"淮南盗宋江等犯淮阳军，遣将讨捕，又犯京东，江北，入楚海州界，命知州张叔夜招降之。"应该不是一回事，因为两者之间，至少相隔七十多年。但到了文学家手里，这时间差便不存在了。

于是，在蔡絛眼里"转战千余里"的王伦，就成了施耐庵、罗贯中笔下的心胸狭窄的白衣秀士了。

但蔡絛记载的可信程度，自不弱于正史。因为他不是一个普通文人，而是奸相蔡京的季子。据《宋史·蔡京传》，宣和六年蔡京再起领三省，至是四当国，时年七十八岁，"目昏不能事事，悉决于季子絛。凡京所判，皆絛为之，且代京入奏，每造朝，侍从以下皆迎揖。"这就是说，蔡京的内阁长官的工作，实际上是由蔡絛承担的。因此，他笔下对于王伦的评述，当是依据官方正式文本而来，其权威性是毫无疑问的。

那么，由此而知，一、王伦和宋江都是从山东地区，揭竿而起，啸聚梁山泊，反抗宋王朝的起义农民队伍。但王伦规模大，转战千里，一直打到淮南，声势很大；宋江规模小，最远进入海州，即今之鲁苏接壤处。二、两人的结局虽不一样，王伦被捕杀，宋江被招安，但他们起事后的作战方式，进攻策略，设立根据地，完善集团内部体制方面，基本上相类似。

因此，说王伦是一位先行者，不算过分。而宋江，不过是将他未竟的事业，再付诸实施一次罢了。在中国历代农民革命运动中的这种传承现象，也是屡见不鲜的。如同在宋代的王小波、李顺，钟相、杨幺；稍早的如唐代的王仙芝、尚让、黄巢；稍晚的如明代的张献忠、李自成。所以，王伦是宋江精神上的导师，实际构成前仆后继的关系，大概比较贴合的。

但《水浒传》成书以后，那位先行者，便化为最早在梁山泊里落草为寇的首领，也就是绰号为白衣秀士的王伦了。

从小旋风柴进的口中，我们知道白衣秀士王伦，和摸着天杜迁，云里金刚宋万，还包括旱地忽律朱贵，大概比较早地就在梁山泊里，建立了农民革命根据地。"那三个好汉聚集着七八百小喽啰，打家劫舍，多有做下弥天大罪的人，都投奔那里躲灾避难。"从朱贵对林冲所说："山寨中留下分例酒食，但有好汉经过，必教小弟相待。"以这两人的言语考量，一是敢于吸收天下造反之人，二是能够礼送过路英雄好汉，看来王伦并非拒贤妒能之辈。作为头领，井井有条地维持山寨的正常运转，也是无可非议的。

然而，从王伦面对林冲入伙这样一个棘手问题时，寻思道："我却是个不及第的秀才，因鸟气合着杜迁来这里落草，续后宋万来，聚集这许多人马伴当。我又没十分本事，杜迁、宋万武艺也只平常。"我以为是正常的反应，但从此开始，他便固定在白衣秀士这样一个狭隘偏窄，排斥异己，自以为是，无法容人的角色上了。不及第是王伦的致命伤，所以，当林冲水寨大并火时，双眉剔起，两眼圆睁，也是抓住他的这个其实算不得什么弱点的弱点："量你是个落第腐儒，胸中又没文学，怎做得山寨之主！"

每次读《水浒传》，至此，常常放下书来，惶惑不解。梁山泊不是翰林院，不及第或者落第，胸中有没有文学，又有什么关系呢？套用《水浒传》人物的习惯用语，用得着扯这个"鸟"淡嘛？王伦自己这样自卑地看，林冲和别人也这样轻蔑地看，这是个很奇怪的思维方式。这也许是中国人的弱点了，喜欢给活生生的人，系上许多不必要的扣，扣上了，再也解不开。你都造反了，你都不买宋家赵姓皇帝的账了，你已经不是他们的臣民了，还按他们的什么规矩行事呢？

这就和文坛上一些人，写了作品以后，一定想方设法，要请别人叫好，是属于同样的灵魂上解不开的扣。创作是自己的事，无须他人置喙，写得好或不好，如鱼饮水，冷暖自知，哪个作家心里，都是明镜似的。一定要把书送过去，书里还夹有一个信封，信封里还夹有一张或两张花花绿绿的纸。其实，你自己有把尺子，又何必多余再找把尺子呢，你写了，就不必在意别人说好，或者说不好。何况，说好，难道就真好吗？说不好，当真会天塌地陷吗？

由于这样的扣，王伦的行情，从来没有被看好过，无论当时，还是后来，包括现在，都抓住他的这个不及第秀才，从心底里鄙视他。我已记不得从哪部稗史演义上看来的了，要是武松不干掉西门庆和蒋门神的话，梁山泊有这两扇门的话，就万无一失了。连这两个恶霸，都有可能成为英雄好汉，我可真替王伦十分地抱屈了。平心而论，说他是一位有识有见的英雄，不算过分。

且让我们来为他评功摆好一番：

第一，他比晁盖、宋江"革命"早，先到梁山泊，先打起义旗，资历，即使在革命队伍里，也是本钱；第二，他不是像晁盖、宋江等被官府捉拿，逼上梁山的被迫"革命"，而是"因鸟气"，这个不第秀才，才愤而上山造反，属主动"革命"；第三，要不是他选择梁山泊，建立了"革命根据地"，后来也不可能使晁盖、宋江这帮农民起义者，立足于此，跟朝廷对抗，成就一番事业。溯本追源，王伦选择西逼都城开封，东临河海之滨，南向江淮鱼米之乡，北上燕北平川之地，建立了这样一个进可以攻、退可以守的根据地，不能不承认他有相当了不起的战略眼光，这是王伦最主要的功绩。

所以，他在世人心目中，是个鼠肚鸡肠的形象，恐怕多少也有些冤枉。人们光看到林冲上山入伙时，他被王伦千方百计刁难的一面，并没有注意到最后实际上将他收留下来的一面。先礼送，后考验，再留用，作为王伦对入伙人的例行考察手段，和"关门主义"是两回事。在根据地初建，人单力薄的情况下，对来者保持必要的警惕，我想，说不上是缺点。

同样，当晁盖、吴用、公孙胜、刘唐、阮氏三兄弟上得山来，这位白衣秀士又把对待林冲的三部曲，重新实施一次的时候，第一步骤还未完成，豹子头就把刀拔出来，将王伦结果了。看来，不分青红皂白，"得出手时就出手"，似乎不应提倡。

当代中国，出现过多少冤假错案，因而有多少需要落实政策、予以平反昭雪的人员，谁也统计不出一个准确数。虽然，每次运动，都有"一个不杀，大部不抓"的方针，尽管这样，偏差仍然是大量的。很大程度上，历次政治运动的扩大化，就是倡导这种"得出手时就出手"的整了再说的结果。李逵在江州劫法场时，抡起两把板斧，逢人就砍，见人就杀，痛快有了，但却制造出多少无辜的痛苦呀！可把话说回来，既然"得出手时就出手"，那么林冲在被高俅、陆谦、董超、薛霸折磨得无以为生的时候，却并未见他有这等立竿见影的迅捷反应，多少次该出手的时机，却缩手了呢？

说到底，林冲这一次在山寨水亭的"得出手时就出手"，向王伦心窝里的一刀，实际是一次小小的宫廷政变，林冲演了一次"苦迭打"的主角而已。

　　从此，王伦成了没气量，难容人，小心眼，无水平，不贤而嫉贤，无能而妒能的文学上典型人物。若是林冲在拔出刀之前，扪心自问，连你这样一位开封城里，八十万禁军的教头，也让实在敌不过的王伦，半夜里从梦中吓醒过来，而不敢收留。现在，山寨里哗啦啦一来七八条好汉，有文有武，荷枪实弹，皆是杀人亡命、无所忌惮之辈，他能接受得了？

　　山头主义，从来是缺乏全局观念的产物，王伦对这些强大许多倍的来客，拒绝接纳，不能不说是正常反应。客大欺店，店大欺客，来了这一伙大摇大摆的客人，他不会张开膀臂，热烈欢迎的。他是小本经营的店老板，因此，他不可能识大体，顾大局，这是可以理解的。但是，连一个让其认识形势，待其思想转变，然后使其拱手让位的时间，也不给予王伦，咔嚓一声，搠倒在亭上了。

　　林冲被高俅逼得无路可走，由风雪草料场逃命出来，投奔梁山泊，图一个避难躲身之处，倒真是万不得已，才落草为寇，至于他个人，手刃王伦，出了那口鸟气，把别人捧上交椅之后，从此在梁山泊便没什么戏好唱了，也可证明他绝无任何篡政夺权的野心。但晁盖、吴用、公孙胜，人多势重，胸怀叵测，一上山，就看出山寨的分裂因素，马上私底下联络林冲，马上开小会决定应急措施，表明了未必不想促使林冲与王伦之间，发生有利于他们的变化。结果，当王伦摆下酒宴，捧出银两，要礼送这伙劫了生辰纲的好汉出境时，逼得林冲火并。几个人假作姿态的拉架，不过走走形式，于是，以王伦的鲜血，改写梁山泊新的历史。

如果王伦有容人之量，本着革命不分先后，多多益善的主张，只要来到水泊，无不双手欢迎。为了革命大业，你行，你坐头把交椅，我不行，我甘居其后。不摆老资格，不搞一言堂，我想他绝不至于身首异处的。但他做不到这份宽容，就只好悲剧性地被革命抛弃。西方学者房龙说，宽容是一种奢侈。我看未必尽然，应该说，宽容，是一种有足够信心的表现。王伦的毛病，就是囿于自己文不及格、武不如人的弱势心理，产生出由自卑而畏缩，由隔膜而猜疑，由排斥而拒绝，由防备而敌对等一系列的，从思想到行动的决策错误。《水浒传》作者在王伦被杀以后，引用了一句"古人云""量大福也大，机深祸亦深"，这种因果关系，不是绝无道理的。

能宽容者，多为强者，而不够宽容的人，十之九，在个人才智和总体实力方面，存在着某些虚弱的成分。唯其虚弱，才有嫉畏，才有计较，才有排挤，才有不共戴天的偏激和狭隘。谓予不信，看看时下那些标榜"众人皆浊，唯吾独清，众人皆醉，唯吾独醒"的文坛尊神们，便知端的。现在，这些尊神们，都患了眼高手低，难以为继，不妨沽名曰"文学肠梗阻"，已经连个屎橛也拉不出来了，憋得五脊六兽，才有那张好像欠了他二百吊钱的丧门神似的脸。

偶尔使出吃奶的劲儿，挤出一粒半粒羊屎蛋，也是掷地无声。正是这种创作实力的衰微状态，才使他们总在那里咬牙切齿、坐卧不安的。过去还能从洋人那里倒腾一点东西，来糊弄劳苦大众，如今，海禁大开，他们会玩的那一套，外文水平较好的后生们，玩得甚至更溜。况且，外国文学走过来的路，在我们二十多年的文学历程中，差不多也演示过了。老实说，此等讨便宜的事，可一可二，而不可三，上帝不会把笑脸老朝着你。

即使学有所成，力能扛鼎，独步文坛，名震宇内，也用不着对侪辈虎视眈眈。我不禁想起《水浒传》描写的那个时代，北宋的苏东坡，刚刚崭露头角的时候，欧阳修给梅圣俞写了封信："取读（苏）轼书，不觉汗出，快哉快哉，老夫当避路，放他一头地也。"表现出一位前辈作家，对于后来新晋作家的提掖扶持之心，宁可自己闪到一旁，也要使后来者得以飞腾，这是一种何等博大的心胸？当苏东坡"之文，落笔辄为人所传诵，每一篇到，欧阳公为终日喜，前辈类若此。一日，与斐论文及坡公，叹曰：'汝记吾言，三十年后世上人更不道着我也。'崇宁、大观间，海外诗盛行，后生不复有言欧公者。是时，朝廷虽尝禁止，赏钱增至八百万，禁愈严而传愈多，往往以多相夸，士大夫不能诵苏诗，便自觉气索。"（朱弁《曲洧见闻》）

从这里，我们看到欧阳修的宽容，不像如今某些作家嫉妒眼红，排斥相轻，只许自己好，不能容忍别人好。也看到欧阳修的胸襟，不像时下个别文人被冷落，被忘却，不在排行榜上，不被人捧人吹，而大动肝火，咆哮不止。同样，苏东坡在对待比他年轻的同行时，也继承了欧阳修的传统。宋代葛立方的《韵语阳秋》一书写道："东坡喜奖与后进，有一言之善，则极口褒赏，使其有闻于世而后已。故受其奖拂者，亦踊跃自勉，乐于修进，而终为令器。若东坡者，其有功于斯文哉！其有功于斯文哉！"

邵博的《闻见录》里，记叙了一则苏轼的故事："鲁直以晁载之《闵吾庐赋》问东坡，何如？东坡报云：'晁君骚辞，细看甚奇丽，信其家多异材耶！然有少意，欲鲁直以渐箴之。凡人为文，宜务使平和，至足之余，溢为奇怪，盖出不得已耳。晁君喜奇似太早，然不可直云尔。非谓之讳也，恐伤其迈往之气。当为朋友讲磨之语可耳。'"从这里，我们看到苏东坡对于后辈的成长，是怎样的体贴和关心了。

只有这样，才是文人的正道吧？但像王伦这类资历浅，学问少，本领差，智商低，能力弱，心胸窄，人缘薄，名望逊的人物，在现实生活中，是不乏见的，哪怕稍稍胜似他一点的朋辈，也是不肯相容，极不乐意出现在自己视野中。官场如此，文场何尝不如此，那些东张西望之徒，老是五官挪位地看不上这个，瞧不起那个，说了归齐，在于实力不济耳！统观海内，凡闲话说得多的人，文章写好者少。

如果研究一下《水浒传》里的宋江，也许就更有启发了。他，个子不高，谈不到魁伟峥嵘。面皮很黑，说不上风流蕴藉。会一点刀枪棍棒，但很二五眼。有一点墨水，也就是衙门文书之类。论计谋不如军师吴用。论武艺在山寨里甚至敌不过女将母大虫顾大嫂，一丈青扈三娘。论力气比不上打虎的行者武松。论仪表，哪是玉麒麟卢俊义的对手。论肤色，这黑三郎也不能与浪里白条张顺相比。至于偷鸡摸狗也没有鼓上蚤时迁那两下子。而后来，他被众头领尊让于忠义堂上的第一把交椅，就因为他善于团结，善于容人，善于谦让，善于选贤与能。江湖人称他为及时雨，正说明他是多么地被人所需要、所期盼，这才形成水泊梁山百川归海的兴旺局面。

不兼收并蓄，无以成大家。海，所以伟大，因为它能容纳一切。拒绝宽容的偏狭心态，最起码也是一种心灵软弱的表现。人们要是能把要求别人时的严格，移到自己身上，而把要求自己时的宽松，用到别人那里，也许会少却许多矛盾和不必要的纷扰。

因此，《水浒传》里的宋江和王伦，倒不失为我们做人作文的参照系哩！

话说交椅

　　早年读《水浒传》，常自问："梁山泊里忠义堂上的交椅，究竟应该是怎么一回事？"深入地探讨一番，发现所谓的交椅，虽然不过是折叠椅或者马扎之流，但在中国，却是一个饶有兴味的话题。

　　因为，它是一种有着久远历史的器物，更有甚者，它还是等级社会里体现地位的象征物。

　　所以，人们常说的第一把手、第二把手的那个"把"字，其实与"手"并不搭界。确切地说，倒是与谁坐第一把椅子，谁坐第二把椅子的"把"字相关连。因此，在中国，这种交椅"情结"，也是弄得很多排排坐、吃果果的大人先生们，辗转反侧，不安于位，上下左右，坐卧不宁，甚至成为性命交关的事情。

　　清人阮葵生在《茶余客话》中如此说："交木两支，如交椅之称。胡床，即交椅。"

　　于是，我们知道交椅，也就是胡床。在汉唐时，凡从西域引进的物品，均冠以"胡"字，与明清时，从海外引进的舶来品，均加一个"洋"字，是同样的道理。古代中国，没有交椅这一说，那时的达官贵人，平民百姓，均席地而坐，或跪或踞或盘腿或打坐，至少在唐代以前，中国人的屁股底下用不着座椅这类器物。这种遗风，至今仍可从日本人使用榻榻米的习惯看出来。

因此，胡床或者交椅，肯定是随着境外游牧民族的金戈铁马，大举南下，他们的穹庐毡幕、羊酪胡床之类，也渐及中原，这才盛行河洛的。记魏晋间事的《世说新语》，也可看到当时就有了胡床这样的外来事物。"旧闻桓子野善吹笛，而不相识。遇桓于岸上过，王在船中，便令人与相闻，云：'闻君善吹笛，试为我一奏。'桓时已贵显，素闻王名，即便回下车，踞胡床，为作三调。弄毕，便上车去。客主不交一言。"

桓此时已是京城洛阳的卫戍部队司令，一位有官有位的大人物，王即王羲之的儿子王子猷，世家子弟，风流名士，也是一位有头有脸的大文人。王提出来这个不免荒诞的要求，桓不但不生气，不见怪，也无所谓丢架子，立马走下车来，坐在胡床上，一口气连吹了三支曲子。全部过程，桓子野未说一句话，吹完笛后，抬屁股就走，王子猷如醉如痴地听了以后，也没有说一声谢谢。这种魏晋风流，真令后人神往。

《三国志》裴注引《曹瞒传》，也提到了胡床："公将过河，前队适过，超等奄至，公犹坐胡床不起。"这就是曹操差点送命的那场潼关之战，他也是由于太成功而骄傲，太得意而忘形，压根儿觉得西凉马超，不是他的对手，没有放在眼里，甚至到马超策马跃枪，杀至眼前，还在胡床上歇脚，准备赋诗一首呢！

胡人用胡床，我想有两个原因，一是游牧部落，多逐水草而居，经常迁徙，将座椅制成折叠式的，自是为了携带的方便。二是处在奴隶社会里的胡人，民智未开，进化较晚，而统治者要向被统治者体现他的尊严，办法不多。不如已进入封建社会里的汉族，为显示帝王的至高无上，儒家的狗头军师如叔孙通之流，不知订出了多少王朝法令、皇家礼仪，体现等级森严的制度，令人诚惶诚恐。但这一套繁文缛节的名堂，即使教给当时还在茹毛饮血的牧民，也未必学得来，学得会。所以，少数民族的头人、可汗、单于、渠首，坐在高人一头的胡床上，让牧民们匍匐在地上，便是容易实行的显示高高在上的手段。

这种简单的尊卑区分法，常为没什么水准而获得权位的人所仿效。如红卫兵小将，以为胳膊上绑一根红带子，便是红司令的嫡系人马，动不动踏上一只脚，让人家永世不得翻身的趾高气扬；如《红楼梦》里的焦大，当年为主子立过汗马功劳，便觉得自己也人五人六了，一张嘴"老子跷起一条腿来，也比你高"的得意心态，都属于远古的交椅统治，在后来出现的返祖现象。

自从胡人开始以交椅为身份、地位、权势、力量的象征起，交椅便成为某些人的命根子。甚至像文坛这以清高著称的一亩三分地里，交椅，或交椅的变种，例如什么排行榜啊，拉力赛啊，金牌奖啊，入围奖啊，世纪经典啊，当代不朽作啊……例如什么十大散文家、十大小说家、十大文学大师、十大文学神童、十大青春诗人、十大老美女作家、十大小美女作家，乃至十大名编、十小名编、十大文学刊物、十大文学评论家、十大文学活动家……好像不这么折腾一下前后次序、等级区别，很对不起自己似的。总之，别看人类已经要走向太空，但宇宙洪荒时代的交椅情结，仍在没完没了地纠缠着当代人的灵魂。

"交椅"这个词语，现在已不多见，但影子还在，大多数中国人，知道交椅，都是从《水浒传》来的，因为在水泊梁山里的农民革命者们，最在乎这把交椅，把坐得上坐不上交椅，坐上的是第几把交椅，看作是头等大事。我不知道那些逼上梁山的好汉们，开不开会，听不听报告，传达不传达文件，估计这百把十人，光是到会场里找到自己的交椅，就得半天工夫。何况大多数为文盲的好汉们，即使秘书处的小姐在椅背上贴着什么"浪里白条""锦毛虎""鼓上蚤""霹雳火"之类标签，在北宋政府没有百分之百的扫盲以前，也是无济于事的。

从《水浒传》里，懂得有"交椅"一说，但究竟是张什么样的椅子，为什么叫"交椅"而不叫别的，通常囫囵吞枣地一目十行带过，并不会作太多考究。其实，交椅的"交"，即交叉；而交叉的目的，为了折叠，不过如此罢了。所以，有些事情，朦胧着倒好，弄明白了，不免扫兴。一想到忠义堂上，摆了一百零八张肯定非电镀得闪闪发光，而是小木匠们手工打做的马扎，那土得掉渣的场面，顿时令人生出威风扫地之感。

后来，我恍然大悟，为什么玉麒麟卢俊义说啥不当第一把手，为什么豹子头林冲对把他排到什么名位上不在乎，为什么小旋风柴进推三阻四地不肯贸贸然地入伙？敢情这些人，虽然上了山，对于交椅的感情，不如那些农民弟兄看得重。

说来说去，若按阶级分析观点，大概这帮北宋时期的有产阶级，颇不把这些出身好、成分好的工农同志放在眼里。在他们的内心深处，肯定不屑于跟草莽英雄为伍。另外，也应该看到，卢俊义、林冲、柴进与这些落草为寇的土豹子，打家劫舍的流氓无产者不同。他们曾做过大官，曾当过贵族，曾带过兵马，见识过帝王排场、皇家气象，觉得这种小儿过家家式的排座次，争交椅，不过是没见过大世面的大老粗们的自得其乐罢了，肯定背过脸去，会捂着嘴偷着笑。

所以，可以得出这样的结论，交椅情结，具有农民意识的人更热衷些，当不会错。

这样，便能理解黑旋风先生，发现一张折叠椅上面贴着的字条，写有"李逵"二字，那份兴高采烈的样子。虽然他尚未脱盲，但个人的名姓依稀能够辨认，自然要在忠义堂上手舞足蹈，表现出分田分地后翻身农民的欢乐。试想，昨天还面朝黄土背朝天，今天过上大块吃肉、大碗喝酒的日子，能不铁下一颗心，跟着宋江哥哥干革命嘛！因此，那第一把交椅，是黑三郎坐，还是卢大官人坐，对他来说，便十分关心。在中国，凡处于文化弱势的统治阶层，无不对于知识分子存有先天的拒绝和排斥心理。所以，苦大仇深的他，跳出来，担纲主演了一出交椅保卫战，一点也不奇怪。

现在弄不清楚梁山泊为什么下决心，要把河北大名府第一等长者，人称河北三绝的卢俊义，弄上山来？是从什么算盘，什么策略，考虑的结果？也许宋江到底是小吏出身，身份卑下，意识到革命成功，光靠冲锋陷阵的勇敢，靠无法无天的痞子精神，靠"分田分地真忙"吃大户的物质满足，是难以维持政权的。需要文官，需要谋士，需要智囊，需要专业人士，需要知识分子，尤其需要一位招牌人物来撑场面，也是山寨渐成气候的必然。但真的想象放手让卢俊义坐第一把交椅，建立正规的政权机器，马上遭到一百单八将中大多数昨天为农民的好汉们所抵制。三打祝家庄后，按晁天王弥留时的约定，应该是捉住史文恭的卢俊义为寨主才是。可真到了关键时刻，初尝头把交椅甜头的黑三郎自己也变卦了，看来，古往今来的交椅情结，无不与个人利害有关。

我们能够理解，黑旋风无论从阶级角度，从文化层次，从肤色认同，从感情因素出发，都只有坚决拥护黑宋江一途，绝不赞成玉麒麟。而且马上得到武松、刘唐、鲁智深一班农民弟兄的铁杆支持。最后，吴用等人，又装神弄鬼地从地下挖出一块石碑，把大家名字刻在上面，三十六天罡，七十二地罡，每人发现自己屁股底下，都有一把交椅，于是功德圆满，众好汉酒酣耳热，称心如意之后，托塔天王的政治遗嘱，也就当它是耳旁风了。

外国人好像不怎么讲究这方面的学问，在美国南达科他州拉什莫尔山国家公园里，刻有几个类似中国乐山大佛的总统头像。这事倘若放在我们这里来做，从立项开始，到雕刻完成，不知要开多少次会，拟出多少方案，刻谁，不刻谁，先刻谁，后刻谁，谁在谁的前头，谁在谁的后面，不知要费多少周章？在美国，刻这几个总统头像，其中虽因经费和二战耽误了不少时间，但人家好几十个死去的和仍健在的总统，就选了这几个刻了，也没有因此定出这几位是一级总统，剩下的便是二级总统这一说。座位感或第几把的交椅感，没有中国强烈，刻在那儿的是总统，没有刻在那儿的，也仍旧是被美国人尊敬的总统，甚至"水门事件"被弹劾下台的尼克松，死后的哀荣，不也照样壮严肃穆吗？

由此可见，交椅这东西如此深入人心，阴魂不散。一定要排出座次的行为，是中国农业社会的一种文化现象，也是农民最乐意干的事情。因为历朝历代的农民革命，都是一呼隆地揭竿而起，谁不比谁多什么，但谁也不比谁少什么，只有经过造反、起义、失败、成功、转战、流亡、内讧、互斗以后，才遂渐形成领导集体和领袖人物。于是，权力的分配就体现在排交椅的座次上了。这种水泊梁山式的谁坐头把交椅，谁坐二把交椅，甚至火并，甚至白刀子进、红刀子出的绿林气息，由来已久，深入人心骨髓。

有交椅者，怕失交椅；无交椅者，想得交椅；坐在前面交椅者，担心坐在后面交椅者挤掉他；而坐在后面交椅者，又无时无刻不在想干掉坐在前面交椅者；压根儿没有坐交椅希望者，也不甘心永远不得交椅坐，便无所不用其极地想夺一把交椅；以为自己应该有交椅可坐者，更是火急火燎地做着交椅的梦。

呜呼！一把交椅，可把我们这些江湖好汉折腾得天昏地暗，而且没完没了啊！

赵孟頫仕元

公元 1283 年，文天祥在北京菜市口就义，问鼎中原的蒙古政权，坐稳江山。公元 1289 年，谢枋得在北京法源寺绝食毙命，元朝已经完全控制了整个中国。次年，也就是公元 1290 年（元世祖忽必烈至元二十七年），"八月，癸巳，地大震，武平尤甚"。元朝建都在北京后，还在其发源地旧大名城，也就是现在的内蒙古昭乌达盟的宁城县，保留着中都（称北京）的建制。对文化不发达因而也必然愚昧迷信的少数民族政权的首领而言，他们当真相信这场发生在其祖宗所在地的地震，百分百地认为是"天谴"，不住地摸脑袋，不住地叩问上苍，为什么？为什么？

《元史》描写这次震灾的惨状："地陷，黑沙水涌出，人死伤数十万。帝深忧之。"余震一直持续到九月。元世祖忽必烈有点坐不住劲了，尽管一世英武的他，年过七旬，终究龙钟老迈，看到死亡枕藉、人畜尸积、草地龟裂、山川溢流的报告，对于天神不断示儆的恐怖，表现出十二万分的敬畏，连忙"召集贤、翰林两院官，询致灾之由"。

这时，一个南人，一个降人，而且还是元的敌国前南宋王朝的一个皇室，赵匡胤的第十一世孙，仕元为翰林侍读学士的赵孟頫，跳将出来。

正如公元 2008 年 3 月 15 日，发生在四川汶川地区的大地震一样，一些不三不四的人，马上跳出来说些不三不四的话，从而让人们更加看清了那张不三不四的脸。这次中都武平地震，也给了赵孟頫一次表演机会。本来，中国文人，十之九，多浅薄，一有风吹草动，就耐不住寂寞。而作为一个汉奸文人（包括具有吃里扒外倾向，具有准汉奸意识的知识分子），有一种情不自禁的，必然"跳将出来"的冲动。

赵孟頫，在当下不究细底的人眼中，是位大画家、大书法家，他的书画作品，进入嘉德拍卖，通常开价都在六位数以上。其实，稍稍了解一点宋、元际的历史，便对此人的名节，不禁摇头了。怎么说，他贵为赵宋王朝的皇族嫡裔，既不抵抗，也不合作，也许还说得过去；他竟然叛祖背宗，变节出仕，应诏加入蒙古政权，得高官，拥厚爵。遂为后人所诟病，所不齿。当时，不但宋朝的人看不起，因为他叛宋，元朝的人也看不起，因为他降元。南宋的士流百姓痛恨他，蒙元统治集团的民族分子也藐视他。所谓"猪八戒照镜子，里外不是人"，即此谓也。

这就是当汉奸得到一时好处的同时，必须付出的"遗臭万年"的代价。万年，倒不至于；但付出一世的骂名不行，还得付出两世、三世，甚至好多世的骂名，那是可能的。

赵孟頫写过一首题曰《罪出》忏悔诗："在山为远志，出山为小草。古语已云然，见事苦不早。平生独往愿，丘壑寄怀抱。图书时自娱，野性期自保。谁令堕尘网，婉转受缠绕。

昔为水上鸥，今如笼中鸟。哀鸣谁复顾？毛羽日摧槁。向非亲友赠，蔬食常不饱。病妻抱弱子，远去万里道。骨肉生别离，丘垄缺拜扫。愁海无一语，目断南云杳。恸哭悲风来，如何诉苍昊。"说明他被迫也好，被诱也好，或者，自投罗网也好，难忍寂寞也好，来到元大都为元朝官，终于不胜懊悔，后悔出山，成为自己一个难以原谅的罪过。这首诗中，有着沉痛的忏悔，有着深切的自责。但脚上的泡，是自己走出来的，既然后悔，何必当初。

在这个世界上，人生道路的转轨，事业场景的切换，乃常数也。独是汉奸这一项游戏，为了三十个戈贝克而将灵魂出卖给撒旦，那是绝对玩不得的。一失足成千古恨，名节上亏了，也就什么都得跟着玩完了。

幸好，赵孟頫是一位全天候的才子，无论当时的南宋遗民、蒙元官宦，还是后来的明清雅士、民国文人，无不欣赏他那绰约妩媚的行草真隶，他那华采风流的诗词歌赋，他那出神入化的水墨丹青。但是，历史的批判，仍然使我们无法闭上眼睛，不介意他的一生名节；无法不谈往事，淡忘他背宋投元的行径。

赵孟頫不仅仅书、画、诗、赋一流，文章经济，也卓有建树。据《元史》评论："前史官杨载称，孟頫之才颇为书画所掩，知其书画者，不知其文章，知其文章者，不知其经济之学，人以为知言云。"另外，他与夫人管道升的情感生活，也一直为人所津津乐道。管夫人有一首诗，精彩生动，至今犹在传诵："你侬我侬，忒煞情多，情多处热如火！把一块泥，捏一个你，塑一个我；将咱两个，一齐打破，用水调和；

再捏一个你，再塑一个我；我泥中有你，你泥中有我；我与你生得一个衾，死同一个椁！"这是一首奇思妙想的爱情诗，还是一首朗朗上口的白话诗，虽然，这是一首距今已经七八百年的古老作品，但是，字里行间，我们仿佛还能看到一个妙曼可人的女性形象。

虽然赵孟頫和管道升在大都的日子，应该说活得不错，但绝不轻松，也是事实。物质上的穷困是一个方面，精神上的折磨则是更重要的一个方面。假如他真是一个厚颜无耻的人，既无自责，更不惧人责，死猪不怕开水烫，也许就无所谓了。他终究是一个真正的文人，一个真正的贵族，一个在精神素养上，学识修养上，道德涵养上，有着高蹈境界的大师级人物，生活在异族统治者的窒息环境中，相信他写那首《罪出》的诗，是他的心声反映。

当汉奸，不但生前不自在，死后也不自在，这大概就是报应了。因为，中国人对于汉奸的反感，是根深蒂固的，而且是一贯如此，永远不变的。在中国历朝历代中间，吃过汉奸苦头最多最大者，莫过于宋。所以，两宋之人对于汉奸，也最为深恶痛绝。宋代王明清《玉照新志》称："（秦）桧既陷此，无以自存，乃日侍于汉奸戚悟室之门。"而清代无名氏《汉奸辨》则分析："中国汉初，始防边患，北鄙诸胡，日渐交逼。或与之和亲，或与之构兵。由是汉人之名，汉奸之号创焉……所谓真汉奸者，助异种害同种之谓也。"

赵孟頫刚投诚时，初到大都，其实也并不得意。忽必烈欣赏他的才华，统治集团猜忌他的忠诚度。所以任命为兵部郎中，官阶从五品，级别较低。当时统帅六部的尚书省平章政事，为色目人桑哥。元统治中国，将人分为四等，蒙古人为一等，色目人为二等，汉人为三等，南人为四等。此人颇得忽必烈的信任，登上要位。按照奴才所信奉的哲学，同为主子驱使，心腹的奴才，要高于非心腹的奴才，资深的奴才，要高于新入行的奴才，桑哥有理由看不上赵孟頫。而在元朝，还要加上类似印度种性制度的差别对待，桑哥为色目人，比赵孟頫这个南人，高出两个层级，那就更不将他当回事了。何况，他还是一个货真价实的汉奸！于是，这个说来也十分可恶的桑哥，就曾因赵孟頫犯下的细微过失，当堂施以鞭刑。众目睽睽之下，可让这个前朝的王孙公子，饱受了皮肉之苦，丢脸于朝廷上下。

二等奴才被一等奴才暴揍一顿，踹上两脚，当然也是活该。

正好，发生了这次地震，而且元世祖"询致灾之由"，他就想借此报一箭之仇。不过他知道，他要单打独斗，对这个骄横跋扈、无法无天、横征暴敛、民怨沸腾的桑哥发难，有可能吃不着羊肉，惹一身臊。他私底下串联一个名叫阿剌浑撒里的忽必烈亲信近臣，搞掉这个也是忽必烈的亲信大臣桑哥。

以夷制夷，利用蒙古人，扳倒色目人，坐收渔利。因为阿剌浑撒里，虽与桑哥一样，同为忽必烈的心腹。同为老皇帝的亲信，但亲信也有先后之分，心腹也有亲疏之别的。赵孟頫最擅长汉文化，阿剌浑撒里最仰慕的也是汉文化，于是，一拍即合，这个蒙古要员倚仗一点政治上的特权、种族上的优势，便向这个色目重臣挑战。为什么地震？老爷子，他对忽必烈讲，就因为桑哥弄得天怒人怨的结果。据《元史》，阿剌浑撒里为这次进言，很付出了一些代价。"既而彻里至帝前，数桑哥罪恶，帝怒，命卫士批其颊，血涌口鼻，委顿地上。少间，复呼而问之，对如初，时大臣亦有继言者，帝遂按诛桑哥，罢尚书省。"看来，赵孟頫四两拨千斤，确非等闲人物。

所以，也不能以一个纯粹的艺术家来看赵孟頫。一般来说，当汉奸者，或具有吃里扒外倾向，准汉奸意识的知识分子，都具有唯恐天下不乱的禀赋。一场地震，正好给他一次登台献艺的机会。这次汶川地震，不也目睹某些教授、权威、主笔、特约撰稿人粉墨登场了吗？不要以为文人不懂政治，不玩政治，不过文人在政治层面的较量，段级较低，手艺较潮，一下子就让人看透罢了。

忽必烈何许人也，如果不是一条目光如炬的沙漠之狼，至少也是一条耳听八方的草原之狐。兔子老了尚且不好拿，何况他已经做了30年的皇帝，什么没经过，什么没见过，对这个南朝降臣的地下活动，当然不会一无所知。笛卡儿有句名言，这个世界上有这许许多多的纷扰，就是因为人们不大肯待在自己家里的缘故。要是这位艺术家，能够按捺得住，能够安贫乐道，能够厮守着爱妻管道升，不从抗震棚里蹿出来趁火打劫，里撅外挑，忽必烈也许就不会找他交流心得了。

我们在《元史·赵孟頫传》中，看到这位灭宋的大帝与这位降元的文人，有过一段相当戳心窝子的谈话：

帝尝问叶李、留梦炎优劣，孟頫对曰："梦炎，臣之父执，其人重厚，笃于自信，好谋而能断，有大臣器；

叶李所读之书，臣皆读之。其所知所能，臣皆知之能之。"帝曰："汝以梦炎贤于李耶？梦炎在宋为状元，位至丞相，当贾似道误国罔上，梦炎依阿取容；李布衣，乃伏阙上书，是贤于梦炎也。"

民谣有云：当着矮子，别说短话，叶李、留梦炎和赵孟頫，都是有前科的变节分子。忽必烈与他探讨汉奸甲和汉奸乙的孰优孰劣，而眼前这个汉奸丙，岂非十冬腊月喝凉水，点点滴滴在心头吗？言外之意，赵孟頫再傻也听得出来，其实是蒙古皇帝给他一个善意的提醒。你从哪里来，是你做主的事，来了我欢迎；你到哪里去，是我做主的事，那就由不得你。所以，第一，别忘了自己是谁！第二，千万别走得太远！这年，忽必烈 75 岁，到底是一位老人家了。他得感谢人老以后，心肠不那么铁石，否则，他的下场不会比桑哥好多少。看到这位如坐针毡的前朝皇族，看到这位头冒冷汗的文化精英，忽必烈把口气缓和了下来。"汝以梦炎父友，不敢斥言其非，可赋诗讥之。"这对才子赵孟頫来说，不费吹灰之力，马屁诗一首，即席呈递上去。"状元曾受宋朝恩，目击权奸不敢言。往事已非那可说，且将忠孝报皇元。"据宋代周密的《癸辛杂识》说，这首诗让留梦炎恨他一辈子。

此次谈话以后，赵孟頫便请求外调，落脚地为山东济南，做地方官去了。也许，他觉得既然上了贼船，又跳不下来，只好拣一个稍稍能避开风口浪尖的处所，暂且栖身了。

王国维《东山杂记》说道："文人事异姓者，易代之际往往而有，然后人责备最至者，莫如赵子昂。虞堪胜伯题其《苕溪图》云：'吴兴公子玉堂仙，写出苕溪似辋川。回首青山红树下，那无十亩种瓜田。'沈石田题其画《马》则云：'隅目晶梵耳竹披，江南流落乘黄姿。千金千里无人识，笑看胡儿买去骑。'王渔洋题其画《羊》则云：'南渡铜驼犹恋洛，西来玉马已朝周。牧羝落尽苏卿节，五字河梁万古愁。'诸家攻之不遗余力，而虞胜伯一绝，温厚深婉，尤为可诵。"

　　在家家泉水、户户垂杨的济南，赵孟頫曾经写过一首诗："云雾润蒸华不注，波涛声震大明湖。时来泉上濯尘土，冰雪满怀清兴孤。"这首题曰《趵突泉》的诗，如果说"时来泉上濯尘土"，还可以理解他的忏悔，那么"冰雪满怀"和"清兴孤"，就有点文不对题、语焉不详的瑕疵了。这说明赵孟頫和管道升尽管摆脱了京城蒙古人和色目人的面孔，但他变节仕元、背叛家国的心灵阴影，则是他永远摆脱不掉的痛苦。

风流陶学士

唐宋之间的五代，可以说是中国文学的空窗期。除了薄薄一本《花间集》外，乏善可陈，回首望去，真是可怜兮兮。

有什么办法呢？从公元907年到公元960年，半个世纪的北中国，除了战乱，就是乱战，杀过来，砍过去，一片血雨腥风。杀红了眼的人们，就不会把心思放在文学上了。本着逃命第一，活着第一，保住脑袋第一的文人，哪里还有闲心坐下来寻章觅句呢？虽然有愤怒出诗人一说，但真是到了饥寒交迫，嗷嗷待哺；枪林弹雨，命悬一发之际，是绝对出不了诗人的。

不过，在此空窗期间，有一位能在生死夹缝中，应付裕如的文人，值得刮目相看。他就是出生于唐昭宗天复三年（903），逝世于宋太祖开宝三年（970）的陶谷。平心而论，作为文人的陶谷，不过中人之资而已。《旧五代史》这样说过，"时中原多难，文章之士缩影窜迹不自显"，于是，山中无老虎，猴子称大王，他就突现出来。此人虽文采不高，灵韵不足，但其记忆力堪称绝活，能记住别人因为逃难，因为奔命，因为求生，因为糊口而忘掉的文章故实、书本常识、经典源流、礼仪制度。赵翼在《廿二史札记》中称他"仓猝一问，即能援引故事，可见熟于典故，腹笥中无不有也"。这样，他就成为那些大字不识多少，却当上皇帝的军阀们眼中的一颗大瓣蒜。放在他朝他代，陶谷只不过属于不上不下、不高不低的泛泛之辈，可在整体平庸、无大作为的五代文人之中，风流陶学士类似时下在电视上丢脸、在报纸上现眼的文化明星，由于曝光率高，遂也成为显赫人物。

陶学士之风流，缘起于明人唐寅的一幅画，画上的他正向抱着琵琶的上厅行首秦弱兰调情，这幅题名《陶谷赠词》的画，现藏于台北故宫博物院。

后周显德年间，陶谷出使南唐，来到金陵。当时，后周强大，南唐弱小，陶谷牛皮哄哄，目中无人，不把出使国放在眼里。可实际上，自西晋南渡以来，中国传统文化的主脉，乃至正朔所在，民心所望，也都随之南移。六朝故都的金陵，绝非区区的汴梁城堪可比拟的。而李璟、李煜父子的文化软实力，不知强出后周柴荣多少倍。自南北朝起，双方互换外交使节，多选学识渊博之士充任，其中也具有一点文化较量的意味。武人出身的柴荣，觉得他是块料，而浅薄的陶谷，也认为自己是块料，来到金陵，两眼朝天，凡人不理。这就是浅薄的缘故。浅薄者，往往不知自己斤两，而不知自己斤两者，常常妄自尊大。这位端着上国架子的陶谷，南唐君臣当然不爱搭理，让他在宾馆闲待着，且不安排他接见这位大使，有意识地晾着他。

此人在金陵一待好几个月，直到"暮春三月，江南草长，杂花生树，群莺乱飞"之际，落寞孤寂的他，百无聊赖的他，一个秀美绝伦的身影，在他眼前一闪，虽惊鸿一瞥，却刻骨难忘，这就是唐寅画中那位自弹自唱的秦弱兰。她的真实身份，为金陵名妓。此刻，乔装的寒素女子，洒扫庭院，缝补浣洗。那荆钗布裙难掩的天生丽质，那嫣然一笑，即使铁石人见了也会有动心的羞涩。其婉约，其妖媚，其小鸟依人，其楚楚可怜，让陶谷迷恋的同时，不可救药地坠入情网。秦弱兰，做仰慕已久的文学女青年状，做抑制不住的名人崇拜状，做豆蔻少女的情愫萌发状，做恋恋不舍的风情万种状，这种即兴式表演，对这位欢场女子来说，这不是家常便饭嘛！北方来的陶谷，一个土老帽，哪经过江南女子这等温柔缠绵的情色攻势，遂亢奋到不可收拾的发情中。正如近些年的作家同行，在签名售书时，碰上胸脯比较高一点的年轻女读者，会情不自禁地多写上两句一样，类似的激素冲动，陶谷也情不自禁地抓起笔来，给秦弱兰奉献一首情诗，这就是所谓的"陶谷赠词"。

这首情诗很烂，也就不抄录下来，免得污君尊目了。

作弄陶谷者，乃南唐第一玩家，李璟、李煜父子的重臣韩熙载，现在人证物证俱在，便安排元首接见了。循例，一场国宴招待，一场歌舞表演，是少不了的。宋人文莹的《玉壶清话》说他"容色凛然，崖岸高峻，燕席谈笑，未尝启齿"，装得挺像那么一回事，但想不到袅袅娜娜的领舞者，认出来是秦弱兰；尤其想不到象牙檀板一响，轻启歌喉的她，会唱出来他为她写的那首《风光好》，天哪，差一点就要让陶学士心脏停跳了。这时，他看到坐在李璟身边的李煜，回过头去与韩熙载会心一笑，这才明白是人家设了个局，把自己当大头耍了，羞得无地自容的他，恨不能找个地缝钻进去。

在唐寅看来，风流，重在过程，哪怕是春风一度，然而是淋漓酣畅的风流，也就足够足够，何必拘泥于因果呢？唐解元是真正的风流文人，他不赞成陶谷怕出丑的假正经。他在画上题了四句诗："一宿姻缘逆旅中，短词聊以识泥鸿。当时我作陶承旨，何必尊前面发红。"这就是唐伯虎的浪漫精神，既然你已经风流了，而且那也是你值得风流的缠绵情缘，还用得着不好意思吗？因此，陶谷的正经，不过是假正经；那么陶谷的风流，也不是什么真风流。正经也好，风流也好，这种性格组合中的矛盾现象，本属人之正常心态。可他偏要装蒜，偏要拿捏，风流就风流吧，他装正经；正经就正经吧，他又忍不住风流。这样一来，难免包裹不住，就会尴尬，一旦露出马脚，会里外不是人。

然而，他很走运，尽管出了这样一件外交丑闻，大家等着他受柴荣收拾；甚至他为秦弱兰写的那首情歌，从金陵越江传唱到汴梁，三瓦两舍也流行不已，上了歌曲排行榜，世宗听见也只当没听见，因为，陶谷出使南唐，是他的主意，所以，也就免于问责。大家除了羡慕他的命好之外，也只能没脾气。因此，陶谷之名，与其风流，与其博学，无大关联，而是因为他总能化险为夷，总能遇难呈祥。尤其在朝廷不断更迭，主子经常变换的时代里，总能取得成功，总能避免失败，那就更是奇迹。

凡赌博，能没有输赢吗？凡炒股，能没有赔赚吗？可他，却是稳赢不输，稳赚不赔，不免要招人艳羡，引人物议了。陶谷这个人，说得雅点，叫作识时度世，先人一步；说得俗点，那就是抢尖卖快，投机取巧。类似冲浪运动员，站在滑板上弄潮而去，只要身手敏捷，动作迅速就行。这类成功者通常用不得高智慧，因为高智慧者高计谋，高计谋者高审慎，而高审慎的结果，一误事，二误时。关键还在于陶谷不仅下手快，而且下手黑，就这样风口浪尖，步步登高地抖了起来。

陶谷，字秀实，邠州新平人。《宋史》称："本姓唐，避晋祖讳改焉。历北齐、隋、唐为名族。祖彦谦，历慈、绛、澧三州刺史，有诗名，自号鹿门先生。父涣，领夷州刺史。"出身于官员世家、书香门第的他，正好赶上晚唐乱世，不知什么原因，也不知什么罪名，陶谷的父亲唐涣，被邠州节度使杨崇本杀害了。唐代的夷州，在今之贵州境内，估计黄巢之乱，陶谷的父亲无法举家赴任；所谓"领"，也许就是挂个空名吃饷而已。而按《宋史》所说："唐季之乱，为邠帅杨崇本所害，时谷尚幼，随母柳氏育崇本家。"节度使杨崇本，当然是绝对的王八蛋了，不仅杀害了陶谷之父唐涣，还霸占了陶谷的母亲柳氏。

唐末的节度使，下辖若干州、若干县，拥军自重，世袭罔替，相当一个土皇帝。陶谷之母被夺来后，不过是他拥有的众多妻妾之一，地位与奴婢无异。因此，陶谷从三岁起，与母亲一起，在帅府里艰难度日，备受熬煎，可想而知。尤其陶谷，在有杀父之仇的人家屋檐下，寄生求食，过的基本上就是都可以唾他一口，踹他一脚，虫豸不如的日子了。要是他不学会如何低三下四地适应，不学会如何卑鄙无耻地图存，不学会如何迎合，如何巴结，如何讨好，如何投机，在那个杀一个人如杀一只鸡，而要弄死他比碾死一只蚂蚁还容易的高风险环境里，简直就是活不成的。

杨崇本，兵痞出身，狗屁不是，但他投靠的是更大地盘的节度使李茂贞，认其为父，自称假子，死抱大腿，倚势成为邠州节度使。唐朝之亡，藩镇割据，是原因之一。而与李茂贞相颉颃的朱温，为扩大领地，欲吞并邠州，用强兵压境，迫杨崇本就范。杨求救于李茂贞，李无力应战，眼看着他的假子杨崇本，只有服输请降一途。朱温假惺惺地认可杨的效忠，令其改回本姓，姓杨而不再姓李茂贞的李，继续做他的邠州节度使。

如果说杨崇本杀害唐浣，是为了得到陶谷的母亲，那么，朱温施压邠帅，这其中也有一个女人的影子。那就是"素有姿色"的"崇本妻"，其艳名远播，早在好色朱温的垂涎之中。此刻杨已低头服软，朱温也就无须客气，更用不着商量，用一顶软轿到邠帅府中，直抵内室，不由分说地载着杨妻，大摇大摆地抬了回来，"嬖之于别馆"。杨崇本对朱温居然毫不见外，连声招呼也不打一下的抢人行动，是可忍，孰不可忍，拔出刀来要拼个死活。

朱温哪里在乎他的威胁，这个和黄巢拜过把子的老贼首，不屑地说，你以为你是谁？敢朝我亮刀？你施之于唐浣的夺妻术，我为什么不可在你身上拷贝一次？帅府里的亲信们，力劝杨崇本少安毋躁，拔出来的那把雪亮的刀，快快地又插回鞘里。这个还算是有血性的男人，心不能甘，"耻其妻见辱，因兹复贰于朱温”，并与李茂贞联合，“天祐三年冬十月，崇本复领凤翔、邠、泾、秦、陇之师，会延州胡章之众，合五六万，屯于美原，列栅十五，其势甚盛，朱温命同州节度使刘俊及康怀英帅师拒之，崇本大败，复归于邠州，自是垂翅久之。”朱温总是不放心这个杨崇本，怕他反复，私底下与杨崇本当年反目的儿子杨彦鲁取得联系，只要他使其父从人间蒸发的话，他爹邠州节度使的位置，就正儿八经属于他。

于是，这一场骨肉残杀的家族悲剧，几乎都是在时已少年的陶谷眼前发生的：先是，儿子诓称救父而来，父子重修旧好，尽释前嫌；接着，帅府大庆团圆，举杯畅饮，儿子乘机下鸩，毒弑其父；然后，杨崇本的义子李保衡，心有不甘，纠集余部，团团围住帅府，将只做了五十多天邠州留后的杨彦鲁，大卸八块，枭首示众。这样，邠州节度使的豪宅里，一片刀光剑影，血雨腥风，到处乌天黑地，鬼哭狼嚎。乘人不备，陶谷拉着他的母亲，突破樊篱，摆脱羁绊，“逃出生天”。

陶谷的家乡邠州，即今之陕西彬县，明末诗人陈子龙，有一首《渡易水》的诗，起首“并刀昨夜匣中鸣，燕赵悲歌最不平”两句，句中的“并刀”，就是此地的名产。邠州出并刀，是与该郡介于漠北游牧民族与中原农耕之间，拥有独特的地理位置有关。邠州本为兵家必争之地，加之盛产煤铁，由于战争需求，促使锻冶制铁工艺的发达。一个出兵器的地方，一个好打仗的地方，那必然也是一个杀人如麻的地方。因此，削铁如泥、血不沾刃的并刀，便成为当地人必持的利器。陶谷从三岁起，就是在这一把把血腥并刀的杀来杀去中度过的。血淋淋的现实，令童年的陶谷明白了一条最消极的真理，谁手里握有利器，谁就是胜者。

当他逃出帅府，脱离魔爪，得以走自己的路，打拼自己的世界时，他才懂得，他所追求的利器，并非他家乡的名产并刀，而是他在帅府里那巴结讨好，逢迎谄媚，巧舌如簧，无廉无耻，得以保命，得以苟活下来的卑鄙。若无这一份别人做不到的卑鄙，在那虎争狼斗的环境里，早化为齑粉，连骨头渣子都不剩。因之，他相信卑鄙，崇拜卑鄙，只要能卑鄙，只要敢卑鄙，便无往而不利。

在五代那个乱世里，有枪便是草头王，统治者悉皆武人出身，这班大字不识几个的篡国者，一旦登基，坐稳江山，就一定学会附庸风雅，就一定要用几个文化人来装点场面。这是官场的流行性感冒，很具传染性。我就见识过这种抽冷子就斯文起来，就秀才起来，就书香起来，就满腹经纶起来的官员文人，书出好几本，诗写若干篇，毛笔字很利索，居然还有一点儒雅意味，令人讶异。陶谷是一个何等眼明手快的角色，他吃准了当权的兵爷们，忽然偃武好文的这一口，岂能错过大好良机。不用太大功夫，他便以诗名闻于乡里，在那个文化断档的年头，陶谷遂渐为人知。

凭着钻营，凭着干谒，凭着招摇撞骗，凭着三寸不烂之舌，很快被举荐为校书郎，并委任为单州军事判官。他当然不会就此满足，不安于位的他，很快巴结上后晋宰相李崧。从后晋起，历后汉、后周，直到北宋，连续四朝为官，不但官位越做越高，他的文望也越来越大。若他健在到今天，不但在官场上如鱼得水，在文坛上也会春风得意，我估计他一定是个牛皮哄哄的"双响炮"。

宋人曾巩的《隆平集》称他："博记美词翰，滑稽好大言，佛老之书，阴阳之学，亦能详究。倾险巧诋，为时论所薄。"元人脱脱的《宋史》称他："强记嗜学，博通经史，诸子佛老，咸所总览，多蓄法书名画，善隶书。为人隽辨宏博，然奔竞务进。闻达官有闻望者，则巧诋以排之，其多忌好名类此。"

无论"倾险巧诋"，无论"奔竞务进"，不过都是"卑鄙"的换一种说法罢了。

陶谷的发迹，很大程度上得益于后晋的宰相李崧。若无这位老先生的提携，他也许永无出头之日。

起家于校书郎，单州军事判官的他，此等低级职务的公务员，当然不满足其勃勃野心。若要想一步登天，而不是老死牖下，东京才是他的努力方向。他认为自己这一肚子学问，只有前进首善之区，才有发展余地，如同当下许多人偏要为北漂一族，在北京城里求发达一样，所以，他立定心思要到汴梁。但当时要想登上仕途，没有官场重要人物的保举，是难操胜券的。陶谷善投机，敢投机，对所有当权派睃巡一过，洋洋洒洒数千言的自荐书，直送当朝一品的李崧府上。

后晋天福年间，李崧、和凝二人同为宰臣。按理，陶谷的信应该送到和凝的府邸才是，从《花间集》收录和凝词二十首看，为相的和凝，同时还具有诗人身份，以诗文知名的陶谷，厚厚脸皮，以"知音"二字攀附巴结，也许能够得手。若按五代孙光宪的《北梦琐言》所说，"晋相和凝少年时好为曲子词，布于汴洛。契丹入夷门，号为'曲子相公'"，那就更有共同语言了。陶谷之诗，后来能被秦弱兰唱成流行歌曲，足见在通俗化方面，与这位当朝人物堪称同好。

可陶谷很绝，舍去具有契合可能的和凝，而一门心思对不怎么搭界的李崧下功夫，走他的后门，这是精算到家的抉择，并非瞎猫碰上死耗子乱打乱撞。

鬼精鬼精的陶谷，也算是揣摩透了：凡作家文人之类，多自善，好嫉妒，同行之间，融洽者少，常持关门拒绝、白眼相向之势。所以文坛一众，是非频繁，你长我短，纷争不断。而学者儒文之士，重传承，爱教诲，扶掖后辈，不遗余力，总是采取来者不拒，双臂欢迎之态。儒林之中，门户之分，也是有的，但前辈后辈之间，打得不可开交者少。所以，孔子门下有七十二弟子，而屈原、司马迁跟前，连一个跟屁虫也不见，这就是文人和儒士的差别。

五代战乱，造成整个社会动荡不宁，不但读书者少，连识字者也不多，文化低下的官员，甚至连一纸公文，也写得不成体统。《旧五代史》载："同光初，崧以参军从事，时推官李荛掌书。崧见其起草不工，密谓掌事吕柔曰：'令公皇子，天下瞻望，至于尺牍往来，章表论列，稍须文理合宜。李侍御起草未能尽善。'吕曰：'公试代为之。'吕得崧所作，示卢质、冯道，皆称之。由是擢为兴圣宫巡官，独掌奏记。"李崧看到陶谷的信，眼前为之一亮。因为他不仅工于文法，精于用词，长于典故，而且善于隶书，那一笔字也让李崧叫好不迭。

且不论李崧越俎代庖，独掌书记，夺了别人官位之手段，令人不敢恭维。但他爱才这一点，值得肯定。铁心提拔他，也是实情。固然陶谷的这份自荐信，其用词遣字的讲究，其为文立意之功夫，得到他的首肯。更主要的是整篇信中，除了陶谷不露声色地自我表扬外，更多的是对这位前辈老先生的仰慕啊，推崇啊，以及赞美他这些年来，从政时提倡正道，砥柱中流；为文时兴灭继绝，领袖儒林等，不一而足。大灌米汤而不肉麻，大肆吹捧而不下作，这就是陶谷的文字能耐了。李崧读信至此，不禁抚须呵呵，连呼好后生啊，好后生！这个世界上有几个人是不吃捧的呢？又有几个人是不爱被人戴高帽的呢？

陶谷够阴，他还打探到这位当朝人物"幼而聪敏，十余岁为文"的光荣史，而他自己也恰恰是"十余岁能属文"，他突出这一点，强调这一点，表明其来有自，是童子功，是家族基因，凭着你我同类项的情分上，也会取得李崧对他的信任和支持。果然，李崧兴冲冲地找到和凝，说服他，"人才难得啊老兄！"邀他共同署名，向后晋高祖石敬瑭保举，那有什么犹豫的，立被任命"著作佐郎，集贤校理"。很快改"监察御史，分司西京"。不多久，调回首都汴梁，迁"虞部员外郎、知制诰"。在此期间，李崧视他为嫡系，为股肱，关照备至，陶谷倚他为靠山，为后盾，得其所哉，从此走上坦途，一路发达。

五代时期的中国人，活得艰难，活得委琐，可想而知。陶学士不但活下来，而且活得不赖，声色犬马，吃喝玩乐，极尽享受之能事。他的一部《清异录》，至今仍是具有阅读价值的博物著作。这部书里，有这样一段自诩的文字："余家有鱼英酒琖，中陷园林美女象。又尝以沉香水喷饭，入盌清馨。左散骑常侍黄霖曰：'陶翰林甊里薰香，琖中游妓，非好事而何？'"从中可以读出他的潇洒，读出他的优裕，更能读出他怪不错的生活质量。

陶学士所以能够如此优哉游哉，不亦乐乎，确实也非易事。他必须不停地扳倒对手，消灭劲敌，荡平障碍，铲除隐患；还需要不断地摆脱危机，跳出险境，逃过劫难，免遭打击，只有这样抖擞精神，悉心投入，才能始终保持金刚不坏之身。在那一翻两瞪眼，不是你赢，就是我输的赌桌上，陶学士绝对不是一个吃素的谦谦君子，什么做人准则，什么道德底线，都是可以闭上一只眼，横下一条心，不管不顾的。

五代政权，都很短命，后梁 16 年（907—923），后唐 13 年（923—936），后晋 11 年（936—947），后汉 3 年（947—950），后周 9 年（951—960）。篡唐为晋的沙陀人石敬瑭是中国全部帝王中最异类的一个，因为他得帝位获契丹的帮助甚大，遂割燕云十六州为酬，成为有史以来最大卖国贼；因为他坐稳江山必求得契丹的保护，遂拜比他小 10 岁的辽太宗耶律德光为父，成为有史以来第一儿皇帝。在这种败类政权之下，陶谷居然混得不错，"后晋天福九年（943），加仑部郎中"，还能升官加爵，也就不必奇怪了。石敬瑭死了以后，其侄石崇贵继位，论辈分应该是孙子皇帝，稍有最后一点尊严的人，也不能忍受这等难堪，一咬牙与契丹翻脸相向。于是，自以为是爷爷辈的契丹君王，兴兵南下，讨伐忤逆，很快攻下开封。可辽兵辽将，难耐河洛地区的暑热，辽主下令，拔营北归，同时还裹挟着石崇贵与大批后晋官员同行。李崧和陶谷在劫难逃，成为人质，押往北方。

石敬瑭的部将刘知远，也是一个沙陀人，篡晋为汉，当上五代时期的第四朝皇帝。现在已经无法查找出来，陶谷为什么能够很快逃出羁绊，回到汴梁，而李崧却迟至两年后才被辽国遣返？只有一个答案，过去，当陶谷受到李崧庇护时，他马前鞍后趋奉恩师，半步不离左右；此刻，当李崧成为陶谷累赘时，他就要想方设法甩掉包袱，唯恐沾包。对饿得快死的人来说，只有一个馒头，你吃你能活下来，他吃他也能活下来，但两人共吃这个馒头，谁也活不下来。李崧是宽厚长者，人称儒相，颇能体谅太现实主义的陶谷，那你就独吃这个馒头而去吧！后来，他也终于回到开封，才知道早投奔刘知远者早得利，陶谷获给事中一职，有点实权，而晚来一步的李崧，却只给了一个太子太傅的闲差。而令李崧尤感失落者，这位前朝大臣晚回来一步，竟连立脚之地也没有了。因为他在开封的两处府邸，在洛阳的一处行馆，都被刘知远赏赐给他的宠臣苏逢吉了。

　　出于万般无奈的李崧，拜托陶谷为之缓颊。因为他担任的给事中，隋唐以后又称给事郎，其职责是掌驳正政令之违失。李崧以为自己还是陶谷的恩师，谁知却重演了一出中国版的"农夫与蛇"。

　　据说陶谷一出娘胎，瞳仁就是绿的。估计他的母亲柳氏，有可能系胡人，属突厥族，才会有这样人种学上的变化。因此，宋太祖赵匡胤死活看不上他，知道他有一肚子学问，不能不用他，可又不敢大用他，其理由就是这个陶谷，"长有一双鬼眼"。然而，正是这对鬼眼，看清形势，认准方向，顺风顺水，扶摇直上，后晋天福九年（943），加仓部郎中，这大概是李崧作为他恩师最后一次为他卖力。然后，仅仅四年，后汉因刘知远一死而完蛋，成为不仅五代，在中国历史上也是最短命的政权。开封市民一觉醒来，"城头变幻大王旗"，刘知远的部将郭威，篡汉为周，改朝换代的老戏码，又重演了一回。在五代最后一朝中，陶谷继续走运，因为他对周世宗，尤其巴结得紧，而贩茶出身的柴荣，文化不高，但爱好读书，因之对腹笥瞻博的陶谷，颇为重视。于是陶也就官运亨通，越发显赫，在那走马灯似的政权里，他特强的存活力，差可与那位有名的长乐老冯道媲美。

这种将夺君权的篡国行径，直到公元960年，大宋王朝建立，才得以寝息。其实赵匡胤陈桥兵变，采取的也是郭威的一手，不过，赵匡胤汲取了他老长官举事仓卒，临时裹了黄旗一面，就称帝的草率和不够严肃，所以他，让其弟赵光义事先准备了一件黄袍，这样，他从陈桥驿进军开封城时，多少显得体面一些。篡国是兵将的事情，称帝则是文官们的工作了。篡国可以不讲规矩，什么手段都可以用。称帝必须要有仪式，这才能使其武装政变合法化。而要合法化的第一件事，这江山不是你强行夺取的，而是上一朝禅让给你的。为了要后周恭帝柴宗训和符太后，做出甘心禅让的姿态，而且按惯例，赵匡胤还要假惺惺地表示不肯接受，于是乎，这孤儿寡母还得再走一次过场。虽然这是很滑稽的游戏，但对于讲形式主义的中国人来说，不一脸严肃认真地游戏是不行的。而陈桥兵变，事出仓促，加之，他的老弟赵光义和那个读书甚少的赵普，历史上的禅让大典究竟有哪些桥段，相当二五眼。等到大幕揭开，主角掀开门帘上场，才发现未给柴宗训和符太后，准备一份礼贤退让的诏书。

其实，赵匡胤明白，有这纸文书，无这纸文书，对他的登基，屁关系也没有。然而孔夫子说了，"言不正则名不顺"，他不能不在乎。尤其前朝旧臣，正幸灾乐祸地等着看他的笑话。这时候，快手出现了，一个箭步，陶谷走上前去，从怀里掏出来锦匣装着的《禅位诏书》。乖乖，丹墀上下，殿堂内外，无不大跌眼镜。在《宋史全文》里，还保存着陶谷的这篇马屁奇文，"天生烝民，树之司牧，二帝惟公而受禅，三王乘时而革命，其极一也。予末小子遭家不造，人心已去，天命有归，咨尔归德军节度使点检赵某，禀上圣之姿，有神武之略。佐我高祖格于皇天，逮事世宗功存纳麓。东征西怨，厥绩懋焉。天地鬼神享于有德，讴歌狱讼，归于至仁。应天顺人，法尧禅舜，如释重负，予其作宾。呜呼钦哉，祗畏天命。"

恐怕赵匡胤也不禁纳闷，他知道昨天晚间我们要在陈桥驿发动兵变吗？他知道我今天黄袍加身要进城吗？他知道禅位大典上恰巧就缺这份诏书吗？这种极精准的判断水平，这种超速度的应变能量，这种高风险的投机意识，以及大手笔的豪赌精神，想想岂不后怕乎？他看了一眼他的左膀右臂，赵光义和赵普，木木呆呆；也看了一眼他的国君国母，柴宗训和符太后，懵懵懂懂，一连串的问号出现在脑际：你们事先关照他过？布置他过？委托他过？而且，他有什么资格？他以什么身份？用逊君的口气，写这份交出江山社稷的诏书呢？所以，《宋史》写到这里，便有了"初，太祖将受禅，未有禅文，谷在旁，出诸怀中而进之曰：'已成矣。'太祖甚薄之"的结论。

得到郭威和柴荣两代主子厚待的陶谷，显德三年（956），迁兵部侍郎，加承旨。显德六年（959），加吏部侍郎，作为后周重臣，一转脸间，把那孤儿寡母出卖了。连卖国都不眨眼的他，将他恩师李崧送上断头台，还不是小菜一碟嘛！后汉乾祐元年（948），李崧本寄希望于陶谷，在他最倒霉的时候帮他一把，谁知他为了效忠新朝新贵苏逢吉，为了切割与前朝旧员的关系，反倒狠狠地踹他两脚。"崧族子昉为秘书郎，尝往候崧。崧语昉曰：'迩来朝廷于我有何议？'昉曰：'无他闻，唯陶给事往往于稠人中厚诬叔父。'崧叹曰：'谷自单州判官，吾取为集贤校理，不数年擢掌诰命，吾何负于陶氏子哉？'"被蛇咬了的农夫，哪里知道毒性发作的厉害，还在后面。不久，苏逢吉扣了李崧聚族造反的大帽子，统统加以杀害。陶谷在背后又做些什么缺德的事情，又给他的恩师加了什么莫须有的罪名，史无记载，不敢妄拟。但"李崧遇祸，昉尝因公事诣谷，谷问昉，'识李侍中否？'昉敛衽应曰：'远从叔尔。'谷曰：'李氏之祸，谷出力焉。'昉闻之汗出"。

所以，史官在总结这个历史人物时说，"若谷之才隽，著之敏达，澹之治迹，锡之策虑，冕之敦质，咸有可观。然预成禅代之诏，见薄时君，终身不获大用。及夫险诐少检，附势希荣，构谗谋己，皆无取焉。"由此可见，在这个世界上，在人类的全部历史中，一个人，无论怎样得意，神气，无论怎样风光，牛皮，应该牢记的是：谁要是得到了许多不应得到的同时，必然也会失去许多不应失去的一切。任何人，任何事，都不可能永远是加法。加法之后，必然就是减法；活着减不了，死了也得减。

因此，这也是风流陶学士不但受到同代人藐视，至今还受到后代人鄙夷的原因。

卖饼郎

　　在宋人施彦执的《北窗炙輠录》里，讲了开封城里某街某坊某个卖饼郎的故事，耐人寻味。

　　北宋时代的都城开封，全盛时，"人口逾百万，货物集南北"，在当时的世界上，是个数一数二的超级都市。虽然南北汇集，融通四方，但东京汴梁人的口味，仍旧延续着唐、五代以来的胡风胡韵。特别是主食，既有"烧饼""胡饼""炊饼""搭纳"等大众食品，更有"馎饦""饆饠""焦槌""馉脯""不托"等新鲜花样。千年以来，中国人的饮食习惯，南方人的主食为大米，北方人的主食为面粉，基本不变。

　　开封，是全国政治、经济、文化、军事中心，很多南方士子商贾，文人墨客，来到京城，或赶考，或为官，或经商，或谋生，显然并不热衷于口味偏重的北方料理。故而还有专门的南食店："都城食店，多是旧京师人开张，如羊饭店兼卖酒。凡点索食次，大要及时：如欲速饱，则前重后轻；如欲迟饱，则前轻后重（重者如头羹、石髓饭、大骨饭、泡饭、软羊、浙米饭；轻者如煎事件、托胎、奶房、肚尖、肚、腰花之类）。南食店谓之南食，川饭分茶。盖因京师开此店，以

备南人不服北食者。"（据宋人灌圃耐得翁的《都城记胜》）

但东京城内，还是饼店发达，执此业者人众。

"凡饼店，有油饼店，有胡饼店。若油饼店，即卖蒸饼、糖饼、装合、引盘之类。胡饼店即卖门油、菊花、宽焦、侧厚、油栗、髓饼、新样满麻。每案用三五人擀剂卓花入炉。自五更卓案之声远近相闻。唯武成王庙前海州张家、皇建院前郑家最盛，每家有五十余炉。"大规模生产胡饼的作坊，终属少数，个体单干户的才是都城风光。读《水浒传》，我们知道，即使远至山东，饮食习惯也大致与开封相同。那个武大郎就是一个制饼手艺人，家有烤炉，连做带卖。也许制作胡饼，不是精致复杂的手艺，入行容易；不是投资巨大的买卖，小本经营。只要起早贪黑，肯下力气，吃点辛苦就行。

胡饼即馕，源自西域，古来所谓"胡饼"，大抵接近当下新疆地区的馕。这位某街某坊某个卖饼郎，以烤制不完全是馕，更投合中原人胃口的胡饼为生。不过，那时，天子脚下的开封，饼店遍布，胡饼飘香。所以，大宋王朝的口味，仍是胡食天下，汴梁城里的气息，依然胡饼飘香，直到今天，开封饮食，仍是面食当家。说的这个卖饼郎，正是当时密布在街头巷尾，许多许多饼店中的一个。那些处处可见的卖饼小贩，遂成为都城的一道风景线。卖饼郎的店，虽在胡同深处，生意倒还不错，年纪不大，人却聪明，大家都认识他，他也熟悉那些经常光顾他小店的左邻右舍，所以卖饼郎的店，虽在曲里拐弯的胡同里头，但附近一带老顾客，多愿意绕远几步，专门买他家的胡饼。

因为这个小伙子，面揉得筋道，料用得地道，价定得公道，或许更重要的是，吃起来很有味道，所以，他做的胡饼，不愁销路。白居易有一首诗《寄胡饼与杨万州》，"胡麻饼样学京都，面脆油香新出炉。寄与饥馋杨大使，尝看得似辅兴无。"看来，胡饼在唐代就盛行不衰，到了宋代，做工之精细，物料之讲究，烤制之完美，大小厚薄之适度，肯定后来居上。因为我们知道，"用匕不用筷"的唐人，习惯在盘中切割食物，类似西餐的吃法。而我们更知道，宋代瓷器之精致，钧窑定窑之名贵，装在如此高雅盛器的食物，必须小而轻，巧而美，更适合"用筷而不用匕"的宋人。

由此推论，唐代食物，粗犷豪放，接近原生态，宋代食物，精致细美，追求高品质，大致是不错的。别看这个卖饼郎的店面不大，每天的营业额有限，因为老板是他，伙计也是他，能够悉心尽力，精工细作，绝对保证质量。所以，左邻右舍，街坊乡亲，对他香喷喷的胡饼，口碑相传，不胫而走。这个小伙子，不抱大志向，也不想做大事，很喜欢他这门手艺，大家吃得开心，他也开心。所以他认定宗旨，挣钱不在多，糊口就足够，也没有另雇几个工人，再盘几眼炉灶，进行扩大再生产的想法，活得既清闲，又自在；既快乐，又单纯。

张择端画他长卷《清明上河图》的时期，正是北宋徽宗这一朝。从其画中的事物观察，至少有两点足以证明，由于物阜年丰，经济富庶，生活安定，岁月太平，开封富得流油，到了钱淹脚面的地步。

第一，在画中汴河桥的下方，向左的通渠大道上，有一家生意兴隆，顾客盈门的包食店，只见老板张罗，店伙忙碌，正在出售火炉里烘烤好的胡饼。在桥堍的码头上，还有数个穿着短打，挎着托盘，叫卖食物的小商贩，推销的也是胡饼之类的北食。由此不但可见京师人的一日三餐，顿顿离不开胡饼。还由于熟食业的如此普遍和发达，看得出老百姓的钱包很鼓，因此消费才能阔绰起来。一个捉襟见肘的中国人，是舍不得这样买现成，吃现成，大手大脚花钱的。

第二，在这幅长卷中，出现的一千多个人物，其中男性占绝大多数，而女性仅有二十几人。宋朝的封建礼教是从程颐、程灏兄弟，以及南宋朱熹的原教旨主义成势以后，妇女从此才遭到禁锢闭锁的命运。在此之前，她们不但有人身的自由，思想的自由，更有感情肆张的自由，追求浪漫的自由。而且几乎无须操劳来养活自己，养活家庭。所以，仔细瞧去，在《清明上河图》里打拼的，奔走的，忙碌的，卖力的，从官吏、兵卒，到老板、跑堂；从商贩、艺人，到船夫、小工，无一不是男性。爷儿们卖力气挣钱，而娘儿们，或逛街，或串门，或踏青，或访友，甚至连主食也懒得自己动手，而到卖饼郎那小店里，买几张新出炉的胡饼，热得烫手，香气四溢，岂不更可口？

南宋孟元老的《东京梦华录》，回忆开封的黄金时代，也提到了当时天子脚下胡食之流行。如此工厂化大规模生产胡饼，此前的开封不曾有，此后的开封也不再有。而且，很多南方的士子商贾，文人墨客，来到京城，或赶考，或为官，或经商，或谋生，显然并不热衷于口味偏重的北方料理。因而有专门为他们开设的南食店，南食店谓之南食，川饭分茶。盖因京师开此店，以备南人不服北食者。"（据宋人灌圃耐得

翁的《都城记胜》)

这一切，充分表明了大宋王朝居民整体消费水平，在中国历史上称得上是空前绝后。我们不但看到开封臣民能吃会花，也看到大宋王朝的富庶丰饶。所以陈寅恪先生感慨："华夏民族文化历千年之演变，造极于赵宋之世。"而严复先生更说得透彻："中国所以成为今日现象者，为宋人所造就十八九。"唐代居民的生活习惯，民风民俗，与今天距离甚远，而宋朝居民的衣食住行，风俗习性，礼尚往来，行为举止，便与当代中国人，没有什么差别了。

现在，还是回到那个卖饼郎的故事上来，因为这个年轻人实在太"宋朝"了。

施彦执说，他的一个朋友叫子韶的告诉他，在其所居住的地段附近，偏僻的闾巷里，有一家规模不大的胡饼店，一台火炉，一具风匣，一口和面的瓦缸，一块操作的案板。没有伙计帮忙，全靠自己动手，这是一个快活的小伙子。

何以见得？施彦执问他朋友子韶。

这个人以卖饼为生，以吹笛为乐，而且每天卖出几炉胡饼，其收入刨去成本，净挣几个大子，只要够过日子，也就将炉火封了，来日再做。既不想多劳多得，也不想多做多累。你说他是不是真正的快活？然后回到屋里，取出笛子，吹着他喜欢的曲调，尽管不是非常的悦耳动听，但也高亢嘹亮，余音袅袅，响彻街巷，传遍邻里，听久了，听惯了，想到那张莞尔的脸，想到那块滚烫的饼，对那笛声也就多一分亲切，多一分共鸣。

什么叫作快乐？自己认为快乐，打心眼觉得快乐，那才叫快乐，你说是不是？

故事讲到这里，还没有完，子韶接着说下去：也是在附近，住着一个很有钱的人，观察这个卖饼郎很久，因为他也爱吃这家小饼店的胡饼。那可是见过大市面的人物，竟然给这家小店，"走遍汴梁城，胡饼第一家"的高度评价。南宋孟元老在《东京梦华录》里所说的"海州张家""建院郑家"，那种流水线式生产的胡饼，他也领教过的，老吃客以行家口吻品评，大店的饼，好吃是不用说的了，要论起味道，还比不上这位小哥的手艺。

尽管如此，这个富人还是下决心要帮他一把，因为他不但赏识他的饼，更赏识他这个人。有一天，他对这个年轻人说："你制饼卖饼，多辛苦，为什么不趁早改行？"

年轻人回答他："我制饼卖饼，挺快活，为什么要改行？"

"错了，小哥。胡饼这生意，当然可以，何况你上好的手艺，说实话，我还真不乐意你改行。可我看你受了这么多年辛苦，也不曾余下多少钱。万一你不幸生了病，起不来床，卖不了饼，有了难处，怎么办？"

卖饼郎听得有点心动，觉得其言有理，"那你说我该怎么办？"

"我借给你一千缗作为本钱，用以放贷生息，用以投资理财，这样，你手不动，膀不摇，即能以钱生财，坐收息利，无劳累之苦，得温饱之乐；一旦遇到难关，也无须忧虑，因为手中有钱，无不通之路，无不开之门，无不笑之脸，无不肯帮忙之人，这比你卖饼为生，岂不强上百倍？"

小伙子还没听完，脑袋发蒙得厉害，差点就要休克。因为宋朝的一缗，等于一贯，一贯等于一千文，而一千文等于一两黄金。习惯了卖饼所得的十文八文微利，哪敢想象天文数字的一千缗？慌不迭地摆手拒绝。那富人再三开导，反复劝谕，终于说动了这个卖饼郎，将炉火彻底熄灭了，将市招重新换了，开始做起钱生钱，利滚利的金融生意。

从此，我们那一地段的居民，心里总有一种空荡荡的，没着没落的惘然。后来，大家才想通了，不是因为吃不到他做的胡饼，而是听不到他吹的笛子。胡饼可以别处购得，笛声却是无可代替。邻居经过他的小店，都不免要好奇地打量一眼，只见原来做饼的案板上，放着好几把算盘，这个年轻人正在滴里嗒啦地算账，原来应该有的清脆亮丽的竹笛声，想不到竟变成单调无味的算盘声，而且由于一天到晚拨拉算盘珠子的缘故，那张大家都熟悉的笑容可掬的脸，亲切友好的脸，被炉火映衬得红亮喜兴的脸，竟无一丝昔日的光彩，愁眉苦脸，没精打采，目光凝滞，满脑门子除了钱，还是钱，甚至到了夜深人静时分，还能听到拨拉算盘的声音。

没有笛声，只有钱声，过了不久，卖饼郎后悔了，他问自己，我为什么放下快乐，偏要自寻烦恼呢？施彦执的文章，最后这样写道："急取其钱，送富人还之。于是再卖饼，明日笛声如旧。"好一个"笛声如旧"，街坊邻居重新得到卖饼郎，卖饼郎重新得到了自己，东京汴梁那一地段的天空里，重新得到了熟悉亲切的笛声，于是，一切一切的生活又重新照常开始。

在这个世界上，什么是美，说到底，自然即美。一个人，怎样才叫自然，不矫揉，不造作，不勉强，不偏执，应该是什么样子，就是什么样子，顺其自然，堪称最美。试想，这个卖饼郎，笛声如旧的同时，快乐不也同样如旧了吗？也许，这才能叫作真正的找到自我，实现自我吧！

ⓒ 李国文　2016

图书在版编目（ＣＩＰ）数据

李国文说宋 / 李国文著 . —沈阳：万卷出版公
司，2016.6
ISBN 978-7-5470-4181-9

Ⅰ . ①李… 　Ⅱ . ①李… 　Ⅲ . ①中国历史 – 宋代 – 文集
Ⅳ . ① K244. 07–53

中国版本图书馆 CIP 数据核字（2016）第 094944 号

策 划 人：刘一秀
出版发行：北方联合出版传媒（集团）股份有限公司
　　　　　万卷出版公司
　　　　　（地址：沈阳市和平区十一纬路25号　邮编：110003）
印 刷 者：北京鹏润伟业印刷有限公司
经 销 者：全国新华书店
幅面尺寸：146mm×210mm
字　　数：230千字
印　　张：11
出版时间：2016年6月第1版
印刷时间：2016年6月第1次印刷
责任编辑：孙郡阳
装帧设计：刘萍萍
责任校对：丁建新
ISBN 978-7-5470-4181-9
定　　价：42.80元

联系电话：024-23284442
传　　真：024-23284448
E－mail：vpc_tougao@163.com
网　　址：http://www.chinavpc.com